西安文史资料第四十六辑

精彩西安

回首十四运

JINGCAI XI'AN
HUISHOU SHISIYUN

政协西安市委员会　编

陕西新华出版　陕西人民出版社

图书在版编目（CIP）数据

精彩西安·回首“十四运” / 政协西安市委员会编 .
— 西安：陕西人民出版社，2023.12
ISBN 978-7-224-15158-9

Ⅰ.①精… Ⅱ.①政… Ⅲ.①全国运动会—概况—西安—2021 Ⅳ.① G812.20

中国国家版本馆 CIP 数据核字（2023）第 211345 号

责任编辑：王　倩
赵文君

精彩西安·回首“十四运”
JINGCAI XI'AN · HUISHOU SHISIYUN

编　　者　政协西安市委员会
出版发行　陕西人民出版社
（西安市北大街 147 号　邮编：710003）
印　　刷　陕西金和印务有限公司
开　　本　787 毫米 ×1092 毫米　1/16
印　　张　28.25
字　　数　367 千字
版　　次　2023 年 12 月第 1 版
印　　次　2023 年 12 月第 1 次印刷
书　　号　ISBN 978-7-224-15158-9
定　　价　86.00 元

《精彩西安·回首“十四运”》编委会

《精彩西安·回首“十四运”》编辑部

中国陕西 2021

SHAANXI CHINA

中华人民共和国第十四届运动会会徽取象传统礼天玉璧。玉为自然之精华，玉璧为致敬上天礼器。寓意全国人民以最好的精神面貌庆祝第一个百年梦想的实现和第二个百年梦想的到来。

会徽设计方案主要由中心部分、环形部分、主体色彩三方面构成。虚实相间，动静结合。

中心部分为宝塔山、延河水和五孔窑洞，它们是中国革命的灯塔，表达全国人民在中国共产党领导下迎接中华民族伟大复兴道路上任何挑战的坚强意志。

环形部分将玉璧纹饰幻化成田径、球类、游泳三个运动项目人形，体现全民全运的理念，展示全国人民万众一心、团结向上、奋力拼搏、逐梦圆梦，为中华民族伟大复兴不懈奋斗的精神风貌。

会徽以黄、绿、蓝、紫、红为主色调，其中黄色象征黄土高天，红色象征革命圣地，绿色象征生态文明，蓝色象征现代科技，紫色象征文化魅力，呈现中华民族伟大复兴的深厚历史渊源和广泛现实基础。

Shaanxi China

中国陕西 2021

全国第十一届残疾人运动会暨第八届特殊奥运会会徽取象中国传统“太和”思想。蕴含中华民族“美美与共，天下大同”的精神内核，是社会主义核心价值观的重要源泉。会徽整体取形为圆，与“十四运”“礼天玉璧”相呼应，寓意和合天下、万物相谐的盛世景象，传递“两个全运，同样圆满”“两个百年，中国梦圆”的美好祈愿。

会徽主要由左右两部分构成，左侧是追赶超越的征途，同时也寓意残疾人运动员将坚强意志化为梦想的翅膀，实现人生腾飞。右侧运动员转动着轮椅奋力冲刺，彰显残疾人自强不息、拼搏奋进的精神，充分体现残疾人事业“平等、参与、共享”的发展目标。

会徽以黄、绿、蓝、紫、红为主色调，红色象征革命历史，黄色象征黄土高天，蓝色象征现代科技，紫色象征文化魅力，绿色象征自然生态。会徽整体虚实结合、形神兼备，充分体现了运动和生命的融合，呈现出三秦大地时代风采和中华民族伟大复兴的世纪宏图。

中国陕西 2021
SHAANXI CHINA

吉祥物设计方案是以陕西秦岭独有的四个国宝级动物“朱鹮、大熊猫、羚牛、金丝猴”为创意原型，设计了一组幸福快乐、充满活力、精神焕发、积极向上的运动吉祥物形象：朱鹮“朱朱”，手举火炬，展翅飞跑；大熊猫“熊熊”，张开双臂，热情奔放，羚牛“羚羚”，健壮憨萌，阔步向前；金丝猴“金金”，聪明智慧、灵动可爱。身着“富裕黄”“圣地红”“梦想蓝”“生态绿”运动装的吉祥物组合，分别寓意奔向新时代、喜迎八方客、同享新生活、共筑中国梦。

“秦岭四宝”正以昂扬的斗志，不忘初心、团结一致，奔跑在建设体育强国、实现全面小康、构筑中华民族伟大复兴中国梦的道路上。

十四运会主题口号

全民全运　同心同行

残特奥会主题口号

点亮梦想　为爱起航

十四运会和残特奥会火炬——旗帜

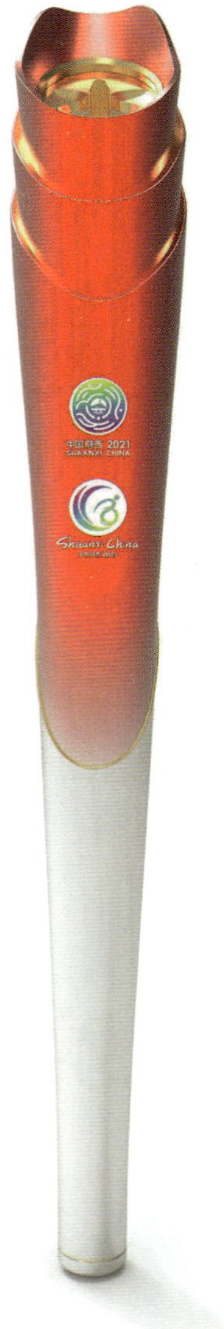

火炬设计方案取象飘扬的红旗，取名“旗帜”，寓意在中国共产党领导下中国发生的翻天覆地的变化，党和国家在方方面面取得的辉煌成就。火炬口设计灵感源于山丹丹花，即“红百合”。采用陕北剪纸的形式并艺术化处理，有“山丹丹开花红艳艳”之意。

为了心中的精彩圆满

王吉德

“体育承载着国家强盛、民族振兴的梦想。”“文化自信是一个国家、一个民族发展中最基本、最深沉、最持久的力量。”如果要问什么是体育与文化两者的最好“融合”，大型体育赛事的开闭幕式应当是最耀眼的答案之一。

作为国内水平最高、规模最大的综合性运动会，全运会既是“体育的盛会、人民的节日”，更蕴含着体育“社会发展和人类进步的重要标志、综合国力和社会文明程度的重要体现”的重要内涵。2021 年，当这一盛事在中国共产党建党百年之际，与中华民族和华夏文明的重要发祥地之一——陕西相遇，一切变得更加意义非凡。

“全面建成小康社会后的首届全运会”“首次在中西部城市举办”“首次与残特奥会同期同地举办”“与东京奥运会同年举办的一届全运会”“紧接2022 年北京冬奥会冬残奥会的全运会”“新中国成立以来陕西承办的规格最高、规模最大、竞技水平最高的综合性运动会”……这些“首”和“最”意味着使命的荣耀，也意味着责任的重大和任务的艰巨。

特别是作为全运会的“第一眼”和集中体现本届运动会品质气韵的“铭牌”，全运会开闭幕式特别是开幕式毫无疑问地被列入全国顶级的大型文体仪式和展演活动之列。也正是因为前面说到的这些“首”和“最”，摆在整个陕西面前最首要的问题就是：没有经验。说得更接地气点，大家对这样规模等级的综合文体活动的“究竟”是没有概念的——作为一场在特殊时间节点举办的、党和国家最高领导人现场全程观看、央视多频道实时对全球直播的有着特殊含义的演出，指导思想和主要内容究竟该如何把握，创意落地究竟该如何实现，究竟需要多复杂的资源调动，究竟该如何统筹执行方方面面的工作……这是一个常人无法想象的复杂系统和艰巨难题。举千千万万事中的一个简单例子：我们平时看到的舞台演出，台上站百余个演员已经是满满当当成了大合唱队形了；文旅经典的大型实景演出的演员规模也不过是几百人，最多能有一千人就很了不得了；而全运会开幕式上的演员是一万三千人左右——从一百多人的演出到一万多人的演出，人数的增加是一百乘以一百，但策划、执行、呈现、管理、安全、交通、食宿、防疫等各方面增加的难度却是一百的一百次方……

雄关漫道真如铁，我们所做的工作是真真正正的“迈步从头越”——做全国顶级文体展演活动“陕西模式”的探索者和开拓者，做整个“十四运”冲锋在前的先行者和试炼者。于是，在十四运会和残特奥会圆满闭幕的一年后，我时常有种特殊的感觉：既觉得一切像昨天一样近，又觉得像时隔多年一样远。近，是因为那一场场淋过的雨，一个个熬过的夜，一道又一道把人几乎逼至绝境的难题，一次又一次看似不可能完成的任务……仿佛烈日下满背的汗还没有干，暴雨打湿的裤脚还在淌着水，“全民全运、有我必胜”的万人宣誓声也还在回响；远，是因为在陕西省内，恐怕要有相当长的一段岁月不可能再次举办这样规模等级的文化体育盛事了。

我们最骄傲的是，在习近平总书记“办一届精彩圆满的体育盛会”的深情关切和殷殷嘱托下，在党中央、国务院的坚强领导下，在国家有关部委的精心指导和省委、省政府全面统筹下，我们以“胸怀国之大者”的豪情、“只争朝夕、真抓实干”的热情、“开跑即是冲刺”的激情，勠力同心、奋楫笃行，日夜鏖战，不负重托，办出了彰显中国精神、中国价值、中国力量，体现陕西特色、陕西魅力、陕西精彩，落实简约、安全、精彩要求的开闭幕式。

我们永远无法忘记的是，习近平总书记出席“十四运”开幕式并宣布开幕，给予参赛运动健儿和全体筹办人员极大鼓舞和巨大关怀。李克强总理、孙春兰副总理和王勇国务委员分别出席“十四运”闭幕式、残特奥会开闭幕式。“十四运”被国家体育总局称赞为“场馆建设一流、竞赛组织一流、重大活动一流、接待服务一流、新闻宣传一流、安全保卫一流、市场开发一流、综合保障一流”以及“成绩最好、影响最大、社会关注度最高的一届全运会”。在全运会开闭幕式筹办的同时，我们一班人马两头开战，同步推进残特奥会开闭幕式筹办，交出了一份对残疾人格外关心、格外关注，“两个运动会同样精彩”的陕西答卷。

这份答卷凝结着开闭幕式每一名工作人员的辛勤付出和智慧汗水，我们一起用“精神火炬”点亮了十四运会和残特奥会的圣火，也将“全民全运，有我必胜”的誓言兑现在了永恒的全运历史和陕西记忆中。

源起——万里长征第一步

2017 年 9 月 8 日晚，第十三届全运会在天津落下帷幕。在闭幕式的会旗交接仪式上，时任陕西省省长胡和平代表陕西省 3800 万人民郑重接过会旗。这次接旗不只是将全运会从海河之滨接到了秦岭之畔，也是将这一文体盛事从已经连续承办了十三届全运会的中国东部，接到了翘首以盼几十载的中国西部，同时开启了我们长达四年的开闭幕式筹办马拉松。其实，在进入近现代以来，陕西就没有办过这样规模和规格的大型文体展演。没有成熟团队，甚至很多事都不知要从何入手。大家走访天津“十三运”组委会相关部门，跟武汉军运会学经验，把近几届的夏季奥运会、冬季奥运会、全运会的录像资料找出来一遍遍看，从无到有地一点一点做着加法。

然而，2019 年底至 2020 年初，新冠肺炎疫情的暴发打乱了我们的步伐。一时间，对于这样人员集中的大型活动还能不能办、能不能按期和按往常规模办，成了大家心里的问号。正在踌躇之时，2020 年 4 月，习近平总书记在陕西考察时做出了“第十四届全国运动会将在陕西举办，要做好筹办工作，办一届精彩圆满的体育盛会”的重要指示，一下子让大家有了主心骨。我们认真学习贯彻习近平新时代中国特色社会主义思想和习近平总书记来陕考察重要讲话重要指示精神，先后 30 余次召开专题会议和专家研讨会，讨论修改《创作大纲》，大纲于 2020 年 9 月 7 日经国家体育总局正式批复——万里长征走好了第一步。

与制订《创作大纲》同步推进的还有一项重要工作，那就是 2020 年 9 月 15 日的倒计时一周年活动。这一天也是十四运会“筹委会”转为“组委会”的日子。有人说，倒计时一周年活动是赛跑鸣枪前的准备动作提示音。这话不无道理，而且还有“练兵”和“预考”的意味在其中：国家体育总局、中国残联、中共陕西省委、省政府的主要领导都要出席，电视要直播，社会各界积极参与，各方面筹备力量在此誓师，就连远在千里之外当时还在世的袁隆平先生都专门拍摄了视频祝福。活动在西安奥体中心篮球馆举办，两千余名演员的演出规模，在陕西本土也是一场超大型的演出，面对这样一次全运会和全国人民对陕西的检阅，我们准备了半年之久。从主题思想到结构框架，再到具体演出内容，精心排布、反复打磨，以陕西本土的文艺力量，贡献出了一台获得“满堂彩”的优秀演出。国家体育总局的领导甚至给出了“开幕式这样办就对了”的超高评价。上级的肯定让陕西“我们准备好了”的宣誓更加有力，在坚定信心的同时，我们也清楚地认识到，后面还有数不清的硬仗要打。

2021 年初，习近平总书记在北京、河北考察，主持召开北京 2022 年冬奥会和冬残奥会筹办工作汇报会并发表重要讲话，提出了“简约、安全、精彩”的办赛要求。北京冬奥会和冬残奥会与“十四运”相隔只有几个月，又属性相似，我们深刻地认识到，这绝不只是对于冬奥会的指示，也是我们办好“十四运”特别是开闭幕式的根本遵循。但当时也面临着这样一个非常实际的问题：对于严守底线、确保安全的要求，大家都充分完全地理解，没有任何疑虑地坚决执行。可现今社会，每个人都见惯了各种演出的豪华舞美、视觉奇观和无所不用其极的声光电效果，对于很多从事具体工作落实的，特别是一线的演出团队来说，呈现的精彩度很大程度上是与投入的资金成正比的，该如何把握“简约”与“精彩”之间的关系，让许多人犯了难。

怎么办？答案其实就在于回归全运会开幕式意义的本身。经过反复研讨，我们确定了“要以思想的精深和内容的深刻来引领技术和视听呈现，而不是堆砌技术和一味的视听狂轰滥炸”的原则。只要技艺高超，照样可以讲好精彩的中国故事、全运故事、陕西故事。这样的创作主导方向，引领着“十四运”开闭幕式在花费不到许多全国大型活动开幕式 1/2 甚至 1/3 经费的情况下，收获了精彩圆满，创造了中国大型文体展演活动的一个奇迹。现在回头想想，正是因为我们坚定不移地贯彻了习近平总书记的指示，深入地体会了总书记指示的精神要义，才最终达到了事半功倍的效果。

攻坚——路漫漫其修远兮

到了2021年农历春节前后，开闭幕式筹备工作开始从策划走进落地的实际阶段。这是一个让人具有强烈对比感知的春节：2020年春节时，因为新冠肺炎疫情的突然暴发，全国人民都过了一个提心吊胆、没有喜庆气氛的年。而到了2021年春节，因为我国的防疫措施得力，疫情总体处在可控的形势，所有人都不约而同地有了“把去年的也补上，好好过个年”的想法。大街上喜气洋洋，张灯结彩，组委会又位于繁华的陕西省体育场内，节日氛围更甚。过年休假是人之常情，但那时我们已经是周六周天都不休息了。对于所谓的过年，大家心里有期盼，也都自觉地把所有精力集中在了文学框架这件事上。

为什么要做文学框架？举一个简单的例子：开幕式的演出场馆——西安奥体中心体育场长度有322米，一个节目上下场的过程在《创作大纲》里，只需要打两三个字；在创意阐述动画视频中，最多也就几秒到十几秒。实际上我们都明白，三百多米的距离，真人带道具，一个人至少也要跑几分钟，更别说随便一个节目都是几千人上下。《创作大纲》的海量内容必须要做减法，简化成可落地执行、能通过上级审查的演出文学框架。

相较于后期厚达几十页的脚本，这份文学框架只有薄薄几页，难度却极大。因为它需要获得最广泛的统一。从组委会几十个成员部门，到省委省政府，再到国家体育总局、中宣部、国务院，这样一级一级过关，何其艰难。人们常说“一千个人心中有一千个哈姆雷特”，但在这件事上，我们的这个“哈姆雷特”必须是所有人都认可的那一个。

大年三十、大年初一丝毫没有休息过，所有的人所思所想就是：怎样让大纲里所写的理念性表述，落地成明确的演出文学框架，落地成排得出、演得了、行得通又不超时的“干货”。上级对开幕式工作极为重视，每一次大研讨都集合了组委会十几个甚至几十个相关部门，一家一家地发表意见，每个部门提出的意见都要及时地归纳总结，然后我们内部讨论后进行论证吸收，再修改文稿。到了最后，经常是一天几轮地探讨，稿子也从一天一改白热化到了一天几改的程度。

终于，在还没有出新年正月的时候，我们拿出了各方面较为满意的文学框架，开幕式文体展演《奋斗新时代　奋进新征程》的主题名称和“序幕”“民族根”“延安魂”“中国梦”“尾声”的关键性篇章结构也由此而定。框架获得了省委书记办公会的认可，随后也按照工作程序，再向上做汇报。后来反馈回来的消息是：文学框架获得了各级领导的一致肯定。我们顾不上高兴，因为紧接着就是一项更加专业和复杂的任务——以文学框架为依据深化节目创意创作。

一改、二改、再改……怎么在五分钟内体现“民族根”，体现中华优秀传统文化的精髓？延安时期的红色岁月有那么多可歌可泣的故事，该选哪几个？新时代党带领人民实现了中华民族的千年夙愿，取得了那么多举世瞩目的成绩，该如何表达？这些问题都需要我们一一明确。我们进一步聚焦主题、精简时长、优化内容和呈现方式，从提升政治高度、挖掘艺术深度、增加感情浓度入手，进行系统性再总结，再挖掘，再创作，再提升，形成了切实可行、准确到秒的开幕式文体展演内容阐述文稿和闭幕式演出脚本，最终通过了省委书记专题会的研究审议。

在深化剧本的同时，另一项直接影响开幕式策划落地的重要工作也开始了，那就是演员的选拔和排练工作。2021年4月16日，"十四运"开闭幕式群众演员选拔工作在西安外国语大学启动。我们分组推进，先后在18所高校、9所小学共选拔学生演员8000余名，再从省体育局、省戏曲研究院、陕旅集团、省音协等单位选拔相关专业演员，开幕式演员约有13000之众。

其实，我们也曾想过采用"循环使用演员来降低演出总人数"这一多快好省的方法。但由于开幕式演出的整体时长被压缩到了40分钟左右，根据专业的意见，这么大的演出场地、这么紧密的演出结构，在这么短的时间内是来不及进行演员的换装和重复使用的。为了保证各篇章演出的连贯性、一致性，这已经是这样等级规模的演出所能用到的最少人数了。

选拔工作有条不紊，排练工作更是要快马加鞭。5月10日，开闭幕式学生演员排练工作正式启动。根据篇章内容划分演员，我们在西安理工大学（曲江校区）、西安工业大学（未央校区）、西安外国语大学（长安校区）和西安美术学院安排了四个集中排练点。同学们精神百倍地投入训练中。随着排练的深入，离进入开幕式实地场地合练的日子越来越近。此时，新冠病毒的不断变异，使得疫情形势又发生了变化。排练人数如此众多，必须保证人员的闭环管理，否则一旦出现一例感染病例，后果不堪设想。8月20日，按照组委会疫情防控总体要求，我们在离奥体中心较近的陕西科技大学、西安工业大学未央校区、陕西警官职业学院、西安铁路职业技术学院、西安铁一中滨河学校等五个学校设立集中封闭点，开始对一万余名演职人员进行集中封闭管理，也拉开了万人鏖战的序幕。

鏖战——千磨万击还坚韧

八九月的西安，属于闷热和暴雨交织的季节。奥体中心主体育场是一个露天场馆，不能遮阳也无法避雨，降温就更提不上了，我们及时给演员们配备防暑降温的相关物品、设施，尽量让他们凉快些。体感温度或许还有办法控制，但另一件涉及生理舒适的事，就彻底没办法了：全运会开幕式的正式演出是在晚上，全程需要通过演员表演和地面投影的配合进行，而地面投影的显示效果只有晚上才能看得见、调得清。所以从进入奥体中心排练周期后，我们就和所有演员一道，开始了昼夜颠倒的生活，每天下午四五点钟开始，分篇章由指定的闭环大巴将一一对应的演员送至奥体中心安检口，演员经过严格的安全检查后依次进场。夜幕降临，在舞美灯光的配合下，开始一轮又一轮紧锣密鼓的排练。这样的排练一排就是一整晚，到了第二天凌晨四五点钟的时候，才开始分批次地撤离演员，让大家回到驻地抓紧补觉。

任何一件稀松平常的工作，一旦涉及了庞大的人数，就会成为极其艰难的事。比如一万多人，发放餐盒带用餐，一顿饭就要两三个小时；这么庞大的演出队伍每次过安检，也要花费两三个小时；排练完，还不敢同时散场，学生们都急着回去休息，一旦发生拥挤踩踏可不得了。又要分批次由大巴一一送回固定封闭点，一两个小时又过去了……凡此种种，不胜枚举。

时间紧上加紧，任务重上加重，常常是前一个问题还正在处理，新的问题就涌现出来了。每晚的10点是我们仪式与文体展演组的固定开会时间，大家就在排练场一墙之隔的地方通报情况、研究措施、解决问题。会议结束后，演出相关的部门去跟排练，负责文字视频的接着去搞创作，统筹协调的开始打电话，然后就是一夜不眠。特别疲惫的时候，大家开玩笑说：干这工作，真得有一颗强心脏，否则折腾上两天人就倒了，更别说还要熬40多天。

当每天早上七八点钟最后的一批学生走向床铺开始安睡时，我的考验就又来了：一方面，一万多名演员在那儿排练，各项制作工作彻夜进行，我必须盯在现场；另一方面，要消化掉前一晚出现的所有新问题，就需要和省委、省政府各相关厅局，甚至是中央有关部门密切协调。而这些单位正常的工作时间都是从早上八九点钟才开始，那也就意味着我需要晚上盯排练，解决排练及安保、电力、场馆、后勤等各方面问题；白天又要进行更大范围的统筹协调工作。在那一个多月的时间里，睡觉成了一件极为奢侈的事情，常常是刚想打个盹儿，电话就响了；还在跟上一个人打着电话，听筒里又提示同时有新来电在等待；电话刚一挂就看到同时进线的电话和一大堆还没有来得及看的微信、短信；这边电话还没挂，身边就围了一群人问：吉德部长，您赶紧看看这个事该怎么办……

为了加强工作效率，我们最大限度地去实现扁平化管理，不设那么多层级，一线的导演直接和我对话，排练方面有任何需要解决的难题，都可以找我提出，我们就当场研究、当时解决。这样的工作常态让“吉德部长，我有一个问题”成了高频词汇。以至于大家听得多了，叫得多了，有好多同志到全运会闭幕了都不知道我姓王，还以为我姓吉。

扁平化管理极大地提高了工作效率，推动了工作进度，却也有它的代价，那就是关键节点的工作量呈几何倍数暴增。有一次晚上12点多，我们还在排练场地旁开协调会，坐在对面的同志对我说了好几遍“鼻子流血啦！”当时人已经疲惫得麻木了，我自己茫然了半天，才摸了摸鼻子——

是真的累到反应不过来了。时任省委常委、宣传部部长王晓当时也在会上，我们俩挨着坐，他的双眼也是熬得通红，又对我说了两遍“你流鼻血了”，然后掏出纸巾递给了我。那天一直到会议结束，我的鼻血还在流，而且后面的日子里，又出现了好几次相似的情况。在一起工作的人都很关心我，有人说是太累了让我歇歇，也有人说是太着急上火了——当时的情况着实是无论哪一件事摆出来，都是十万火急。

举办全运会开幕式这样一个大型演出，在全国范围内请演员、外调团队是惯例，每届开幕式均是如此。但新冠疫情让不确定性成倍增加，没人知道明天会发生什么，外援请是请了，但能到场的概率却成了“薛定谔的猫”。比如演出中有一个节目，是以跑酷的形式展现流动的城市和奋斗的人们，我们本来邀请了顶尖的跑酷表演团队，但迟迟见不到人，一问，是因为疫情在路过某地时被集体隔离了；节目中象征着楼房的移动式道具，也迟迟无法现身，再一问，是因为疫情原因物流中断了……都说巧妇难为无米之炊，可这样的现实情况就是要求你得能做到“无中生有”：到不了的演员我们从本地再找，运不到的道具我们想办法自己做，实在不行，就连夜修改节目方案——总之，兵来将挡，水来土掩，所有的工作一秒都不能停。

除了疫情，还有一件事同样让我极大地担忧：这一万多名演员，绝大多数是来自各大高校的大学生。他们阳光、青春、积极向上，拥有着年轻人的一切美好品质，同时也无法避免地有着年轻人的血气方刚。训练是严格的，完全闭环的生活，长时间大体力付出外加昼夜作息颠倒，一日三餐不是餐包就是食堂的单调菜品，不能饮酒，体育场内也不能抽烟，娱乐生活极度匮乏……一些负面情绪，开始渐渐在这些孩子的心里酝酿，也成了我们最担心的事：如果放在平常，哪一所学校内都会有学生间发生矛盾的事，甚至是打一架也都不稀奇。但是在这样一个封闭的环境中、这样的人群密度下，这样一项牵扯到“国之大者”大事的紧要关头，一切都不能出任何问题。这其中，有三件事情令我记忆犹新：

第一件事，发生在排练的攻坚期。训练了整晚的几名学生和导演之间产生了言语上的不快。导演团队中有许多年轻导演，跟学生们差不了几岁。放在平时，可能吵几句嘴，冷静冷静也就好了。偏在那时，学生们的劳累和憋闷无处释放，转身就在微博上发了帖子。人虽然在封闭，但网速是5G，因为“十四运”开幕式被高度关注，哪怕事发时是深夜，短短几个小时内帖子阅读量和跟帖量也在不停激增。我们深知，任由这样的情绪传递，会在学生群体中引起连锁反应；任由舆情蔓延也会酿成不可挽回的损失。我不但是“十四运”开闭幕式仪式和文体展演组的负责人，也是时任中共陕西省委宣传部的常务副部长、“十四运”组委会新闻宣传部部长，排练和舆情都不能出问题！事情等不得，拖不得！我们当机立断，找到学生、带队老师和导演团队，了解清楚事情的原委后，立即要求说出不负责言论的导演向同学们道歉，也请同学们理解导演是出于着急排练的原因，并无恶意。最后，取得学生的谅解，圆满地解决了这件事。

第二件事，是已经到了开幕式全要素彩排的时候。当时全国的防疫形势更加严峻，按照防疫政策，一万多的演职人员，每个人都要一直持有48小时的核酸阴性检验结果。医疗卫生部门尽力配备了能配备的核酸采集力量。但是待检人数太多了，而且不能耽误排练进度，所以只能在篇章排练间隙，在奥体中心体育场环形的廊厅内组织核酸采样。同学们排着一眼望不到头的长队，四到六组同时采样。与此同时，我们也抓紧在二楼的廊厅办公室里开业务碰头会。正在紧张的讨论中，就听见外面一阵异动。我敏感地一把拉开房门，原来是两所学校的学生，因为核酸排队先后的问题起了争执，几个小伙子伸出拳头在比画。我看了一下现场的人数和整体逼仄的环境，判断一旦乱了起来，先不说会演化成群殴事件，就是单纯人挤人也保不准会出现踩踏事件。我瞬时感觉血压都上来了，高喊了一声："不许打架！"然后一个箭步就跑下楼去，来到起冲突的学生中间。后来他们回忆说，当时那一声怒吼喊出了几台音响的效果，硬是让在场密密麻麻的学生都愣住了。我们抓紧了解情况、现场解决问题，进一步安排带队老师和学校负责人加强管理，刻不容缓地推进核酸检测工作……等到一切回到正轨，又继续开我们的业务碰头会。

第三件事，是在正式演出的前几天。在1：1的全流程彩排中，是连同仪式、演出、火炬传递、主火炬点燃一起进行演练的。开幕式火炬手都是一些大家耳熟能详、备受全国人民喜爱和推崇的明星运动员。往常排练都是由工作人员来代替他们跑位、传递火炬。但是当排练进入倒数次数后，他们也必须亲身实地地熟悉路线和点火过程。于是，当大家惊奇地发现，今天出现在他们身边跑动的，竟然是亚洲飞人苏炳添，竟然是大满贯得主马龙，竟然是我们陕西运动员的骄傲秦凯、郭文珺，竟然是在东京奥运会上让青年人深深喜爱的新晋奥运冠军张雨霏和杨倩……演员们沸腾了。年轻人将这些在国际上顽强拼搏为国家争得荣誉的优秀运动员们视为英雄和偶像。场上开始有学生脱离了自己本身应该站的位置：本应是标示火炬手前进路径的、起隔离围栏作用的学生开始忍不住伸出手甚至冲出去想和火炬手击掌；连在场地内组成演出造型的同学们也情不自禁跑到场边去，想近距离接触他们喜爱的体育英雄；在进行点火仪式后，还有学生围住这些奥运冠军不愿离去。对于同学们来讲，这就是发自内心的对于体育的热爱，对于运动健儿的喜爱，但对于要确保开幕式排演的安全稳定性的我们来讲，却是晴天霹雳。我们抓紧疏散人员，连夜研究对策，又是一夜未眠……像这样的事还有很多，一桩桩一件件，正如那首歌唱的：“踏平坎坷成大道，斗罢艰险又出发！”

为了凝聚人心、鼓舞士气，在离开幕式正式演出还有十天的时候，我们决定召开万人誓师大会，统一思想，凝聚力量，让大家鼓足精气神，决战开幕式。9 月 4 日，西安奥体中心，由学生演员和专业演员以及工作人员组成的庞大方队一万余人集结完毕。学生演员代表、专业演员代表、老师代表、导演团队代表分别做了表态发言。当我走向台前准备发表动员讲话时，看着开幕式的倒计时牌和一张张稚气却疲惫的脸，我的内心五味杂陈，百感交集。那天，我说的话既是动员讲话，又是我的心里话：在一个人漫长的一生中，十天时间很短，但接下来的这十天，对我们来讲却至关紧要。十天后，中华人民共和国第十四届运动会将在这里开幕。这是党中央、国务院给予陕西的重托；这是大疫之下，回应西方挑战、彰显中国力量的精彩体现。十天后，我们就要在这里接受党和国家领导人的检阅；在中央电视台直播画面镜头推进时，我们的亲人朋友、老师同学都将从电视上看到我们灿烂的笑脸。十天后，在我们的每一个舞蹈动作中，在我们的举手投足之间，会为全国人民和全世界华人同胞呈现出“十四运”的“第一眼”，也会在我们的生命中留下“一生一刻”的宝贵瞬间。我们为同学们坚持拼搏所感动，被你们的青春活力所感染。从开幕式文体展演节目开始排练到今天，我们一起度过了无数个不眠不休的夜晚。我们吃了这么多苦，熬了这么多天，从现在到开幕式正式演出，还剩十天的时间，这十天可能会比之前更苦更难。但我们相信，我们每个人都能以时不我待的冲刺撞线姿态，咬咬牙、跺跺脚，不留遗憾地拼一把……

以真情换真情，以真心换真心。一番推心置腹的话引起了大家的共鸣，体育场内回荡着“全民全运，同心同行！精彩圆满，有我必胜！”的宣誓声，大家的热情被彻底地点燃了，我们一起向着最后的胜利冲刺！

绽放——艰难困苦，玉汝于成

9月15日，这是最紧张的一天，却也是最坦然的一天。

一方面，习近平总书记出席盛会宣布开幕；全国37个代表团齐聚陕西，1.3万余名演职人员、近3万名观众和近7000名保障人员参与开闭幕式组织工作；3950万三秦父老盼了整整四年，全国人民翘首期盼，央视多个频道全球直播——大家都在等着看，我们到底要演些什么。

而且，早些时候我们就了解到，当天有很大概率会降雨。一旦下起大雨，先不说地面投影效果会大打折扣，单说这样大规模的演出上下场时，因为雨水可能导致的演员滑倒、碰撞，节奏失控的可能性就会大大地增加，我的心提到了嗓子眼儿。

再者，开幕式启动了最高的安保等级，会在奥体中心的某些路径、某些区域划定管制区，具体的时间和范围都由上级掌握，我们没有权力过问和更改。在某一个节目中，我们需要一批演员从体育场一侧的门下场后，立刻狂奔到另一侧的门进入，参与尾声的同台。如果在这一过程里，中间的路段因为管制而禁行，那可如何是好？尽管前期我们做过多次沟通，做了多次试验可以顺利完成，但这些命令的下达是我们不可控的，万一有变数……我的心又提到了嗓子眼儿，不，是从来没有从嗓子眼儿下来过。太多的环节，太多的步骤，太多的可能性，桩桩件件都让人平静不下来。

另一方面，那天我的心里又出奇地坦然——因为，到了这里，我们已经做了我们所能做的一切，付出了我们所能付出的全部……

那天的演出，极为成功，党和国家领导人给予了极大的肯定，人民群众反响热烈，从工作人员到参与演出的学生演员和专业演员们一个个欢欣雀跃。开幕式圆满结束的音乐刚刚落下最后一个音符，瓢泼大雨就从天而降。许多人都觉得非常神奇，我们也觉得这是精诚所至，金石为开。或许上天都不忍心让雨水来给辛苦排练这么久的我们添堵，大家纷纷在雨中合影留念。

作为多年从事宣传文化工作的领导干部而言，我一向秉持着低调务实不张扬的原则，希望镜头对准一线，极少站在镜头前。可那天，当一个又一个共同拼命了这么久的兄弟姐妹走到我面前，问：“吉德部长，能不能跟您合个影？”我真的无法拒绝。那可能是我工作以来，在同一时间同一地点拍下照片数量最多的一次：开幕式一切顺利，我提着的劲一下子松了下来，极度的疲惫和喜悦交织着，也说不出来太多的话，只是微笑地站在那儿，和大家一一合影。旁边有不明就里的人路过，见里外三层的人在合影，还驻足看了好久，以为是什么明星或者是奥运冠军。回到驻地时，我们受到了所在封闭点学校师生的夹道欢迎，他们在观看了开幕式后也抑制不住激动的心情，他们明白了：这群昼伏夜出叨扰了他们一个多月的人，真是干了一件让人叹为观止的大事！大家组成了锣鼓队，在雨中敲锣打鼓；因为后面还有闭幕式要排练，我们还处在闭环当中，不能下楼和我们近距离接触的学员就在楼上，开着窗户，向我们挥手欢呼……这样的场景，我至今想起来都双眼湿润，什么苦啊累啊，那一刻，什么都值了。

开幕式胜利收官的同时，也就意味着闭幕式新征途的开始。往届全运会都是开闭幕式排演同步推进，但因为疫情的原因，本届全运会是在“十四运”开幕式的导演和演员中留下一部分人来继续转战闭幕式，剩下的时间少之又少。闭幕式比开幕式的规模小，但要承载的思想精神却丝毫不能降级。又加上在开幕式前夕，习近平总书记再次来陕西考察调研，做出了重要讲话和重要指示，我们必须紧跟时事，将这些重要内容的核心要义也加入闭幕式的演出中去。于是，难度再一次升级，在这么短的时间内，我们需要策划、创作、编排、演练同时进行，紧迫性可想而知。但有了前面开幕式的经验，大家也都习惯了这样的节奏，放开了手脚，工作也是越做越顺。

闭幕式圆满成功后，我们又马不停蹄地转入残特奥会的筹备工作中。客观地讲，“十四运”闭幕以后，我们已经是人困马乏、劳苦倦极，没有谁是不想停下来歇一歇的。但是，上级的信任和陕西对于“两个运动会同样精彩”的承诺，让我们再一次站到了一线。因为准备的时间相对较长，残特奥会的开闭幕式基础相对好一些，但是也需要在政治性、思想性、艺术性以及节目的编排和视觉效果的匹配上再做提升。再加上这是历史上头一次残特奥会和全运会同年同地接连举办，我们需要把面对健全运动员的思维迅速转换到面对残疾人运动员和广大的残疾人观众朋友上去：手语翻译怎么安排，轮椅上下场怎么万无一失，大屏幕上文字怎么标注……要体现党中央、国务院对残疾人群体的格外关心、格外关注，哪一点都不能马虎。在大家的共同努力下，最终，陕西没有辜负全国人民的期望，兑现了承诺，也展示了三秦大地厚德温情的一面。

在十四运会和残特奥会圆满成功举办后的日子里，我也常思考这样一个问题：论物质基础，我们的资金投入很少；论人力资源，我们的仪式和文体展演组里也没有什么国际知名的大腕；论组织严密，其实大家也都是由各单位抽调而来，认识的时间很短……那最后到底是靠什么能把这件陕西从未有过的大事办成的？我觉得，说到底，就是紧紧抓住了内容和人的关键。

——说抓住了内容的关键，那是因为我们牢牢把握住这样一条原则——艺术精湛、制作精良的基础和核心是“思想精深”！比起炫目的舞美特效，思想与内容更重要。开幕式文体展演不是普通的文体活动，更不是“拼盘”文艺演出，而是要成为有思想、有灵魂，主题鲜明、主线清晰的综合文化呈现，成为既讲政治，又讲艺术，更讲情感的精品力作。我们紧扣“建党百年、体育盛会”主题，创造性地采用“历史与现实贯通”的理念，突出反映党的十八大以来，在以习近平同志为核心的党中央坚强领导下，党和国家事业取得的历史性成就、发生的历史性变革，最终让开闭幕式成为统一思想、凝聚力量、振奋人心、鼓舞士气的壮阔史诗。

——说抓住了人的关键，那是因为我们最大限度地发扬了过硬的优良作风。大家同吃同住同封闭，顶烈日、冒风雨、战酷暑，不分昼夜、不计得失、不谈苦累，轻伤不下火线、坚守责任担当，凝心聚力、精益求精做好开闭幕式仪式组织、文体展演和各项保障工作。在训练过程中，有的家中至亲因病去世，为了不耽误训练，匆匆去见了老人最后一面，就含着眼泪返回了训练场；有的同学因病晕倒，经抢救苏醒后，开口的第一句话就是问“是不是训练快开始了？”有的带队老师，刚刚新婚就接到了“十四运”学生领队的任务，两个人同时放弃了蜜月旅行进入封闭点，让开幕式训练成为特殊的蜜月……大事面前冲得上，豁得出，打得赢，有了这样的作风，我们无往而不胜。

凡是过往，皆为序章。“十四运”终成为昨天，我相信，随着时代的发展，由粤港澳大湾区承办的“十五运”会更加精彩。但我也相信，我们所有参与十四运会和残特奥会开闭幕式工作的，在看第十五届、第二十届甚至第二十五届全运会开幕式文体展演的时候，都能问心无愧骄傲地笑着说：想当初，建党百年那一年，我们在十四届全运会上，为陕西、为中国、为世界也为我们自己心中的全运，贡献过永恒的精彩圆满！

（作者系西安市政协党组书记、主席，时任中共陕西省委宣传部常务副部长、十四运会组委会新闻宣传部部长、十四运会开闭幕式工作专班主任）

目　录

建设篇　长安大道连狭斜

组织篇 问渠那得清如许

服务篇　衣带渐宽终不悔

保障篇　犹说当年保障功

花絮篇　厚意勤勤别后诗

附 录

JIANSHE
PIAN

建设篇

选　址

〇张　炜

2023年2月5日，农历癸卯年正月十五，绚烂的焰火划破夜空，在灞水之畔的西安奥体中心光影文化公园上空璀璨绽放，西安奥体中心主体育场“长安花”的外立面上，滚动出“祝全市人民元宵节快乐”的字样，主体育馆、游泳跳水馆和奥体中心广场群楼上不断变幻出各种灵动的图案，绚丽多彩；200米长的光影水秀脉幕在璀璨的灯光和激昂的旋律中，“舞”出了优美身姿；灞河西岸，“长安书院”和奥体中心“一场两馆”遥相辉映，灞河东西两岸风光旖旎。1000架无人机组成的中欧班列“长安号”从五彩缤纷的焰火中穿越而来，巨大的“蝴蝶”造型焰火翩翩起舞，华丽绽放，形成“火树银花不夜天”的壮丽奇景，尽显古都西安的崭新魅力。

现场30多万市民被震撼了——“太美了，这是全运会带给我们的精彩，国际港务区发展太快了，我为西安这些年的高质量发展自豪骄傲！”“我们建成了奥体中心，举办了全运会，有了长安号，有了内陆港，就像当年国际港务区提出的‘西安有的沿海没有，沿海有的我们也有了’”“我们的生活越来越美好”“西安太美了！西安我爱你！”……看着绚烂的焰火，听着大家由衷的赞叹，我激动地流下了眼泪，当年西安奥体中心选址时候的情景历历在目。

2016年3月28日，天阴沉沉的，时不时刮过一阵风，我随西安体育中心（西安奥体中心前期名称）选址组来到了国际港务区。当我站在地铁双寨站地上站台施工现场，向西看着这片杂草丛生、到处是临时搭建后又废弃的棚房荒地之时，心里拔凉拔凉的。这么一个偏僻、荒凉，且没有任何配套设施的地方，怎么能用来承办全国最高水平的体育比赛呢？

“这片区域西邻灞河，东眺骊山，符合我市‘十三五’发展规划和城市建设规划，土地充足，交通便利，与机场、高铁、高速公路连接，在建的地铁3号线在这区域设有站点，规划中的地铁14号线也将通过这里并设站点，国际港务区域内有较好的运营成熟的酒店，可以满足运动员和保障团队的接待使用；这个区域紧邻灞河水面，景观环境优美，可供水陆项目一起举办。我们把国际港务区最好的一块土地，留给了西安体育中心。”时任中共西安市委常委、国际港务区党工委书记韩松坚定地说。

他继续说道：“这片区域是西安最具国际化、最具生态化、最具活力化的区域之一，附近有欧亚论坛永久会址、西安领事馆区、世博园等大量国际化元素建筑群，国际港务区也有面向国际的现代商务居住区，将西安体育中心建在这里，可以形成一条具有现代特色的建筑景观群。同时，在灞河边建设体育中心又突出了水的特色，这在北方城市是十分少见的，这里集中了西安别具特色的自然风貌。我们国际港务区全体有信心和决心在灞河之畔建成一座自然生态与体育文化和谐共生的‘国际先进、国内一流’标准化体育场馆，

使之成为既有‘中国味’又有‘国际范’的世纪精品和传世之作，绝不会辜负西安人民的期望，且将向全国和全世界展现一个‘开放、时尚、洋气’的国际化大都市。”

选址组同志们被韩书记极具魄力的语言和所勾画的宏伟蓝图所打动。时任陕西省体育局副局长张继学兴奋地说：“和前面几个区域相比，韩书记这是把国际港务区的白菜心都拿出来了。如果在这里建设，我相信，韩书记和国际港务区的同志们一定会把西安体育中心建成一座高起点、高标准、高质量，具有国际水准的体育场馆。”

经过全国著名的规划专家和体育专家反复论证，中共西安市委、西安市政府多次研究，最终确定在国际港务区建设西安体育中心。

随后的日子里，国际港务区以“起步即是冲刺、开局就是决战”的精神状态，向全球同步发布西安体育中心项目周边约 14.6 平方公里的概念规划及“一场两馆一中心”的建筑设计方案国际竞赛公告，接受了来自中国、美国、德国、法国、西班牙、日本等国内外 65 家全球知名设计单位组成的 33 组联合体参赛报名。通过集中的理念交锋与智慧碰撞，为西安体育中心的建设汲取全球智慧，为打造世纪精品、城市地标提供坚实的理论支撑和智力保障！

2017 年 10 月 9 日，西安体育中心开工建设，国际港务区的同志们为西安体育中心及周边的开发建设提供管家式服务，做保姆式的“店小二”，与广大建设者一起，战疫情、保进度，以期按照时间节点完成项目建设。奋战了 996 个日夜，按照高质量建设国际标准赛事场馆的要求，严把关每一道工序、每一项工艺，克服施工难题，以精益求精的“工匠”精神确保进度，不断刷新着大型场馆的建设纪录，创造了西安效率。

2020 年 7 月 1 日，一座符合国际标准、拥有 6 万个座位的体育场、1.8 万个座位的体育馆和 4000 个座位的游泳跳水馆的现代化、高品质的体育中心在灞河之畔完美呈现。周边的“长安书院”“长安云”“长安乐”“全运湖光影文化公园”“全运村”等项目和十大央企总部项目也以高标准、高水平建设完成，并建成了奥体中心片区灯光联控及光影秀项目，构建起西安体育文化新地标。2021 年 9 月 15 日至 10 月 29 日，全市人民坚决扛起主会场城市的责任，以高度的责任感和历史使命感，举全市之力、倾全市之情、集全民之智，只争朝夕，真抓实干，实现了第十四届全国运动会和全国第十一届残运会暨第八届特奥会精彩开幕、圆满闭幕。西安奥体中心承担了“两开两闭”和跳水、游泳、花样游泳、田径等比赛，赢得了党中央、国务院和陕西省委、省政府以及全国人民、社会各界的高度赞誉，树立了新时代全运会史上的新标杆。

全运会和残特奥会结束后，为深入贯彻全民健身国家战略，满足广大市民群众运动、休闲、娱乐的需求，真正让老百姓体会到“全民全运，全运惠民”，西安奥体中心秉持“赛时为全运，赛后为城市”的理念，于 2021 年 12 月 11 日面向公众开放。来此锻炼健身的市民对这座全运主场馆津津乐道：“‘高大上’的西安奥体中心很接地气呀！从踏入球馆的那一刻起，我们就感受到了贴心的服务。”“这里的场地和服务都非常不错，感觉在这里打篮球，自己投篮都比平时更准呢！”……

如今，西安奥体中心已成为市民休闲健身的好去处，高颜值、体验感满满的奥体中心场馆带动了不少热爱健身的市民和网络潮人专程从市区坐地铁来这里打卡、体验。如今，西安奥体中心已经成为国际化、专业化、多元化的体育文化交流中心，广大市民正在享受“全运新时代”的幸福感。

（作者系西安市体育局办公室主任，时任十四运会西安市执委会综合组〔办公室〕秘书处处长）

实干迎盛会：为道路贴上“钢化膜”

○口述：高晓军　整理：闫　青　王子阳

当夜幕降临，当太阳升起，在凛冽寒风中，在烈日酷暑里，在平坦宽阔的大道上，我们经常能看见这样一群散落在城市各个角落、辛勤忙碌着的“荧光绿”。点点荧光汇聚成河，散开来是默默无闻的劳动者，聚拢时便是一支善打大仗、敢打硬仗、能打胜仗的“市政铁军”。微光成炬，筑梦西安。“十四运”承载着我们共同的梦想，在“十四运”市政设施建设的主战场上，每个参与其中的市政人都是英雄。

市政基础设施是城市的“名片”，直接体现着一座城市的综合发展能力和现代化水平，更与市民生活息息相关。为迎接“十四运”召开、加快建设国家中心城市，西安市迎“十四运”重点项目建设这项光荣而艰巨的任务，早早就拉开了序幕。

“沙场点兵磨利剑，厉兵秣马淬精兵。”迎“十四运”重点项目建设，工期紧，任务重，全体“市政铁军”走向城市基础设施建设的主战场。作为西安市政道桥集团西郊公司第一工程项目负责人，我很荣幸地成为这支铁军的一员。在奋战“十四运”建设的无数个日日夜夜里，白天机器轰鸣，夜间灯火通明，我们每个人都在为抓抢施工工期拼命冲刺，因为我们觉得，能高质量按时完成各项施工任务，就是一件最值得骄傲和炫耀的事。

让我记忆最深刻的，是我负责具体施工的西二环超韧磨耗层道路加层项目。西二环金光门桥段是西安市重要的交通枢纽，车流量大，在对西二环进行沥青摊铺施工时，既要考虑道路抢修时间紧迫，又要避免二次直接摊铺沥青导致桥体受重过大产生的安全隐患。如何安全高效地完成沥青摊铺作业，成了一项急需解决的施工难题。面对这只拦路虎，我们与公司各部门多次讨论后，决定采用新引进的 ARC 超韧磨耗层道路加层工艺。ARC 超韧磨耗层系统是一种实施厚度为 1.2—2.0 厘米的热拌沥青混凝土加铺结构层，结构层由特制黏结层与热拌沥青混凝土摊铺层组成，施工采用普通异步摊铺工艺，以高韧高弹复合改性沥青为热拌沥青混合料的黏结材料，采用专用高渗高黏黏结剂为黏结层原料。成型后的路面具有良好的抗裂、抗渗水、抗滑性能，可应用于高等级公路、城市道路、桥梁和隧道结构的表面磨耗层，就像是为路面贴上了一层超薄“钢化膜”。

找对了方向之后，我立即组织项目部全体施工人员一起查资料、看案例视频、了解材料属性，并一遍遍去施工现场实地推演会发生的各种问题。那几天，和我一样的有好几个人，就连睡觉都梦到在用新材料摊铺路面时遇到突发状况，猛然惊醒后久久难以入眠。攻克基础技术难关后，为防止沥青摊铺作业时污染已经完成油饰的两侧桥梁墙体，我们又定制了木质隔离板，在施工前对两侧墙体提前进行遮挡。经过几天精心筹划、认真部署，“贴膜”试验正式开始。2021 年 3 月 27 日晚，西二环金光门桥段 ARC 超韧磨耗层摊铺试验段项目正式进场施工，并于第二天凌晨完成了施工任务，证明了ARC超韧磨耗层道路加层工艺用于二环沥青摊铺工程的可行性。

“手机贴膜都是一项技术活，更何况是给路面贴超薄膜，我们不光要能贴上‘膜’，还要贴得平整、贴得漂亮！”实验段摊铺完成后，现场所有施工人员没有一个人顾得上分享实验完成的喜悦，而是集体对铺完的路段一米一米进行观察，寻找施工问题。大家发现，由于第一次摊铺超韧磨耗层沥青的施工经验不足，导致摊铺后的路面纵缝平整度和桥梁伸缩缝处的摊铺平整度效果不理想。高质量高标准精细化地完成迎“十四运”施工任务，是每个施工人员坚持的原则，大家一致认为必须尽快找到原因，解决这个问题，这样才不耽误接下来的施工节奏。

经过一夜连续不停奋战施工，疲惫困乏已经爬上了每个人的脸庞，但是现场没有一个人退缩。为了找到摊铺平整度处理效果不理想的原因，我们一起在施工现场召开了分析会，复盘摊铺时的每个细节，用手机上网查找问题发生原因。最后发现一方面是因为ARC超韧磨耗层摊铺采用的沥青材料比较特殊，且摊铺厚度最多只有2厘米，初压压完后人员才能在路面上行走，否则会影响摊铺后的路面平整度，同时，材料温度下降快，碾压人员初次碾压新材料经验不足，也对道路纵缝平整度造成了一定影响。另一方面是因为桥梁每隔100米至200米就有一个施工伸缩缝。为克服一道道桥梁施工伸缩缝对路面平整度与摊铺速度造成的严重影响，我们采用了将麻绳塞入桥梁伸缩缝中，待摊铺机摊铺完成后，再由人工将麻绳拽出的方法进行施工。桥梁伸缩缝处摊铺平整度处理效果不理想，显然和桥梁伸缩缝中的麻绳抽出时间和方式有着直接的关系。找到问题后，早高峰即将来临，为确保安全，大家撤离了施工现场。

施工现场如战场，抢工期分秒必争。次日的超薄磨耗层摊铺任务迫在眉

睫，如何处理好桥梁伸缩缝处摊铺平整度问题，成了当时施工最大的拦路虎。作为现场施工负责人，我的压力倍增，顾不上好好休息，我们所有参与实验段摊铺的施工人员在会议室里开启了头脑风暴。经过多次推理论证，最后决定在摊铺机摊铺完成后，初压压路机紧跟其后快速碾轧完成，然后趁着沥青料温度高、料软的时机抽出麻绳。同时，在抽出麻绳时，用两块木板压住桥梁伸缩缝两侧的沥青料，最大限度地降低麻绳抽出时对两侧沥青料的破坏，最后再由人工配合机械将伸缩缝周围处理平整直顺。找到解决方案后，西二环超韧磨耗层道路加层项目得以顺利进行。

西二环桥上空间有限，在进行沥青摊铺时，所有人就像是进入了一个大烤箱般，避无可避，同时还要克服上厕所的难题，但是现场施工人员迎难而上，不喊苦、不叫累，干劲十足。

超薄磨耗层摊铺施工现场，沥青初压后温度超过 150℃，即使是在 3 月的凌晨，空气中仍弥漫着炙热的气息。但为确保西二环超韧磨耗层道路加层高质量顺利完工，我们尽最大努力、以最快速度一次次弯腰、放挡板、抽绳、再弯腰……尽管脚下滚烫、手心通红、汗水湿透了衣衫，却没有一个人退缩，大家都在各自岗位上坚守奉献。朝阳升起，又是新的一天，劳作一晚上的市政人再次为这座我们热爱的城市铺好了一段平坦笔直的大路。

这只是“十四运”重点项目建设的一个小小的缩影，在这场战役中，市政建设者全员奋战在施工一线，他们都是平凡岗位上的英雄。

（口述高晓军系西安市政道桥集团西郊市政养护公司第一工程项目部经理；整理闫青、王子阳均系西安城投市政道桥集团西郊公司宣传干事）

“十四运”主题专列“悦动号”建设回顾

〇陈洪超　李　明

中华人民共和国第十四届运动会于 2021 年 9 月 15 日在陕西西安开幕，这是国内规格最高、规模最大、竞技水平最高、辐射带动作用最强的综合性运动会，也是半个多世纪以来，首次在我国中西部举行的全运会。办一次会、兴一座城，全运会意味着新动能，“十四运”给陕西乃至整个中西部带来了更多的投资项目、更好的发展机遇、更高的关注度和美誉度。

西安地铁 14 号线是“十四运”重要的轨道交通配套工程，其中奥体中心站作为主会场的地铁站，是迎接海内外八方宾客、营造“十四运”热烈氛围的核心地铁站点。

作为西安市轨道交通集团党群工作部的一员，我有幸参与了主题车站的方案制定、设计和最终落地的全过程，在接到工作安排以后，我们迅速进入了主题车站的规划设计阶段，并确定了

“盛世全运　逐梦西安”的主题，研究了设置主题车站的主要目的，即创新营造举办第十四届全国运动会的浓厚宣传氛围，努力弘扬陕西的历史文化和人文精神，彰显西安地铁在推动文化发展方面的积极贡献。

围绕本次主题开展主题车站的各项工作，合理利用站内各类已有的宣传媒介。设计紧扣“十四运”，突显“全民全运，同心同行”的赛事主题，“千年古都，常来长安”的文化内涵，以及“畅通古城，礼迎全运”的地铁特色，设计中巧妙融入了“十四运”场馆信息，陕西的著名地标和特色文化，以及十四运会徽、吉祥物等元素。以功能性、艺术性、互动性、传播性、趣味性为设计要素，使主题车站同时具备场馆信息查询、比赛信息播报、乘客指引服务和志愿者服务等多种功能，创新性设置展陈、景观小品等，并融入互动元素，加强宣传和传播效果，通过“接地气”的设计语言，将运动元素和陕西文化有机结合。在色彩的选择上，以“十四运”官网的标准色为主，设计上以美观大气、积极健康、色彩和谐为主旨，与车站整体环境相协调，使市民乘客参观时赏心悦目、心情舒畅。

主题车站的规划遵循“一点四线”的原则，即以站厅层互动景观为核心点，以“多层异形造型主景观 + 微互动”的形式展出；选取 A、B、C、D 四个通道，利用扶梯墙面、通道墙面与灯箱的主题化设计包装进行趣味互动。其中主景观区突出中华人民共和国第十四届运动会和全国第十一届残疾人运动会暨第八届特殊奥林匹克运动会主题特点，辅以西安钟楼、大雁塔等城市地标建筑元素和运动人物图形来衬托主题，构建网红打卡点。同时充分结合站厅的原本设计，以“十四运”34 大项运动图形结合站厅圆形吊顶进行装饰，让整个站点呈现出浓厚的全运氛围。

A 通道以“激情全运，悦动主场”为主题，让乘客感受全运会主场的热情氛围，飘逸的丝带变幻为跑道、绿茵场、波浪，串联起西安奥体中心“一场两馆”、西安地标、运动人物剪影。特色灯箱以场馆实景照片为背景，相应的运动人物为前景，通过工艺制作，呈现出3D立体效果，形成视觉冲击力。设计了“全运主场，我在C位”的主题打卡点，以西安奥体中心体育场为背景，结合地面跑道铺装，吸引人们互动拍照，极具趣味性与传播性。

B通道以“全民参与，筑梦全运”为主题，大众健身剪影为主元素，以“十四运”主题色为整个通道的主色调，设计了太极、滑板、篮球、羽毛球等运动形象，通过特殊工艺呈现篮球、羽毛球、扇子浮雕效果，其间点缀西安地标剪影作为装饰，洋溢着时尚、热情、活力。同时设置趣味打卡点，以举重场景为创意，前景为“Champion”（冠军）和人物剪影，乘客可以与背景互动拍照。楼梯侧面采用了跃动向上的人物形象，引导乘客从楼梯向上通行的同时，让人眼前一亮。

C通道以“盛世风采，共迎美好”为主题，寓意建党百年盛世繁荣。取革命圣地延安、关中历史名城西安、陕南钟灵毓秀安康三处的地标建筑图案，以大面积铺色来呈现异彩纷呈的效果，运动人物、地铁元素点缀其间，彰显美好生活，积极表达陕西人民喜迎八方宾朋的友好态度，展现中华民族盛世逐梦的璀璨光芒。

D通道以“古都新韵，活力西安”为主题，彰显新时代新西安新风貌，充分发挥视觉创意，采用钟楼、大雁塔、电视塔等“大西安”的新老地标，构成“XI’AN”图样，与运动人物结合，形成具有动感的画面，以立体的陕西方言对话框图标点睛，增添趣味性，展现本地特色。楼梯采用大雁塔的视觉形象，高耸入云，直冲而上，让乘客在上楼梯时仿佛“攀登”大雁塔。

站台屏蔽门装饰以排球、羽毛球、篮球、击剑等运动剪影形象为设计元素，“十四运”主题色彩带为视觉延展，站台屏蔽门打开时两侧形象会形成独特的“动态”效果，整体设计动感时尚，激发人们参与运动的热情，积极倡

往机场西 (T1,T2,T3)
To Airport West(T1,T2,T3)
往贺韶
To HESHAO

中建安装

导全民健身的生活习惯，弘扬全民运动的良好风尚。

6 月 29 日 11 时，随着西安地铁 14 号线的通车运营，奥体中心主题车站终于迎来了它的正式亮相，并以活力四射的新面貌迎接了首批乘客。主题车站提炼了“十四运”主题思想以及西安地铁的服务理念，同时将憨态可掬的全运会吉祥物、矫健飒爽的运动员剪影，还有古都西安的地标性建筑融合在了一幅幅生动的画面中，让人顿感运动之美、和谐之美、活力之美，为第十四届全国运动会的举办营造出浓厚的大会氛围，同时也展示出奋发有为、积极向上的城市形象。

地铁 14 号线建成后，成为连接机场、西安北站两大交通枢纽和奥体中心的快速通道，对保障“十四运”顺利召开具有重要作用。但在该线路运行过程中，如何进一步提升“十四运”的群众认知度，为十四运会创造热烈的宣传氛围成为西安市轨道集团的一项重要任务。经过仔细调研，我们最终决定打造一辆具有标志性、创造性、传播性的主题专列，利用相对封闭的车厢环境，积极宣传“十四运”，并使其集省内场馆地图分布、场馆信息介绍、地铁观赛导航、趣味知识科普于一体，让乘客在乘坐地铁 14 号线前往奥体中心游览观赛的途中，得到独特、愉悦的乘车体验。

在设计方案时，我们着力于让人身临其境，营造运动感和时尚感的氛围，全面布设“十四运”元素，并加入“千年古都，常来长安”“相约西安，筑梦全运”“全民全运，同心同行”“精彩全运，志愿同行”等宣传口号，以“十四运”会徽主色调贯穿整列车厢，“十四运”吉祥物为主角，创造“动静合一”的十四运主题列车。

一号车厢主题为“驰骋三秦”，主要展现田径运动风采。“驰骋三秦”一语双关，一方面指田径场上运动健儿努力拼搏、奋勇争先的姿态；另一方面指陕西抢抓机遇，高质量发展的状态。地面铺设了“田径跑道”，与车厢主题相得益彰形成呼应，顶部设计有“点亮梦想，为爱起航”等口号，营造了强烈的赛会氛围。

二车厢主题为“碧水兴城”。这节车厢以水上运动项目为展示方向，既展示了水上运动项目运动员们的精彩表现，也凸显了西安“三河一山”绿道建设工作，呈现了西安以灞河、渭河、沣河和秦岭丰富的自然历史人文资源为依托，坚持将全域治水、污水治理、生态环境治理、文化旅游景区与绿道建设紧密结合的卓越成就。地面铺设“泳道”图案，车顶以碧波水光配合“十四运”口号，上下呼应，让人置身于清凉惬意的舒适乘车环境中。

三车厢主题为“常来常往”。这节车厢主要展示球类运动，以及热情好客的陕西欢迎八方来客的友好姿态。“常来常往”一指各类球员在球场上奋力奔跑，努力拼搏的精神，也指陕西西安的旅游形象，与“千年古都，常来长安”的标语相呼应。地面铺设足球绿茵场图案，整体色调以绿色为主，与车厢主题相得益彰。

四车厢主题为“携手共进”。本车厢意在展示西安的热情与开放，以对抗类运动卡通形象来表达“携手共进”亦是一语双关，一方面展现西安在城市发展过程中，与其他城市时刻保持着相互学习、互通共勉的态度；另一方面展示体育竞赛中友谊第一、比赛第二的精神，以及携手共进、共同进步的态度。车顶部的“十四运”口号，配合地面各种对抗类运动的竞技台场景，与主题高度契合。

五车厢主题为“光彩夺目”。本车厢主要以展示体操、鞍马、蹦床等运动项目为主，展示西安对于西北地区的引领和模范作用。“光彩夺目”展示了每位运动员在赛场上精彩表现、万众瞩目的风采，也代表了西安这座文化之都、旅游之都的魅力，象征着西安建设国家中心城市新征程的决心和信心。

六车厢主题为“联动古今”。本车厢让乘客仿佛穿越回古代，主要展示蹴鞠、投壶、射箭等古代运动项目，以现代运动联动中国古代运动，展示西安悠久的历史文化。墙面采用“十四运”吉祥物图案展示现代运动的古代称谓，普及历史知识，顶部以西安城墙等古建筑元素展示西安特有的文化底蕴，在乘坐列车之余，让乘客充分感受历史与现代的交相辉映。

表演马术的金金、拉满弓箭的熊熊、跃起扣杀的羚羚、扬起球拍的朱朱……6月29日11时，随着西安地铁14号线正式开通，西安地铁迎“十四运”主题专列“悦动号”正式上线了。走进车厢，一个灵动的运动世界跃然眼前，红色的田径跑道、湛蓝的游泳赛道、绿色草坪尽在脚下。车门处全运会吉祥物“朱朱”“熊熊”“羚羚”“金金”分别以不同的运动姿态出现，给乘客们带来动感的视觉体验。此外，车窗上清晰地展示着“十四运”地铁站点场馆，看板上显示着“十四运”会场分布图和西安会场分布图，吊环上还有关于体育运动项目的科普知识，让乘客在乘车过程中轻松“涨知识”。

“悦动号”迎“十四运”主题专列以十四运会徽、吉祥物为主元素，将陕西，尤其是西安的历史文化融合其中，以“驰骋三秦”“碧水兴城”“常来常往”“携手共进”“光彩夺目”“联动古今”为主题，通过一语双关的表现手法展示运动风采和古都魅力。一条条赛道、一个个赛场不仅表现了奋发向上、勇于拼搏的体育竞技精神，也表达了西安在开启国家中心城市建设新征程中抢抓机遇、埋头苦干、勇立潮头的昂扬斗志。

西安市轨道交通集团持续发挥了交通运输桥梁纽带作用，以良好的精神风貌全力以赴助力“十四运”各项工作，为办好这场“家门口”的体育盛会贡献了力量。

（作者陈洪超系西安市轨道交通集团有限公司党群工作部副部长；李明系西安市轨道交通集团有限公司党群工作部宣传主管）

青春在“十四运”建设中闪光

○肖　萌

2020年的夏天，刚刚参加完西安城投建设有限公司迎“十四运”誓师大会的我们，正在收拾行囊，雄心壮志地奔赴“十四运”项目建设的一线。那时，年轻的我们还不知道即将面对怎样的困难、困惑、汗水和泪水，也不知道将要收获怎样的感谢、感动、成就和成长。

2023年的夏天，当我们再一次行驶在曾经用脚丈量过的宽阔马路上，漫步在当时逐块抚摸过的整洁行道砖上，沉浸在精心设计的优美园景中时，我们深深感受到修路架桥不仅是用冰冷的钢筋水泥在“老旧落后”中搭建起现代文明，城市建设还要用心用情，以城市发展换取民心所向。

我们是谁？我们是一群意气风发的城投青年，是平凡的城市建设者，也是幸运的城市发展见证者……

庞有为：桥下空间的华丽转身

我叫庞有为，32 岁，是西安城投建设有限公司 PPP 项目管理部的一名项目管理人员。2020 年 8 月 5 日是我入职的日子，正赶上迎“十四运”项目大体量落地公司，入职见面会也就成了迎“十四运”子项目——桥下空间提升改造项目的动员会，就这样，我和“十四运”结下了奇妙的缘分。

8 月 7 日，大雨。“桥下空间提升改造项目共涉及西安市本级桥梁 46 座，87 处占用空间。工程建设内容包括：围墙拆除、道路整平硬化、增加隔车设施、桥梁病害修复、桥梁涂装、补全隔音设施等一系列内容，总投资约 3 亿元……”我粗略地扫了一眼项目内容，便开始了项目摸排。两天时间，我跑遍了环城路、二环、三环 46 座立交桥下的每一个角落，对西安现有立交桥下的生态环境有了较为深刻的印象。长期以来，桥下的这些阴影地带已经成了“脏乱差”的代名词，成了城市卫生安全管理的死角，给古城形象带来了相当多的负面影响，改造，势在必行。

8 月中旬，结合勘探资料，我和同事们合力完成了整个项目方案的编制。经过多轮评审，本着积累经验、样板先行的原则，我们最终选定太白路立交作为试点工程，先行实施。

在多个单位的配合下，桥下空间占用情况很快得到了解决，但中央绿化带高密围栏是否拆除成了唯一的争议。如果拆除，管理将成为难点；不拆，改造难以真正服务百姓，绿化成果全民共享就成了空谈。讨论协调会上，各方红了脸、出了汗，但最终决定：改造就是要让老百姓看得见、走得近、摸得着，通过增设透水混凝土园路，移栽调整现有树木，新增绿化组团的形式，让这个长期隔断城市管理和市民生活的隔挡彻底消失，真正还绿于民。

8 月下旬，施工进行得如火如荼时，现场突然传来施工受阻的消息。原来，施工区域的东边原是一些红拳爱好者一直以来的自发练习场地，红拳传人何西全在这里已经义务传授红拳多年。如果按照设计方案改造，大家以后将很难找到合适的练习场所。一面是既定工期计划，另一面是群众诉求，在听取各方的意见后，我又陷入了矛盾。“不忘初心、牢记使命”，解决矛盾的最好办法就是回到工程的初心啊！我们的改造不能只为了好看，“全民全运，同心同行”，“十四运”的举办就是为了倡导全民健身，红拳又是国家级非物质文化遗产和中国民族武学的一脉，我们应该为它的传承尽力。

经过优化设计，我们在原本的硬质地面中加入了木质结构，可以缓解运动损伤，还增加了休息座椅、衣物挂钩，场地旁一座红叶李编制成的生态亭还能随时为大家遮阴。10 月 20 日，一封来自陕西红拳文化研究会的感谢信寄到了公司，在信中，研究会代表全省 30 万红拳传人表达了真挚的感谢。

通过改造提升，一个个桥下空间从原来的脏乱差死角，变身成为绿地公园、宽阔道路、健身场所，不仅解决了道路拥堵、市容顽疾，还成为周边市民新的打卡地。

张涛：“大龄”道路换新颜

我叫张涛，36 岁，是西安城投建设有限公司 PPP 项目管理部的一名项目管理人员。“下过雨后经常踩到空砖，溅一腿泥点子，鞋子裤子全湿了”“推着婴儿走人行道，坑坑洼洼，孩子颠得直叫唤”“路面年久塌陷，下雨积水，车辆路过就会压到积水溅到行人”“老路路面打的补丁太多了，特别影响美观”……这些是我在踏勘“十四运”子项目友谊路提升改造项目中听到最多的抱怨。友谊路作为一条有着年代感的老路，自建成起就被作为西安市城南标志性的主干道，素有林荫大道之称。随着服役年限的增加，这条“大龄”道路无论从功能性和美观性上都带上了岁月的痕迹，周边的市民群众提起它来也是又爱又怨。

2021 年，“十四运”在西安举办，为提升市民满意度和基础设施建设品质，树立良好的市容市貌，中共西安市委、市政府发出对全市主体道路进行整体改造提升的号令。建设公司按照城投集团党委的部署要求，承接了市级道路提升改造项目 90% 的工程量，我也很荣幸成了友谊路提升改造项目的负责人。

2021 年 4 月，随着党史学习教育如火如荼地开展，十一条迎宾线路、公园广场提升改造等一系列“为民办实事”项目陆续完工交付。友谊路作为城南主干道，也被纳入了公司“为民办实事”项目清单，改造提升工程紧锣密鼓地铺开。

友谊路改造提升项目西起劳动路转盘，东至兴庆路，项目所涉道路全长 7080 米，红线宽度 50 米，要求 5 月底前完成施工任务。时间紧、任务重，项目任务确定后，我立即和同事一起，对友谊路全线进行了细致全面的调研，并多次邀请行业专家研判方案。为了在提升改造中能最大限度地满足群众要求，我们挨家挨户地对接沿线单位、商户、居民。

西安铁路监督管理局机关办公楼位于友谊东路和金水路交叉口，是东西和南北方向的低洼地段。每逢雨天，积水和雨水倒灌，单位职工苦不堪言，也给过路群众带来了极大不便。经过多次实地踏勘，结合道路整体提升理念，我们会同相关部门及时变更了方案，增设排水沟连通雨水井，彻底解决了逢雨必涝的问题，得到了周边单位和市民的一致点赞。

本着“只留经典、不留遗憾”的宗旨，在 800 余名参建人员的共同努力下，在我和战友们60天不分昼夜的连续奋战下，友谊路全线共完成了约27.5万平方米的道路提升改造、7.5万平方米的人行道改造、3.6万米的路缘石更换、2800套树池板更换、1700个车止石安装等工作，全面完成了提升改造任务目标。

李昊阳：以路为缎做绣花

我叫李昊阳，32岁，是西安城投建设有限公司工程管理部的一名项目管理人员。2020年下半年，随着“十四运”的临近，各项配套建设项目进入冲刺阶段，刚刚完成西三环锦业路立交项目的我还来不及休整，就立即投入“十四运”重点线路改造项目中。我所负责的雁塔路项目在改造方案确定之后，道路两侧人行道的作业条件不佳成了施工中的难题。由于项目需对雁塔路全段人行道进行翻建，在施工期间需要逐段封闭施工，会对周边单位、商户和居民正常生活造成不小干扰。尤其是沿途商户都不希望生意受影响，因此在施工期间，进度频繁受阻。眼看时间一天天地流逝，而施工进度的缓慢已对整体计划造成了较大影响。我们没有回避，迎难而上，拿出真感情、使出笨办法、下足苦功夫，挨家挨户沟通了解诉求、介绍项目情况、争取群众信任、创造施工条件。那个时候，我已经不记得一天打过多少电话，等待过多少位物业经理，出入过多少个大门，只记得自己一遍一遍耐心细致地跟群众解释改造的意义，详细地与施工单位讨论如何准确地安排施工方案和进出口位置，尽可能减少施工影响。通过努力，我们终于赢得了周边居民商户的理解和支持，施工进展逐渐顺利，项目进度逐步加快，并最终按期完工。

2021年8月，临潼区行斜路改造的紧急任务下达，该路段的施工时间急迫且技术质量标准要求高，我接到任务第一时间便赶赴现场。混凝土修补、养生洒水、面层切边、道沿安装、滑膜机试验及使用、连接处顺坡，每一个环节我都要把关，每一处细节我也都如数家珍。时间长了，施工单位的同志们都知道了我的口头禅：慢工出细活、快工也要出细活。在炎炎烈日下，我和战友们把汗水滴在了3000米路段的每一处，衣服晒褪色了，我们却被上了色。我和同事们经常打趣说："这路根本用不上洒水养生，咱们把汗这么一洒，水费都省了。"3000米的行斜路化作瑰丽锦缎，为街道做足了绣花功夫，项目终于按期高质量完工，单位的同事们调侃我说："你这个一米九的'糙汉子'做起路上的'针线活'来，可绝对不输'绣娘'呢。"

包磊：迎难而上，退伍不褪色

我叫包磊，36岁，是西安城投建设有限公司工程管理部的一名项目管理人员。2021年7月初，刚刚完成为迎"十四运"攻坚3条迎宾路、8条雨污管网分流、12条管道提升改造、6个公园广场提升改造项目任务的我，又挎上了背囊。身后两岁的儿子眼泪汪汪地看着我，已经九个月没有休假的我只得安慰孩子："等'十四运'结束了，爸爸就带你出去玩。"等待我的除了孩子期盼的眼神，还有"十四运"配套工程——雁塔齐王污水处理厂进场管道项目。

该项目是西安市雨污管网分流的重要一环，为可分流市第九污水处理厂降解污水，能够极大地提高雁塔区防汛排涝能力。任务就是命令，"十四运"召开在即，面对这一急重任务，退伍军人出身的我二话没说便投入战斗中。

项目设计管道总长506.23米，共设置了9个工作井，其中新建8个工作井。工程量虽然不大，但困难重重。首先，施工使用土地为含水量较大的

砂层土，而工期正值汛期，雨水较多，保障作业安全性和稳定性的压力大。其次，由于是移交项目，参建单位多，场地狭小，作业面环境复杂。为了解决项目难题，确保工期，我们多次就技术方案组织专家、相关单位进行论证推演，最终决定采用“钢板桩＋双叶注浆”的形式进行施工。这样不仅可以加固土体，增加基坑的稳定性和安全性，还能最大限度地缩短工期。为了缓解作业面有限的压力，我们采取了交叉作业的方式，实施三班倒、24 小时不间断连续施工的策略，如此保证了工程效率。可是，施工难题解决了，作为现场负责人的我却没有办法倒班，只能吃住在工地上，我管这叫“行军式管理”。8 月 20 日，历时 50 天的项目按期完工，松开晒得黑黢黢的双手，我终于长出了一口气，和项目上的同志开玩笑说：“这下终于可以陪儿子了。”

“建设有我，精彩有你，百年筑梦，盛世长安。”2020 年至 2021 年，我们把庆祝建党百年的“红心”，转化为“为群众办实事”的“用心”和“只留经典不留遗憾”的“匠心”，投入到实施城市道路、公园广场以及桥下空间提升改造等迎“十四运”三大类 28 个工程 116 个子项目中，共完成改造道路 170 余公里，提升改造绿地面积近 100 万平方米，栽植乔木近 4 万株，用高质量建设绘制古城西安的美好画卷，让千年古都在建党百年之际熠熠生辉。

从“十四运”，到中亚峰会，作为年青一代的西安建设者，我们有幸见证了大龄道路焕发新颜，见证了桥下空间华丽转身，见证了公园广场生机勃发，见证了古城西安惊艳蝶变，更见证了古城西安从历史中走来，走向全国前列，走向世界舞台，一场场盛会的举办不仅给西安带来了腾飞的契机，更为老百姓带来了幸福感和获得感。未来，我们希望更多的建设项目从蓝图中走进市民群众的幸福生活，化身现代西安的标志名片，成为古城西安续写盛世繁华的地基和栋梁。

（作者系西安城投建设有限公司综合办公室副主任）

“圣朱雀”，涅槃重生！

〇张江舟　梁宇晴

红黄相间的座椅、崭新的蓝色跑道、外墙上灵动的“飘带”……作为“十四运”改建场馆，被球迷们亲切地称作“圣朱雀”的陕西省体育场迎来了大变样。这里有陕西足球乃至中国足球最深沉的记忆。这里见证了陕西群众对足球几十年如一日的热爱，以及三秦大地上奔流不息的运动精神。

“重生”的场馆

始建于1954年、重建于1996年的陕西省体育场，见证了陕西60多年来体育事业的发展，也多次见证了中国足球的喜怒哀乐。这里曾成功举办了第四届全国城市运动会、中国足协各级联赛陕西队主场赛事、多届陕西省运动会、亚洲杯和世界杯足球预选赛等国际赛事及多场大型文艺演出活动，是中国足协“中国之队”主场之一。

为迎接“十四运”，陕西省体育场本次改建的主要项目包括塑胶跑道改造、看台座椅改造、屋面屋顶翻新改造、功能用房装修改造、建筑智能化改造、建筑外立面改造、草坪改造等。

改造后的建筑外立面上，充满着灵动气息的红色飘带穿梭其中，给省体育场增添了别样的活力；场内的座椅被全部更换，数量由之前的5万个减少至4.3万个，新座椅不仅颜色更加鲜艳，而且加宽加高，更加舒适；体育场屋面改造采用了新材料合金板，不会生锈，而且降低了网架的负担；塑胶跑道采用了经过认证的成品卷材，绿色环保；草坪结合西安气候实际，换上了百慕大草种……

改造后的陕西省体育场还搭载了17台智慧大脑，包括标准时钟、信息发布及查询、视频监控及应急指挥、离线巡更、竞赛专网、5G智慧场馆等，将给观众、运动员、工作人员提供更加全面、便捷的赛事信息服务。

特殊的来客

陕西省体育场除了作为开幕式备用场馆使用之外，还将承担部分足球项目的比赛。为了迎接“十四运”，陕西省体育场自2019年初闭馆起，进行了建成以来最大规模的一次改建。

自从省体育场要更换座椅的消息传出，每逢周末，都有大批陕西球迷来到省体育场。这次，他们不是来为陕西队呐喊助威，而是来为改造升级中的“圣朱雀”安装新座椅。身着统一红色外套的他们为空旷的场地带来了别样的生机。“对于球迷们来说，只要能早半天回到这座场馆来，一切付出都是值得的。”陕西省球迷协会前会长柯兴平感慨地说。这位老球迷从20世纪80年代至今，在这里已经看了几十年球。井然有序地排队、登记、测温、领取安全帽和手套……多次的义务劳动，让他们的动作早已迅速而熟练。做好了防护措施，球迷们依次爬上旧座椅拆卸完毕的水泥看台站成一长列。站在最下方的球迷和工人们拆开一个又一个大箱子，将红黄两色的新座椅取出，再用接力传递的方式将新座椅运送至指定位置。随着他们的一次又一次接力，一片又一片的红色与黄色被铺开，省体育场逐渐被鲜艳的亮色覆盖。

“西北狼”的队歌和口号不时回响在省体育场的上空。这些可爱的球迷中有男有女，有 20 多岁的年轻人，也有头发花白的大爷大妈，甚至还有专程赶来的外地人。据了解，在球迷协会发出“为‘圣朱雀’添光彩”的活动号召后，报名人数特别多。出于疫情防控要求和对安全的考虑，每周只能有 100 余位球迷进场劳动。

据陕西省体育场场长杨卫平介绍，在设计看台座椅配色时他们曾制定了八九种方案，考虑到省体育场被球迷誉为“圣朱雀”，而传说中朱雀的颜色以红色和黄色为主，因此最终决定将看台座椅颜色定为红黄渐变色。而且红色也是国旗主色，寓意红色文化，黄色寓意炎黄子孙、黄土神韵。

“2021 年全运会、2023 年亚洲杯这两个大型赛事都将在陕西举办。这是陕西向全国乃至全世界展现风采的好机会。作为陕西球迷，我很光荣！”陕西省球迷协会会长何宇明说。

“圣地”的故事

为什么陕西球迷会对这座体育场有如此深厚的感情？

自 1999 年承办第四届全国城市运动会以来，陕西省体育场相继承办了全国足球甲 B 和甲 A 联赛西安赛区的比赛，也曾是中国甲 A 联赛陕西国力队和中超联赛中新浐灞队的主场。2012 年 5 月 29 日，中国足协确定陕西省体育场为足球项目“中国之队”7 个固定主场之一。

2001 年，国足在世界杯预选赛中出线，历史上第一次打进世界杯的决赛圈。这段征程的起点，正是在陕西省体育场，因而也有了国足“从西安起步，在沈阳圆梦”的说法。在这片场地上也曾诞生过陕西球队“主场不败”的传说。由于省体育场紧邻西安市朱雀大街，球迷们便亲切地称其为“圣朱雀”。朱雀是传说中的瑞鸟，以朱雀为名也有为陕西球队带来好运之意。“我们在这座体育场和我们的球队一起经历荣光和黯然，欢笑和泪水。对我们来说，‘圣朱雀’早已和陕西足球深深相连。”陕西球迷王凯说，“如今，我们都在期待陕西大秦之水足球队早日回归这片绿茵主场，都在期待‘十四运’上陕西队在这里打出气势、打出威风。”

西安向来不是足球重镇，不是国脚大户，也没有豪门俱乐部。但在中国足球的版图里，西安却始终占据着举足轻重的地位，究其原因是这里存在着基数庞大且极度热情的球迷。不论何时，不论处于什么级别的赛事，这里的上座率永远盘踞在全国的制高点。哪怕只是第三级别的乙级联赛，“圣朱雀”的上座率都会超过绝大部分中超俱乐部的主场上座率。

2018年10月27日，陕西大秦之水队在主场“圣朱雀”对阵南通支云队。这场中乙冲甲之战虽然最终以陕西队不敌对手，未能直接冲甲告终，但是来到现场的 48869 名陕西球迷却创造了陕西“超白金球市”的“神话”。比赛过程中，现场球迷振聋发聩的助威声宛如战场上的冲锋号、擂鼓声，激励着球员们不遗余力地拼搏。陕西球迷对陕西球队的热爱正如他们的口号：“赢了爱你，输了爱你，不拼不爱你！”

王金云已经在陕西省体育场工作了多年，在他的记忆里，几乎每一场足球比赛现场都会爆满，足球场的上空回荡着球迷们震天的加油助威声。他说：

“2001 年 4 月，在世界杯预选赛上，中国队 10：1 战胜马尔代夫队的时候，我感觉整个场地都在颤动，像大地震一样。很多人当场失声痛哭，很多人放声大吼，大家一边笑一边哭……”

（作者均系陕西日报社记者）

这朵“石榴花”终于盛开了

〇张江舟　雪　野

绕过堆满设计图纸的茶几和沙发，穿过悠长的走廊，刘诗扬站在了西安奥体中心的中央广场上。她微微仰起头，在晚霞的映衬下，西安奥体中心体育场外部曲面穿孔幕墙上象征四季的灯光正不断变幻着，柔美而不失灵动。

三年了，她心中的这朵“石榴花”终于盛开了。

图纸落地　面子里子都精彩

占地面积 10.6 万平方米，建筑面积 15.6 万平方米，“十四运”场馆中关注度最高、人气最旺的西安奥体中心体育场如今已巍然屹立在西安城市东北部。

作为“十四运”开幕式的举办地、国内首个实现 5G 全覆盖的智慧体育场，西安奥体中心体育场从设计初期就吸引了全国的目光。

刘诗扬是西安奥体中心项目的设计总监。她的微信名叫“洋石榴儿”，这既与她本人名字倒着念的发音相近，也是她给西安奥体中心体育场起的小名。在刘诗扬眼中，西安奥体中心体育场是一座“兼具颜值和内涵”的建筑。

西安奥体中心体育场的外观设计灵感源自西安市市花——石榴花，28片“花瓣”对应28根V形柱，寓意“丝路起航，盛世之花”。建筑外立面采用银白色穿孔铝板幕墙系统，通过有韵律的变化，呈现了丝绸飘舞时的动感。轻盈、通透的罩棚在夜晚能够透出赛场内热烈的赛事气氛，让整个体育场看上去宛如皓月长空下绽放的盛世之花。体育场的比赛场地按照标准400米综合田径场设计，共设9条环形跑道、10条直跑道，内含一座国际标准足球场。

400米标准跑道采用国际顶级橡胶跑道。足球场采用专业级天然草坪，对标行业内最高标准。“人们都说设计师是一个创造‘美’的职业，但体育场馆的设计不仅要美，还要能让设计图纸落到地面，让建筑和图上的一样美。”刘诗扬说。

2017年9月，刘诗扬和设计团队第一次来到西安。当时西安奥体中心的总图和方案刚刚敲定，同年10月就要开工。一般情况下，像西安奥体中心这样的大型体育场馆从确定概念方案到落地开工，没有8到10个月是完不成的。虽然早就知道西安奥体中心项目工期紧、任务重，但设计团队的成员们都没想到会紧到这个地步。

为了保证项目按期开工，西安奥体中心的设计团队大胆采用了“一个模特，多套衣服”的建设思路。“常规的大型体育场馆建设，需要主体结构、外立面、屋面等设计全部完成才整体出图。而我们这次提出的思路是让幕墙方案设计与结构设计同步进行，实现方案设计、结构设计、结构施工共同推进。”刘诗扬说。

在这一模式下，整个设计团队历经一个月的黑白颠倒，“抢”出了具备施工条件的图纸。这一大胆尝试最终也被证明是可行的。西安奥体中心建设至今，没有发生任何主体结构拆改的情况。这一模式也成了设计行业内具有开拓性且可复制的创新型建设案例。

多位一体　打破多个纪录

2017 年 10 月 9 日，西安奥体中心项目正式开工。

2018 年 10 月 8 日，西安奥体中心体育场罩棚钢结构安装合龙。

2019 年元旦，体育场罩棚钢桁架首吊。

2019 年 3 月 28 日，历时 87 天，超过 5000 个机械台班进行作业，完成 168 个单元、9500 吨罩棚钢桁架吊装工作，体育场主体结构提前封顶……

在保证施工质量的前提下，成千上万名建设者用汗水书写了令人惊叹的“西安速度”。如今，西安奥体中心体育场终于以最美的姿态呈现在世人面前。

这是一座创新之场。西安奥体中心体育场在施工过程中，先后应用了清水混凝土模板技术、预制看台技术、钢结构整体提升技术、基于建筑信息化模型的现场施工管理信息技术等 10 大项 38 小项创新技术，科技含量国内领先。

这是一座细节之场。作为项目设计管理团队负责人，刘诗扬拥有丰富的大型体育场馆设计经验。2022 年亚运会的杭州奥体中心设计，就是她和团队的杰作之一。她脑海中的西安奥体中心体育场不仅仅是一朵花，更是一张立体施工细节图，包含着无数细分的专项设计。大到场馆幕墙的灯光效果，小到一根栏杆扶手的安装高度、一块花池砖的形状，都是她精益求精的对象。

这是一座时代之场。“博尔特在我铺的跑道上破过世界纪录！”亲自参与跑道铺装、维护的 60 岁意大利工匠路易吉 · 费雷拉自豪地说。西安奥体中心采用的意大利进口预制橡胶跑道和北京鸟巢体育场用的是同款。12 年前，路易吉同今天一样，亲自参与了跑道的施工全过程。2008 年北京奥运会上，博尔特先后以 9 秒 69 和 19 秒 30 的惊人成绩打破了男子 100 米和男子 200 米世界纪录。

这是一座科技之场。“十四运”举办时，6 万名观众由 42 个通道进入场内，登上碗形看台。体育场应用的 AR、VR 虚拟化智能技术，能够增强用户的体验感与互动感。观赛者可以下载应用程序使用 AR、VR 线上平台，通过手机 5G 网络、蓝牙定位、机器人助手引导，在茫茫人海中精准地找到自己的座位。信息辨识度极高的全景融合系统则让观众们可以在体育场里感受到无盲区的优质服务。任何人都可以通过场内的 LED 大屏幕或手机屏幕，清晰地看到运动员们的表情细节，甚至是他们身上流淌的汗水。

这是一座智慧之场。“从设计之初，我们就尽可能地周全考虑使用方的需求，将 5G 大数据、物联网等先进技术贯穿其中，打造既华丽又实用的精品工程。”刘诗扬说。包括 IOC 智慧监控系统在内的六大智能化系统 63 个子系统，让体育场的消防、电力、能耗等多项参数实现了可视化管理。值得一提的是，体育场的所有照明设备也采用自动化系统进行管控。建筑的泛光照明、场馆内外的灯光秀等都可以通过该系统进行智能化控制。

百年工程　全民共享的全运场馆

像西安奥体中心体育场这样的大型体育场馆，设计者要考虑的不仅仅是场馆的办赛能力，还有安保、转播、后勤保障、信息服务等多方面的互动统筹。赛事结束后，场馆在运营过程中还要满足更多样化的需求。因此在设计之初，西安奥体中心体育场周边就规划了一大片高质量的全民健身场地。清澈的河流穿过这片全民健身场地，篮球场、足球场、骑行道路、儿童活动区等多样的健身场所沿河分布，让西安市民能在鸟语花香、小桥流水的美景中拥有更多样的锻炼方式选择。

“十三运”首次将群众项目带入全运盛会。“十四运”自筹备之初就一直在践行全民全运的理念。随着“十四运”的脚步越来越近，老百姓的体育锻炼热情也愈发高涨。拥有一座高标准、高质量的体育场，将极大提升群众的幸福感。

在建设上，坚持绿色环保的同时打造百年工程是西安奥体中心的目标。目前世界上最先进、最流行的环保装饰材料——清水混凝土被广泛应用于西

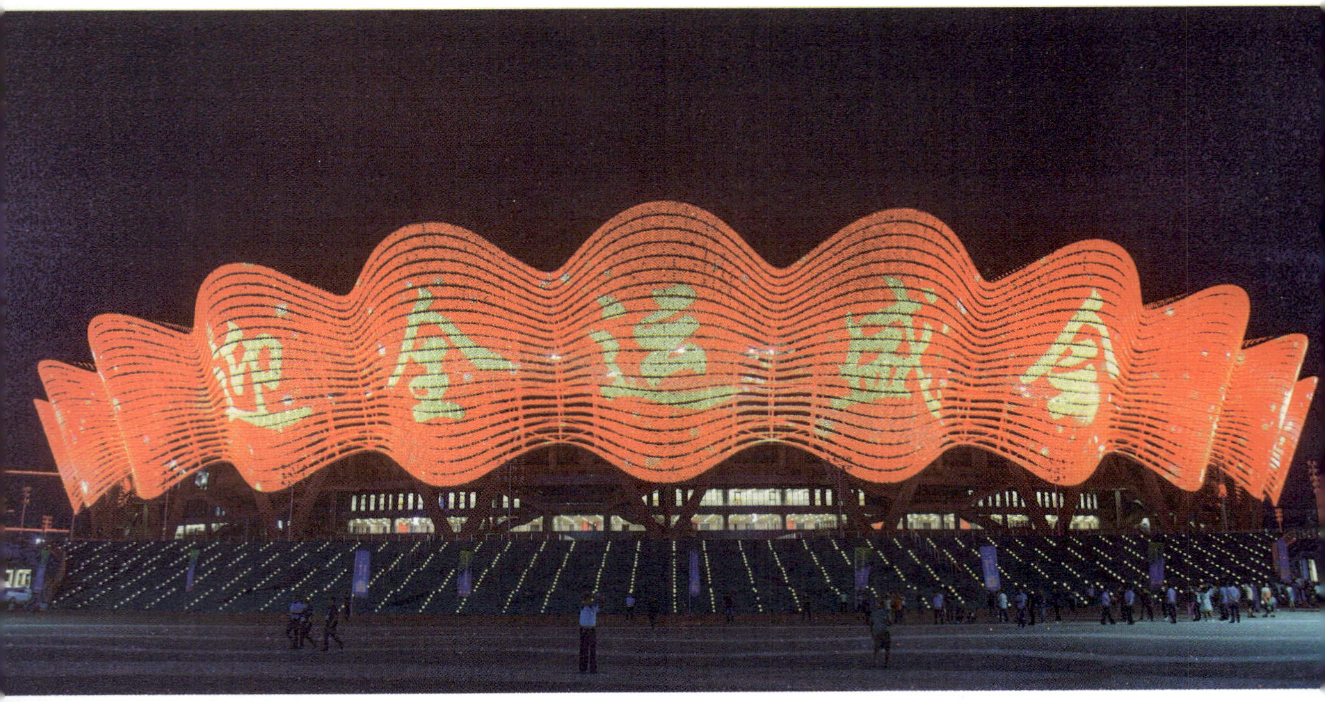

安奥体中心的外露结构柱、结构顶板、观众看台等区域。据统计，西安奥体中心“一场两馆”共计使用预制清水混凝土看台板12138块。清水混凝土的大量使用，不仅保证了工程质量，还大幅降低了成本，凸显了绿色环保的建筑理念。据介绍，西安奥体中心体育场为甲级体育建筑，主体结构设计耐久性年限100年，耐火等级为一级，抗震设防烈度8度，严格按照大型综合性赛事的超高标准建设，是国际先进、国内一流的体育场馆。

在区位上，西安奥体中心体育场位于浐河、灞河两河交汇处，紧邻生态环境优美的西安浐灞生态区，原本就是市民休闲锻炼的好去处。此外，这里还地处西安国际港务区核心区域，周边的公交车、地铁等公共交通十分便利。西安市还将通过举办高水平体育赛事，进一步发挥西安奥体中心一流场馆的功能。

（作者均系陕西日报社记者）

以亮丽的市容喜迎“十四运”

○张　扬

2021 年 9 月，第十四届全国运动会在古城西安举办，这样一个国家级体育赛事的成功举办，向全国乃至全世界展示了西安的综合实力和组织能力，展示了一个充满活力与力量、具有创新精神的国家级中心城市的形象。

以全运会筹办和举办为契机，西安市加大力度进行城市建设和环境整治，不断提升城市的硬件设施和服务水平，改善市民的居住环境和生活品质。全运会对我们的城市管理水平提出了更高的要求和更严的标准，每一名城市管理者都在背后付出了成倍的努力，以期为广大运动健儿和全国观众呈现一场完美的盛会。相当长的一段时间里，在基础设施建设、治安管理、交通管理、城市环境管理、社区参与和文化交流等各个领域，都有身着深蓝制服的城管人员在背后默默服务。新城区城市管理和综合执法局直属一中队，就是这个集体中的一支队伍，他们服务于全运会，主要负责违法建筑物的治理工作。这些违法建筑物不仅没有履行规划审批手续，影响城市的整体发展，还存在着极大的安全隐患，危害群众生命安全。作为基层行政执法队伍，直属一中队积极响应此次盛会的号召，针对所涉及的相关违法建筑物进行了前期调研、中期调查、后期督促、回看工作，以期完成违建拆除，助力“十四运”顺利开展。在此期间，一中队联合相关部门共同推进了红旗铁路线的拆除工作，为后续城市发展做出了贡献。

1958 年，西安红旗机械厂建成后，一条起于西安东站、止于红旗厂的货运铁路专用线起用。这条铁路专用线当时被 18 家单位共同使用，并且还担负着西安市部分钢材、粮食、油料等资源的运输工作，在市内交通资源短缺、城市建成区面积未扩大的时代，做出了不小的贡献。但随着西安国际化大都市建设步伐的加快，城市建成区面积不断扩大，这条铁路专用线对西安市城市规划和经济社会发展造成的负面影响日益凸显。

2019 年，贯穿西安北城的红旗铁路专用线结束了它光荣的历史使命，停止运营。此时的铁路沿线已是“锈迹斑斑、杂草丛生”，各类违法建设、临时搭建的建筑已经遍布两侧，阻碍交通、潜藏危险、影响观瞻，犹如一道伤疤，盘踞在西安北城。2020 年，在全运会筹备的关键时期，红旗铁路线作为从主城区通往场馆区的主要路段，除“疤”工作刻不容缓，全市统一调度展开行动，而新城区的具体执法工作便由直属一中队承担。

这一违建体量大，盘踞时间长，要在短时间之内完成清理，工作难度可想而知。在勘查初期，一中队就遇到违建业主的强烈抵触。依靠城管局领导班子的带领和支持，太华路街道办事处的有力协作，直属一中队不畏困难冲锋在前，由队长和书记挑头，以党员为骨干，充分发挥支部战斗堡垒作用，发挥党员先锋模范作用，把办公地点直接设在第一线，采取“997”工作模式，全体队员齐上阵，把油门踩到最底，马力开到最大，抢时间赶进度。对于数十处违建里的近200户商住户，一中队前期摸排调查，登记资料，实地勘查测量；对业主进行思想动员，宣传法律政策；在周边重要区域、沿线建筑物张贴并逐户发放百余份《限期搬离告知书》；劝搬劝离，协助街办帮助退租安置……工作量之大之细，超过了这支队伍参加过的任何一次专项整治工作。终于从位置最显要、周边名气最大的福味居酒楼发出的第一声响开始，沿线违法建筑如鞭炮一般被逐个“点燃”，整治工作不到1个月就提前完成。这是十几名队员主动放弃休假，顶着烈日高温，冒着瓢泼大雨奋斗在一线，不喊苦不喊累，用一滴滴汗水换来的。整治工作中，直属一中队针对违法行为绝不手软，面对违章群众人性执法；整治方案布局合理、调配得当；实施过程多路同步、多点并进。直属一中队在“十四运”筹备关键节点，对红旗铁路专用线沿线的违法建筑综合整治，成为全市近年来拆除违法建筑的优秀典型案例，多家媒体对此进行了报道；此举同时为周边居民解决了多年来翘首以待解决的难题，令广大群众交口称赞。

在这支整体素质过硬的队伍中，还涌现出了像李刚这样获评第一届西安市最美城管执法队员的优秀代表。6月初，红旗铁路专用线沿线违法建筑拆除任务开展以来，面对时间紧任务重的情况，李刚展现了较高的思想觉悟，主动放弃休息时间，直至6月底项目拆除完成，他近20天没有休息。作为一个年龄超过50岁的老执法队员，李刚在拆违一线丝毫不落人后，积极走访违建内商住户。最多的一天，他走访了31家商户，走了近3万步，甚至磨破了袜子。在约谈违建责任人时，他运用自己丰富的办案经验，讲法律摆事实，动之以情晓之以理，动员商户尽快搬迁，最多的一天，他共约谈了7家商户，从上午9点到下午6点一直与他们耐心沟通。在八府庄商业街张贴限期拆除告知书的时候，气温高达38℃，李刚出现中暑症状，而他只是在旁边的药店买了一瓶藿香正气水喝，休息半个小时后，就又继续工作。20 余天来，李刚始终坚持在一线，走访商户 200 余家，前往其他拆违相关责任单位沟通相关事宜 20 余次，拨打工作电话百余通，真正做到了“跑断腿，磨破嘴”，为年轻队员树立了良好榜样。

铁路沿线违建的拆除大大改善了西安北城一带的环境质量，提升了城市整体形象，抹去了横亘在主城区和场馆区的城市伤疤，展现了城市新面貌和新形象。铁路全线的贯通也为城市交通注入了更多活力，沿线多条断头路也迎来了对接可能，群众出行更便捷省时。项目推动了城市整体规划和建设的有序进行，改善了城市功能和空间布局，促进了城市的可持续发展。

在后续的全运会筹备以及举办阶段，直属一中队的队员始终秉承高站位，思想拧成一股绳。在开幕式倒计时100天的彩排仪式上，能看到他们的身影；在全运会马拉松比赛的赛道秩序维护过程中，也能看到他们的身影。他们通过这些实在的工作，努力为全国人民呈现了一个更整洁、更规范的新城区；为广大运动健儿奉献了一片更优质、更清新的运动环境。

全力服务于全运会的过程，既是一次前所未有的挑战，更是对直属一中队全体人员的一次淬炼。在体育赛场上，运动员追求更快、更高、更强；在城市管理工作的赛场上，直属一中队也有着同样的追求。更快，即为民办事效率更快；更高，即工作标准要求更高；更强，即自身作风凝聚力更强。在日后的工作中，直属一中队也必将踔厉奋发、勇毅前行，将全运会期间的工作状态保持下去。

（作者系新城区城管执法局综合科干部）

借“十四运”东风　建设美丽新城

〇解鸿浩

第十四届全国运动会是目前为止西安举办过的最高规格的体育盛会，全民关心、全国瞩目。我有幸为西安市迎“十四运”工作贡献了自己的一份力量。

2021 年春节刚过，还在新城区政府办公室工作的我，被时任办公室主任郭金虎叫到办公室。郭主任说：“鸿浩，有一个任务需要交给你，你要做好准备，到迎‘十四运’工作领导小组办公室综合协调组工作，不要有顾虑，有什么困难可以随时跟我说。”

突然得知自己要到迎十四运会办公室工作，我心里还有点儿打鼓。但还是调整好心态，向主任报告说：“好的，主任，没有问题，我可以随时投入新的工作中去。”

就这样，在接到通知的第二天，我便到了区迎十四运会领导小组办公室综合协调组工作。

在没有参与到这项工作中之前，我一直以为区迎十四运会领导小组办公室，主要是一个筹备“十四运”的综合协调部门，主要负责和运动员、体育部门进行联系对接，等真正参与到这项工作中来，才发现它和我想象的差距很大。对于新城区来说，我们更应该叫它“迎十四运会建设领导小组办公室”，因为新城区不涉及场馆建设和“十四运”会场的保障，主要工作是改善基础设施、加快民生工程建设、推进城市精细化管理，展示国际化大都市中心城区的新形象。

刚开始接触工作，我还有点不适应，但是在当时的办公室负责人邢庆凯的指导下，我很快进入工作状态，然后开始积极对接市级有关部门和区级各责任部门，全力推动各项工作开展。

对上级部门督办问题，我和同事第一时间转发给相关责任单位，并及时跟踪回复；针对部分工作滞后事项，我们及时下发提醒函，督促加快完成。调至期间，我们累计转发督办单 40 余份，提醒函 16 份，对涉及的 100 余个问题建立工作台账，并畅通了与市上的销号渠道，确保问题得到圆满解决。

针对“迎十四运 · 城市管理”专题片曝光问题，我们提醒相关责任单位限期整改，按时报送。同时坚持问题导向，坚持工作在一线，对每一期专题片曝光问题都实地进行查看，解决工作只浮在面上的问题。这段时间内，我们累计梳理专题片35期，对曝光的10个方面55个问题，做到了心中有数，耳熟能详。

作为联结区级各责任部门和市级有关部门的枢纽，我们业务上的对接对任务的完成起到了至关重要的作用。在加强与市指挥部、市纪委监委“十四运”监督办等上级部门对接的同时，与区级各部门、各街道也建立了良好的沟通渠道，确保了开展工作的时效性。在此期间，我累计办理业务文件百余份，均能按时限要求上报，受到市指挥部高度认可。

在全区各部门和街道的配合下，新城区圆满完成了迎“十四运”规划建设管理的各项任务，使城市面貌发生了极大的变化。

幸福林带对外开放了。2020 年 7 月 1 日，全球最大的地下空间综合体、全国最大的城市景观林带项目、西安市最大的市政、生态和民生工程——幸福林带项目全面建成并正式对外开放运营。

“三改一通一落地”改造完成了。此次建设共完成 74 个老旧小区、5 个棚户区改造任务；完成全部 4 条 8.5 公里一级道路架空线缆落地任务；完成 35 条 15.65 公里通信架空线落地任务；136 条背街小巷提升改造评估验收工作于 2021 年 2 月全部完成；完成了 4 条道路沿街楼宇亮化和 4 座人行天桥照明提升工作；还完成了 11 座人行天桥整治任务。

城市更绿了，环境更好了。此次建设共新增城市绿地面积 2 万平方米；全年度栽种乔木 2000 株；新建和改造提升绿地广场、口袋公园 6 座；新建绿道长度 3.1 公里；完成 17+25 线路沿线整治提升；完成违法建设治理 1336 处 109.86 万平方米及红蓝屋顶整治 2193 处、756.38 万平方米；完成幸福林带片区、火车站片区、易俗社片区、城墙道路沿线环境整治提升，完成周边道路沿线环境整治提升；完成石家街中企钢贸城沿东二环路建筑拆除任务。

城市停车更加方便了。此次建设共建成公共停车场（楼）14 个，共 5708 个车位；结合老旧小区改造，新增生态停车场 14 个，共计增加 773 个停车位；按照共享停车实施方案，共享停车场共计 34 个，提供车位 11750 个。新建设 1 处 P+R 停车场。

……

类似的变化还有很多，可以说，通过“十四运”的举办，西安市完成了整体城市形象的提升，新城区也通过“十四运”，建设了宜行、宜居、宜业、宜游的新环境。

（作者系西安市新城区政府办信息宣传科科长）

全运会“碑林速度”铸就绚丽友谊路

〇杨　默

2021 年 9 月 15 日晚，“十四运”开幕那天，古城西安千家万户的人们纷纷聚集在电视机前，亲眼见证了这一精彩盛会的开幕。

女子 10 米气步枪奥运金牌获得者杨倩奔向主火炬那一刻，坐在电视机前的我仿佛也能感受到主会场内的欢腾。我的血液也沸腾了，那一刻，我感到自己的付出是值得的。

当我被紧急召入碑林区迎“十四运”建设工作办公室时，我就已经与西安这座城市、与“十四运”紧密地联系在了一起。我清楚，自己每一天的工作，都在改变着这座城市，也将与“十四运”共振。

为了办好这次体育盛会，我市在规划并建设西安奥体中心及与之相关的一批公益性体育设施、城市基础设施重点工程的同时，抽调了一大批工作人员为“十四运”的如期举办服务，向来自全国各地的体育健儿和体育工作者展示了新时代西安的新形象。

作为其中的一员，我感到无比自豪。

当我和伙伴们共同投入“十四运”的城市规划建设管理工作，特别是友谊路综合整治提升工作时，我更加感受到了全运会是西安再次跃升的契机，而我也必将更加难忘这段岁月。

友谊路上的“碑林速度”

我工作的地方在友谊路，从劳动南路一路向东，止于兴庆路南端，全长7.2 公里，贯穿西安 10 条南北主干道。

早年，友谊路没有路，只是一条田间小道。

1957 年，大批苏联专家来到西安，指导我国建立测绘基地。那时，专家们每天从住所到单位都要穿越这条田间小道。若赶上降雪下雨，上班就将变成一场“灾难”。

此后，田间小道被铺上了柏油，取名“友谊路”，寓意那段共同奋斗的岁月。

岁月跨过一个甲子，如今的友谊路也有了更多含义。这里坐落着“世界文化遗产”小雁塔、有“百年学府”西安建筑科技大学，当然，还有“双一流”高校西安交通大学和西北工业大学，以及每日救治众多病患的陕西省人民医院……

不同人眼中有着不同的友谊路。比如学生和家长，他们戏称友谊路为“状元路”。只因其西有“西北工业大学附属中学”，其东有“铁一中”，历年“高考文理状元”之争，常在友谊路两端的这两所学校之间，“你方唱罢我登场”，两强争霸，总能登上热搜。

你可以说友谊路是西安的“黄金”交通干道，也可以说它是西安的医疗保障、文化学习、旅游的重要线路。

但在我看来，友谊路就是西安的“名片”。

时间赋予了友谊路厚重的底蕴，也留给它沧桑的外表。

跟其他街道相比，友谊路一度有些老了，如同世界众多城市古老街区一样，存在着这样或那样的“弊病”。

比如“上了年纪”的小区，过不去的断头路，悬在空中的通信电力“蜘蛛网”以及拥挤的交通，特别是因岁月的侵蚀和地铁施工，造成的路面破损也让人头疼。

无论哪一项，从城市规划建设管理角度来讲，都是难题。

然而，第十四届全国运动会的到来，以及随之而来的“碑林速度”，让友谊路变了样。

友谊路因全运会换新颜

第十四届全国运动会到底要向全国展示一个怎样的西安？

碑林区按照西安市委、市政府的统一部署，提出要多听市民建议，贴近民生、不搞大拆大建，坚持“拆旧还旧，节约成本，利民为民”，原则上由“主管部门牵头、属地街办负责、市民群众参与、各方协同联动”。

正是在此工作原则之上，一些长期困扰友谊路的难题得到了各级各部门的关注，并陆续得到解决。比如破损的路面，原来一直影响着友谊路的通行。2021 年初，碑林区主动与市城投集团对接，开始为友谊路换“新装”。设计师告诉我，换装后的友谊路，将变得环保和高效。

如今，人们再来友谊路，看到的是一副新模样：机动车道和非机动车道上的沥青都是新铺的。自行车道为绿，公交车道是红。在全长7080米、红线宽50米的道路上，是一片青砖打底、红砖点缀的街景。有了颜色的点缀，友谊路便多了一分韵味。

路况好了，通行则是关键。在筹备前，我们预想到“十四运”举办时，必然有大量赛事保障车辆经过友谊路。针对车流量较大路段，我们也拿出了方案。比如在李家村十字西口，我们对绿化侧分带进行了削减，增加了一条机动车道，设置掉头车道，有效提升了十字路口通行效率。

除了道路高效，打造“高颜值”也是友谊路提升的重点工作之一。我们对长安北路与友谊路西北角的77个点位的建筑物外立面和680余处广告牌匾实施了全方位改进：统一了设计风格、颜色、材质和造型。同时，对与街道整体风貌不符、破损、有安全隐患的门头牌匾和户外广告进行了拆除。

据统计，改造期间，我们共完成喷涂卷帘门477个、窗户防盗网翻新463个、空调移机约1177个，新装空调罩2591个，清洗17栋建筑外墙，真石漆57586.51平方米，玻璃幕墙8900平方米，铝单板饰面17413平方米。

我们还对沿街两侧围墙进行了重点整治：能拆的墙，拆完尽量进行绿化。不能拆的，比如工地围墙，驻地单位围墙、住宅区围墙……光秃秃的不好看。在对10处、5300平方米的围墙进行改造时，光方案就拿出了好几套。最终，我们采用了深棕和金黄的配色方案。

灵感何来？是将西安的历史文化与现代元素相融合，同时也紧密联系了全运会。用设计师的话讲，给人以沉稳、大气的感觉。后来，市级考核小组还因此给我们点了赞、加了分。

在此期间，我们还一次次高效地完成了艰难的任务。

我们曾用一天时间，对友谊路西工大南门至劳动路转盘共12处多达1.5

万平方米的违法建筑进行了拆除。我们说，这是“碑林速度”。

为什么能如此之快？

改造从来不是冷冰冰的数字，它背后既有我们伙伴的付出，也有市民的理解与支持。我记得，我们的执法队员逐街逐户进行沟通时，很多商户听说是为了迎接“十四运”，都纷纷表示愿意配合改造。至今，我的小本本上还记着一名商户告诉我的话。他说：“西安好了，我们也能跟着好。”

我想，这也是“我爱我的城市”背后，大家对我们工作的期盼吧。

从一棵树、一面墙里探寻西安故事

是什么让你爱上友谊路？

老一辈革命家邓颖超曾盛赞友谊路两旁的法国梧桐林荫道。漫步林荫下，脚踏青石砖。浪漫的意境永远是我爱上友谊路的重要原因之一。直到如今，我也会告诉外地朋友，来西安请到友谊路。在这里，你能感受到非凡的宁静。

“十四运”前，我们在友谊路上增种了桂花、樱花、造型松、红枫、银杏、小叶黄杨、石楠球、女贞球等3000多株树木。这些树木随季节更替变换颜色，友谊路的四季就色彩缤纷起来，在这里，更能体会“来西安，常来常新”。

在迎接“十四运”期间，吉祥物、各类宣传标语也向外界展示了东道主最美好、最热忱的祝福。

为什么我认为，友谊路是西安的“名片”？除了树，还因为这里的建筑。

一栋建筑，一段故事。如同西安交大的“西迁精神”，又如西北工业大学的航空、航天和航海专业，一所高校，三个领域，他们是共和国科技发展史的缩影。

因为有了这些故事和传承，在友谊路沿线的背街小巷整治中，碑林区特别提出了“坚持凝聚邻里乡情、传承历史文脉”的思路。

如今，友谊西路至大学南路的彩绘墙是西北工业大学的校园文化角。在交大片区老旧小区改造中，现代建筑语汇与“西迁精神”和校园历史相融合。

更厉害的，还要属西安建筑科技大学老旧小区改造。西安建筑科技大学风景园林系组织教授、研究生和本科生组建了一个团队，全程参与了小区景观改造提升设计。他们按照国家提出的设计标准，设计出“完整社区复合功能绿地景观”，在小区内打造了后乐园、贾平凹文学艺术馆前广场、悦心园、居委会中心广场、知心园和静心园等六个景观点。为了保留建筑原有的历史风貌和文脉传承，这个团队还对所有建筑物资料进行数字建模和档案留存。

专业的事让专业的人去做，果然不同凡响。

城市综合提升改造，不只是简单的色彩堆砌和建筑翻新，更是一种文化表达，我们的口号是，让“老巷子”也有“新生命”。事后看，我们的工作让它成为现实。

全运会留给西安一份凝聚

全运会究竟能给西安带来什么？

完成友谊路综合整治提升工作后，我想它不仅仅给西安带来了精彩的赛事。

除了对外的“面子”，我们更在乎它对于提升本地人生活幸福获得感的“里子”。

都说下水道决定了城市发展的上限。迎全运会期间，碑林全区雨污管网改造工程完成了包括友谊路在内的雨污管网混接点整治任务 188 处，新建 25 条雨污水管道。我们通过对雨水污水的收集、分流、调蓄、清理、排放进行管理，并加以监控，从根本上改善了城市路面积水的“顽疾”。

全运会究竟能给西安带来什么？我想，是一种凝聚力，体现的是“碑林速度”。

正是因为有“主管部门牵头、属地街办负责、市民群众参与、各方协同联动”，友谊路上一些老大难问题最终得到顺利解决。

比如测绘东路和测绘西路两条断头路被打通，道路从原先的 6 米拓宽至 20 米，路中间的家属楼被拆除，新修了一条测绘路延伸段，让三条路形成了“H”形路网。雨污水管道被分离后，原有 600 毫米直径的雨水管道被扩大至 1350 毫米，实现了“海绵城市”理念。

如果没有这种凝聚力，邮电局 250 户职工可能还住在那两栋老职工宿舍楼里。那里居住条件不仅简陋，楼体也严重老旧。我们用短短 20 个昼夜，圆满完成了 1 万余平方米建筑拆除、人员安置任务。让“碑林速度”再次发挥功效。

什么是“碑林速度”？我想，前期有规划，中期有执行，最重要的是群众对于我们工作的支持和理解。支持和理解从何而来？是我们的工作让群众收获了真正的幸福。

比如，我们让友谊路上 20 条通信架空线缆、一级道路电力线缆，10 条电力线缆全部落地，还市民一片纯净的蓝天。又如，我们采取“警企医”三方联动的方式，缓解了陕西省人民医院就医停车难问题。又如，我们通过“一次提醒、二次扣费”的方式，引导市民规范停放共享单车，解决了交通枢纽地段共享单车乱停放等问题，还路于民。

还比如说，我们联合市大数据局、中国联通西安分公司，对友谊路上 73

个配电箱及通信电缆箱罩、308个果皮箱、22个保洁员工具箱进行了全面整治提升，通过开展“擦亮我的城”大清洗活动，创造出更加宜人、舒适的城市环境。

正是因为我们给老百姓做了实事、好事，我们的工作才能顺利开展。

每当给老百姓做一件实事后，总有中央、地方媒体来采访，这种关注也让我们倍感压力。但我的体会是：群众的事，再小都是大事。当交大片区老旧小区提升改造完成后，我们收到了西安交大西迁老教授陈瀚的手写感谢信。老先生写的那16个字，我至今铭记：“胸怀大局，无私奉献，弘扬传统，艰苦创业。”

同时，这也更进一步让我们认识到了工作中的目标，就是要把惠民工程做细做实。

“十四运”到底带给西安什么？

我想，友谊路发生的整改变化，从简单的路边垃圾箱、景观花坛到道路两旁的高楼大厦，每一个细节和环节都离不开参与其中的所有劳动者对地域文化的高度感知力与操作技能，离不开碑林区委区政府强有力的领导、碑林区全体工作人员坚定不移的执行力，也离不开全区人民的支持与信任。

更重要的是，全运会给西安这座城带来了拼搏精神。城市也更具活力。

我们知道，友谊路既是西安人的友谊路，也是外地人的友谊路，我们一直希望，因为友谊路，能让大家更爱西安。

正如我们常说的：来的都是客，留下的都是西安人。西安必将成为国际化大都市，因为这里充满机会，这里生活着一群无畏的西安人。

（作者系西安市碑林区长安路街道办事处干部，时任碑林区迎十四运会领导小组办公室干部）

春天里的岗家寨

○刘新中

岗家寨是一个地名，在西安市未央区。四月的春雨里，我又一次来到了这里。曾经在这个地方住了十余年，脑子里全是它的旧模样，灰头土脸，不修边幅，脏兮兮，乱糟糟。然而，这回迎接我的却是新天新地，楼群亮丽，道路平阔，仿佛得了雨水与春风的滋润，让人身心舒畅。

许多年前，岗家寨是一个村子，后来变成了城中村，再后来盖了几栋楼，改名“岗家寨小区”，小区又慢慢融入日渐扩张的城市。居住在其中的人，除了老市民、少许新居民之外，再就是大批量在此租住的各类人员。老住户的生活习性一时半刻难以改变，租住人员临时驻足，不会把这里当家，新居民人少力薄，无法对改善环境起到作用。因此，在相当长的一段时间里，岗家寨小区是和脏乱差联系在一起的。楼外体新建时刷了涂料，当时时髦，后来经过日晒雨洗，渐次斑驳；有些人家窗户外搭了防雨棚，也抗不过时间的侵袭，开始残破塌陷。加之各种各样的原因，楼内白墙被乱涂乱画，还贴着膏药一般的小广告。

岗家寨小区位于未央大道和凤城二路十字东南，距离地铁二号线仅仅 50 米左右，北行不足百米就是西安市图书馆，地段十分热闹。岗家寨小区本应该光鲜亮丽，和周边的繁华浑然一体。然而，环境的破旧却让它自惭形秽，舒展不起腰身。它拥有优越的地理位置，房子的价位却始终在低位徘徊。

岗家寨，它不是没想过如何改变自己，但小区建成 20 多年来，面貌渐老。曾有人建议拆平重盖，但因过程太过复杂，问题过多，解决起来根本没有抓手，只能不了了之。

事物的改变，需要一个契机。

2015 年 11 月，国家体育总局公布了中华人民共和国第十四届运动会承办候选省份名单，经研究决定，确定陕西省为“十四运”承办候选省份。12 月 29 日，国务院正式批复同意陕西省承办“十四运”。

陕西的省会在西安，西安具有省内其他城市没有的优势，“十四运”的主赛场理所当然在西安。

承办一个全国性的赛事，需要做的工作有很多，其中一项重要的工作，就是打造一个优美舒适的环境。客人来了，家里总要收拾得干干净净、漂漂亮亮，让人赏心悦目。

西安曾经举办过各类体育活动、商贸活动，每一次举办都是提升自己的过程。作为西安的一隅，岗家寨小区借着“十四运”的东风，迎来了改造的契机。

除旧布新，既是为了一个城市的形象，也是为了居住在这个城市人们的生活质量，这考验着一个城市执政者的决策眼光和能力。

蒙尘太多太久，需要一场淋漓尽致的春雨。事实上，西安市有若干老旧小区，岗家寨只是其中之一。所有的老旧小区，都有着和岗家寨一模一样的沉疴顽疾。如果老旧小区是一块土地，老旧小区改造的政策是春天，那么“十四运”的到来及其具体措施无疑是顺应季节的雨水。

有了滋润的春雨，丰硕的秋收还会远吗？

近况远景，美不胜收，令人神往。

我抬起头，路两侧，莲花似的街灯，正伸向远方。

忽然想起杜甫的诗：“好雨知时节，当春乃发生。”

进入改造后的岗家寨小区，整齐划一的楼群，鹅黄的墙体，让人眼前一亮。小区花园里，几把固定连椅，配以绿色的草地，新的气象扑面而来。

一扇又一扇窗户，干净整洁，如网格一般。曾经凹凸不平的防盗网不见了，墙上歪歪扭扭、五颜六色的电线和网线不见了。我信步走进楼内，残破的楼梯扶手重新更换了，墙体白亮亮的。

站在楼梯间的窗口向外望去，蒙蒙细雨里，几棵不知名的绿树，最热烈的花期已过，但隐隐约约还能闻见阵阵花香。闭上眼睛，我能想象到，早春二月，桃红杏白，云团锦绣，该是怎样的一种浪漫。

岗家寨改造初始，我还没搬离，先是小区出了关于改造信息的告示，接着街道办打电话征求改造的意见，之后又有政府工作人员上门做宣传。对于小区改造，绝大多数住户是支持的，谁都希望自己的家园漂亮，我当然也在拥护之列。有人不清楚的，或者有疑问的，也得到了耐心的解释。

老旧小区改造，不仅事关市民的幸福指数，也是推进改革转型中的城市如何持续发展的重要工作之一。

表面看，“十四运”是个契机，其实，它更是城市发展的必然趋势。老百姓的事无小事，老百姓的居住环境尤其是大事，“十四运”只不过是解决这个关乎老百姓幸福指数大问题的加速器。

士别三日，当刮目相看。岗家寨以及它周边的面貌一天天亮丽起来。

岗家寨小区门口东侧原来有一排店铺，参差不齐的，有几处还大模大样地占据了人行道；还有卖小吃的摊点，一日三餐饭点之时，炉灶、饭桌把道路堵得严严实实，收摊后留下满地纸片、油污、脏水。

岗家寨小区的改造，当然也包括门前屋后的环境，违章建筑被拆除了，店铺重新被归整，甚至连一个无法移动的变压器，也被圈得齐齐整整，像一件本就应该出现在这里的城市工艺雕塑。

凤城二路东行至开元路的断头路已打通，一直通向太华路乃至更远。

岗家寨小区门口西侧有一家南方酒店，有一客商经常在此投宿，目睹了岗家寨的变化。过去，岗家寨东侧道路坑坑洼洼，连路灯也没有。如今，马路宽了、平整了，街灯高悬在道路两侧，加上来回穿梭的公共汽车，门口新设立的公交站点，这位客商说，岗家寨现代化的味道越来越浓了。

“十四运”离老百姓很远，也很近。从大的方面讲，它关乎一个城市的物质文明与精神文明，关乎城市发展的长远质量与效益。具体到老百姓的生活，它让他们从精神到物质上直接受益，过得舒适，过得文明，过得幸福，过得有尊严。有一千多个包括岗家寨在内改造后的老旧小区可以做证，一处处旧貌换新颜的街景街貌可以做证，若干受益者的笑脸可以做证。

我从雨中来，又从雨中去，在岗家寨待了仅仅一个小时。虽是走马观花，但已觉收获满满。

我重新认识了岗家寨小区，也和一些老邻居有短暂的交谈。谈起岗家寨的变化，大家眉飞色舞。老百姓实在，说话直接，有人悄悄告诉我，岗家寨小区如今值钱了，许多人到此打探房屋信息，想在这里买房居住。

雨中的岗家寨小区，是一幅水墨泼染的画。普普通通的岗家寨居民，进进出出忙碌的人们，活泛在画里，生动而真切。

我有些恋恋不舍了。回程，我竟一步三回头。岗家寨，不仅美在环境，也美在人的精神面貌；不仅美在现在，也美在未来。

搭上公共汽车，眼前的未央大道宽阔、热闹、平坦、笔直。我忽然想到，旧貌换新颜的岗家寨小区，正在走的生活路，不就是这般浩浩荡荡、热气腾腾？

正是春雨潇潇的时节，眼前的景色和心中的景色重叠了。

呵，我和岗家寨同步在春天里。

（作者系陕西省文化馆研究馆员、作家）

我和“十四运”的不解情缘

○刘幼红

我是一名体育工作者。1987 年，我从西安体育学院毕业，被分配到阎良区体育场工作，至今已有 36 年。这 36 年间，我从一名普通的体育干部成长为国家级社会体育指导员、一级体育教练、阎良区体育场主任，体育几乎成了我工作和生活的全部。

36 年里，我经历了阎良区体育基础设施、体育赛事项目从弱到强的全过程；亲历了阎良区的广场舞、柔力球、篮球、足球等项目在省、市举办的多项赛事中取得好成绩的过程；也见证了阎良区获得全国体育工作先进单位、蝉联陕西省群众体育活力县（区）、陕西省全民健身示范县等光荣称号，看到不断发展的基层体育事业，作为体育人，我心中一直为此自豪。

体育人自有体育人的追求，在自己的职业生涯中，我总盼望着能让阎良的老百姓在家门口观看到高规格的体育赛事，也盼望着自己能在阎良全程参与一次高级别的运动会，圆自己的体育之梦。

2015 年 12 月 25 日，陕西省成功申办中华人民共和国第十四届运动会。得知这个好消息，我既难以抑制住无比激动和兴奋的心情，同时一种责任感更是涌上心头。为了阎良体育事业发展，我萌生了让阎良区争取承办“十四运”相关赛事的念头。我随即向局领导汇报，得到领导的大力支持。此后，我及时收集“十四运”相关承办信息，与国家体育总局、省体育局、市体育局相关业务部门积极对接，为让“十四运”攀岩和滑板两个项目落地阎良做了大量工作。可喜的是，经过区委、区政府的积极争取，“十四运”组委会最终确定攀岩、滑板两个项目由阎良区政府承办，这对阎良区体育事业发展来说正是千载难逢的好机遇！

中共阎良区委、区政府决定在石川河畔建设攀岩和滑板两个项目的比赛场地，并正式将其命名为“石川河极限运动中心”。很幸运，我成为场馆建设的参与者之一，从此和“十四运”结下了不解的情缘。

欣喜之余，我明白，场馆建设工作是一场硬仗，我们必将面对重重困难。由于确定阎良区承办两项赛事的时间较晚，我们面临着场馆建设时间紧、任务重的困难。且攀岩和滑板项目是第一次作为竞技比赛项目列入全运会比赛，场馆尚无统一的建设标准，需要查阅大量文献资料并咨询国内外的专家来确定建设标准。为了建成高质量的比赛场地，我想方设法联系了德国和巴西的建设专家，并聘请他们来场馆建设现场进行指导，大到建设规范、小到混凝土比例等，不敢放过任何细节。多少个清晨，我们熄灭亮了一夜的灯盏，继续商讨建设细节；多少个夜晚，工地上灯火通明，人们依旧加班加点……我每天坚守在建设工地，一边配合建设单位区城投公司申请“十四运”资金、完善资料，一边为场地建设提供专业咨询服务，确保“十四运”场地按期交工……

我们依靠众志成城的决心，群策群力，终于于2020年9月20日按时将一个高标准、现代化、国内一流的、西北最大的极限运动中心交付到赛事组委会的手上，石川河极限运动中心的建设被省“十四运”筹委会和市执委会誉为“阎良速度”。石川河极限运动中心总投资约5350万元，场地总建筑面积4325平方米，其中攀岩场地面积800平方米，滑板场地包含滑板街式场地1375平方米、滑板碗池场地1350平方米。那一刻，我站在古老的石川河畔，望着这座凝结着无数建设者汗水和泪水的场馆，之前吃过的所有闭门羹、受过的所有委屈，以及所有的辛劳和疲惫一起烟消云散。

2021年6月7日至10日，“十四运”攀岩和滑板两个项目的测试赛如期举行。因为有着丰富的赛事组织经验，从筹备测试赛开始，我被聘为攀岩滑板竞委会的总顾问，并担任两个项目的副总指挥。肩上的担子沉甸甸的，我明白，做好测试赛是为正式赛顺利举办打好基础，同时也是对所有工作人员的一次检验和锻炼。如此高规格的大型赛事，阎良区是第一次承办，而100余名工作人员绝大部分是从各部门、各单位临时抽调的人员，不具备组织大型赛事所需要的专业素质。因此，我建议项目组委会，首先要完成对所有工作人员的系统培训，让大家了解整个测试赛的流程，熟悉赛场流线，明白自己的工作职责。其次才能责任到人、分工合作，共同办好赛事。经过多轮培训，所有工作人员逐渐进入状态，熟悉了赛事全流程，全面了解了赛场点位，明确了自己在全运会中承担的职责和每个岗位的工作要点。

为了顺利办赛，我和国家体育总局的相关人员反复沟通，确定流线布局，特别是疫情当前，疫情防控工作的种种细节都要全面考虑并精准实施。另外，在竞赛控制、安全保卫、后勤保障等方面都不能松懈和忽视。我和相关工作组的负责人多次细致沟通，反复研讨，确定最佳的分项工作方案，保证赛事

所有环节不出疏漏。2021年6月10日，经过全体工作人员五天四夜的艰苦奋战，“十四运”攀岩和滑板两项测试赛圆满完成，所有工作人员的优秀表现，为“十四运”攀岩和滑板组委会承办正式赛奠定了基础。

测试赛之后，组委会组织所有工作组的人员进行了更为扎实的培训和反复的桌面推演，力求提前发现问题，全面完善比赛方案，保证以最佳的状态、最周密的方案，集中精力办好正式赛。2021年9月10日，在万众瞩目中，中华人民共和国第十四届运动会的攀岩和滑板项目正式比赛终于拉开帷幕，进入决赛圈的高水平运动员齐聚阎良，在波光粼粼的石川河畔一决高下。

比赛的十多天里，我和全体工作人员一起，铆足了干劲，热情服务，规范办赛，积极主动为大赛组委会、各代表队、全体运动员提供服务和帮助，为正式赛的成功举办付出了一个体育人应有的努力。聚光灯下的岩壁上，运动健儿们英勇攀登，创造了一个又一个好成绩；滑板场地上，运动员们英姿勃发、潇洒如风……赛场之外，迎着石川河畔的习习晚风，欣喜和满足充满我的内心。是啊，为了办好比赛，从场馆建设到正式比赛的300多个日日夜夜，一次次行走在石川河畔，却不曾留意身边的美景，终于在今天，这一川碧水，这青草浮萍，这飞翔的水鸟给了我最柔软最温暖的抚慰。

航空城阎良，举全区之力成功承办了“十四运”攀岩和滑板两个项目的比赛，从而获得了国家体育总局社体中心及中国登山和轮滑协会的一致好评。攀岩和滑板两个项目荣获“十四运最佳赛区”称号，我个人也被推选为全运会火炬手，代表阎良区参加了火炬传递。手持火炬奔跑的那一刻，我明白，每一份付出都会有收获，所有的汗水和努力都不会被辜负。

因工作出色，我荣登2021年度“西安市爱岗敬业好人榜”，也被陕西省社会体育管理中心聘为第八届残运会、第十一届特奥会盲人门球、硬地滚球项目的竞赛主管，全程参与两个比赛，并因工作表现突出获得“先进个人”光荣称号。

今天，石川河极限运动中心仍然发挥着优质体育运动场馆的作用，经常承办国家级、省级高级别体育赛事。2023 年 3 月 18—19 日，“星耀巴黎，筑梦奥运”全国轮滑系列赛事暨阎良区轮滑嘉年华赛事在这里成功举办，阎良区又一次迎来全国各地的体育健儿，也迎来了四海宾朋。

在文体旅融合发展的大背景下，石川河极限运动中心被列入国家级“体育旅游精品线路”及阎良区“生态观光休闲游”精品旅游线路，让广大喜爱体育运动的游客得以一睹现代化体育场馆的风采。“后十四运时代”，各中小学组织参观石川河极限运动中心的活动络绎不绝，我仍然愿意为广大少年儿童义务讲解，宣传“十四运”的情况、传播体育精神。

体育，是我快乐的源泉。我这辈子最喜欢的衣服就是运动服，最喜欢做的事情就是带着大家锻炼。工作之余，我喜欢跑学校，推动轮滑、足球、乒乓球、射箭等项目进校园，造福每个爱运动的孩子；也喜欢进社区，让篮球场、足球场、健身器材落地社区，让群众有健康的锻炼项目、有规范的场地器材。工作中，因经费总是紧张，调动体育协会的积极性和主动性就显得尤为重要。多姿多彩的体育协会、热情洋溢的志愿者们更愿意为群众体育事业献出自己的热情和力量；而以诚相待、支持扶持是我对待体育协会和志愿者们的原则和态度。我和体育场全体工作人员一起，大力扶持各个体育协会的发展，先后将“风云决青少年武术搏击”系列比赛、“全国毽球邀请赛”等特色品牌赛事引进阎良。

“却顾所来径，苍苍横翠微。”回望来路，为“十四运”的所有付出，我无怨无悔。“十四运”，是我人生道路上的一个重要驿站，从这里，我汲取了无尽的力量。再度出发，我将继续坚守体育情怀，为体育工作奉献自己的一切；我也将满怀欣喜和希望，期待着基层体育事业更快更好地发展。

（作者系西安市阎良区体育场主任，时任十四运会攀岩、滑板比赛阎良区竞委会总顾问兼副总指挥）

问渠那得清如许

ZUZHI
PIAN

组织篇

难以忘怀的文化盛宴

〇郭线庐

中华人民共和国运动会是国内规模最大、竞技水平最高、辐射带动作用最广的全国性运动会。自中华人民共和国成立以来，我国西部城市没有承办过全运会。在中共陕西省委、省政府和全省上下的共同努力下，经国务院批准，陕西省获得了中华人民共和国第十四届运动会承办权。全运会首次走进我国中西部地区，我作为这项体育盛事的参与者之一，每每回顾这一段工作历程，都感慨这是人生当中最美好难忘的回忆。

首先让我难以忘怀的是会徽吉祥物的诞生过程。2018 年初，在中共陕西省委、省政府特别是陕西省体育局等有关部门的关心支持下、在中共陕西省委宣传部的直接领导下，“十四运”会徽吉祥物和主题口号的前期准备工作正式开始。2018 年 5 月 18 日，“十四运”筹委会在西安市大雁塔北广场隆重举行了“十四运”会歌、会徽、吉祥物、主题口号征集发布仪式，征集工作正式启动。此阶段开通了两个渠道的征集，一是向国内外、全社会进行广泛征稿，二是特邀全国有影响的专家、教授、学者特别是著名设计师进行创作。截至2018年8月1日，共收到会徽设计作品1012件、吉祥物设计作品256件。8月中旬，进行了第一阶段征集评审工作，评审专家们对所有投稿进行了认真反复的斟酌筛选。

在会徽设计方案推进过程中，“十四运”筹委会副主任兼秘书长、时任陕西省副省长方光华，给我们提出了一个极好的建议，即采用传统的礼天玉璧作为“十四运”会徽设计源泉和出发点。会徽取象礼天玉璧，玉为自然之精华，玉璧为致敬上天礼器，寓意着全国人民以最好的精神面貌庆祝第一个百年奋斗目标的实现和第二个百年奋斗目标的到来。而吉祥物设计方案在大家集思广益的基础上集中在四个方面：一是采用最具代表性的文化建筑；二是采用秦岭等代表陕西的自然风貌；三是采用重要的红色革命旧址；四是采用最具地域性代表的珍稀动物。当我们给时任陕西省委宣传部常务副部长王吉德做汇报时，他提出了放开思路将陕西珍稀动物合并起来的建议，譬如金丝猴在四川、湖北等地可见，大熊猫在四川等地可见，但如果将“秦岭四宝”朱鹮、大熊猫、羚牛、金丝猴这些珍稀动物汇总在一起，不仅集中代表了陕西地域文化，其深远意义也将是前所未有的。王吉德部长的提议很有想象力，我们第一时间组织专家团队进行了思路延展，将众多的设计思路汇总成一个方案：朱鹮手持火炬展翅飞跑，熊猫张开双臂热情奔放，羚牛健壮憨萌阔步向前，金丝猴聪明智慧灵动可爱。身着“富裕黄”“圣地红”“梦想蓝”“生态绿”的“秦岭四宝”组合寓意奔向新时代，喜迎八方客，同享新生活，共筑中国梦。会徽与吉祥物方案体现了陕西人民用“礼天玉璧”来介绍自己家乡，用“秦岭四宝”表达自己的热情与祝愿。

2019年1月10日，时任中共陕西省委宣传部常务副部长王吉德向时任

全运因你更精彩

全民全运
同心同行

陕西省省长刘国中汇报了“十四运”会徽、吉祥物实施方案。3月中旬，时任中共陕西省委书记胡和平在北京陕西大厦听取了“十四运”会徽、吉祥物设计方案汇报。“礼天玉璧”会徽和“秦岭四宝”吉祥物设计方案得到了胡和平和刘国中两位主要领导的充分肯定。

再者让我铭记的是，在2019年3月之后的近一个多月时间里，作为此次设计项目的主要负责人，我全程参与了此项工作的细化设计，这段经历为我日后的工作学习和专业素养的提高带来了重要影响。其间我曾向胡和平书记汇报过近十次，几次甚至已是深夜，书记电话告知需要修改的地方或立刻见面商谈推进，大多数设计闪光点就是这样认真探讨和推敲出来的。书记提出在细化设计方案中首先要体现出陕西的东道主身份，更要以讲政治为前提彰显国家发展建设大局的高度。因此，把握主题、塑造形象成了方案深化设计的初衷和动力。陕西是华夏文明的灵魂和中国革命的摇篮，延安精神是我党克难制胜的法宝和民族复兴的动力。在陕西举办中华人民共和国第十四届运动会，如果方案设计中没有体现延安形象将会是很大的缺陷，在此思路基础上方案主体中心部分从传统古建筑转变成了延安宝塔山。会徽最终设计方案由中心部分、环形部分、主体色彩三方面构成，虚实相间，动静结合。中心部分为宝塔山、延河水和五孔窑洞，它们是中国革命的灯塔，表达全国人民在中国共产党领导下迎接中华民族伟大复兴的坚强意志；环形部分将玉璧纹饰幻化成田径、球类、游泳三个运动项目人形，体现全民全运的理念，展示全国人民万众一心、团结向上、奋力拼搏、逐梦圆梦，为中华民族伟大复兴不懈奋斗的精神风貌。会徽以黄、绿、蓝、紫、红为主色调，其中黄色象征黄土高天，红色象征革命圣地，绿色象征生态文明，蓝色象征现代科技，紫色象征文化魅力，呈现中华民族伟大复兴的悠久历史渊源和广泛现实基础。

最终方案确定后，又经历了一个多月时间的完善，通过“十四运”会徽、吉祥物设计的深入推进，我深切感受到了自身职责和使命担当。2019 年 5 月 10 日在方光华副省长、王勇局长等领导带队下，我作为方案主要参与者一同抵达北京，向国家体育总局主要领导汇报了第十四届全国运动会会徽和吉祥物设计方案，同时汇报了“十四运”前期筹备、征集等过程性工作，以及陕西省对此次申办工作的高度重视。2019 年 5 月 27 日国家体育总局正式批复同意第十四届全国运动会会徽、吉祥物方案，2019 年 9 月 15 日在西安市永宁门广场正式发布了“十四运”会徽、吉祥物，在全国引起了很大的轰动。虽然业界也有不同意见和声音，但总体来说“十四运”会徽和吉祥物设计，从突出陕西的文化特征、紧扣时代脉搏、展现陕西风貌的角度出发，已不仅是体育赛事的展现，更是陕西精神风貌和时代精神的集中体现。发布会结束之后，工作节奏相对缓和，陆续展开了包括火炬、旗帜、奖牌、海报、场馆等系列延展项目的设计。会徽、吉祥物设计的基础搭建，为后期设计项目顺利开展提供了良好的平台。

我因长期从事视觉形象设计的教学与实践工作，也曾参加第十到十三届全国运动会会徽、吉祥物的评审工作，这几次运动会的会徽和吉祥物基本上都经历了多次修改才被确定下来。而第十四届全运会视觉形象设计是 2019 年 5 月 10 日提供给国家体育总局，在 5 月 27 号就得到了批复，从提交到批复仅经历了十余天时间，且是这么多年来全国运动会中唯一的没有修改的会徽、吉祥物，这也给我留下了极其深刻的印象。

还让我铭刻于心的是，2019 年 9 月 15 日中华人民共和国第十四届运动会会徽吉祥物发布，2021 年 9 月 15 日中华人民共和国第十四届运动会正式开幕，而 9 月 15 日也是我的生日。两次生日都与“十四运”工作重叠，似乎也暗暗预示了我同“十四运”之间的不解之缘。几年的参与和付出给我的人生留下难以忘怀的美好记忆，我最大的愿望就是通过自己的努力为陕西文化建设和整体事业进步做出应有的贡献。“十四运”的成功举办得到了党和国家领导人的肯定，作为此次设计的参与者，我亦倍感荣光。

“十四运”的举办恰逢中国共产党成立100周年这一重大时间节点，是我国全面建成小康社会、开启全面建设社会主义现代化国家新征程之际举办的一届具有特殊意义的全国重大体育赛事。对于陕西来说，“十四运”的成功举办本身就是难得的发展机遇。对于参与部分设计的我来说，“十四运”在给我留下美好回忆的同时，更是一个难得的实践平台，让我能够运用自己的专业积累向全中国、全世界展示新时代陕西精神风貌、讲好陕西故事。这将是我一生难以忘怀的一场文化盛宴！

（作者系陕西省政协文化文史和学习委员会副主任、陕西省美术家协会主席，时任十四运会筹委会和组委会新闻宣传部副部长）

愿为荧光　共筑星河

〇郅　惠

在我的办公桌上静静地立着一个木框的台历，每当我更换里面的活页时，都会有一种浓浓的仪式感，那是十四运会和残特奥会组委会送给我们的珍贵礼物，也是那段浓墨重彩的时光的深情留念。2020 年至 2021 年，我在组委会大型活动部度过了一年半的宝贵时光，也留下了铭记终生的记忆。谨以此文致敬那段热火朝天的峥嵘岁月，致敬那些为了“精彩圆满”目标同心协力、勠力奋战的“战友”们！

猝不及防，被光照亮

2020 年 7 月，我被借调到十四运会和残特奥会组委会大型活动部策划处工作，接手的第一项任务就是牵头起草残特奥会开闭幕式文体展演创作大纲，包括《总体构想》《开幕式文体展演创作大纲》《闭幕式文体展演创作大纲》三个材料。

在大纲创作阶段，中共陕西省委、省政府主要领导多次召开专题会议，研究审定开闭幕式的主题主线，组委会成立工作专班，聘请专家给出建议指导，为第一次从事此类工作、心里直打鼓的我拨开了迷雾，指点了迷津，也明确了写作的方向。在大型活动部驻会副部长唐利如和残运工作部驻会副部长张未来的带领下，我们开展了3次调研和9次座谈，并赴中国残联、中国残疾人艺术团汇报对接。从学校到企业、从医院到厂房，再加上几轮面对面的沟通交流，我听到了太多幸或不幸的故事，看到了太多催人泪下的画面，结识了太多在逆境中坚强乐观的朋友以及为残疾人事业默默奉献的工作者……世界以痛吻我，我却报之以歌，纵然命运不能选择、遭遇无法逆转，但我们的残疾人兄弟姐妹们仍在用心、用力地唱着、跳着，生活着、抗争着，他们用意志和精神点亮一盏盏灯，为自己指引方向，也照亮了他人。

正是带着这份感动和使命，我们披星戴月、用心书写，反复研讨、打磨提升。至今我还清晰地记得时任中共陕西省委宣传部常务副部长的王吉德提出的残特奥会开闭幕式“舒缓、温暖、深情”的总基调，要充分展现残疾人和健全人同襄盛举、共享荣光；还记得大家在会议室里讨论得热火朝天的场景，西安建筑科技大学的李岳岩教授提出加入“门”和“窗”的意象让我们深受启发；还记得我和李梦琦、董静璇在九号看台308办公室里对文稿一次次地讨论、一遍遍地推翻、一轮轮地完善；还记得我们带着初稿到中国残疾人艺术团拜会时，邰丽华老师那温柔的笑脸；还记得盛会结束后，我交出的厚厚一沓、共计19稿的“全运遗产”……

残特奥会开闭幕式文体展演的残特群体、奥林匹克运动会、文体展演这三重属性使我们在整个大纲起草工作中一直处于学中干、干中学的状态，但这又何尝不是一个时时被触动、被点燃的过程？我们想写出多舛命运的承受者、自强不息的奋斗者、社会财富的创造者和社会生活的平等参与者的生命群像；我们想打造一台能够得到残疾人兄弟姐妹认可，使他们感到尊重和暖意、产生心灵共鸣的演出；我们想让更多的人通过我们的节目，增进对残疾人的了解、关心和支持，感受爱和力量，并将它们传递下去；我们还想通过我们用心用情用功的演出，让更多人了解陕西，看到这片土地的传统与时尚、温情和大爱。

2020 年 10 月底,《残特奥会开闭幕式文体展演创作大纲》和《总体构想》经中共陕西省委、陕西省政府主要领导审阅，11 月 19 日，由中国残联正式审定，大纲起草及报审工作在 4 个月时间内高质高效完成。

用心传递，为爱起航

2021 年 2 月 6 日，残特奥会开闭幕式总体方案评审会确定了陕西演艺集团为残特奥会开闭幕式文体展演主创团队，标志着残特奥会开闭幕式工作正式进入实操阶段。对于陕西来说，全运会和残特奥会同年同地举办在国内尚属首次，而在一个半月的时间内接连举办四场开闭幕式，难度更是可想而知。为更好地调配力量、推动工作,2021 年 4 月 15 日，大型活动部进行内部调整，划分成十四运会开闭幕式工作组和残特奥会开闭幕式工作组，按照组织安排，我到残特奥会开闭幕式工作组负责策划宣传工作。

时至今日，常常浮现在我眼前的，是每次开闭幕式指挥部会议上，时任中共陕西省委宣传部部长王晓和副省长方光华在听取各组汇报后，对梳理出的少则十几条、多则几十条问题逐条剖析、现场解决；是王山稳秘书长说过的“凡是有意义的事都不会轻易成功”带来的激励力量；是吉德部长带领大家在深夜里召开的一次次“零点会议”；是相红霞理事长带领省残联举办的第十届残疾人艺术会演给我们带来的情感震撼和艺术灵感；是高阳厅长说过的“要像关心孩子一样关心我们的学生演员和群众演员”；是唐利如、李成砚、关荷、眭俊等领导带领大家的逐项落实、倾情付出；是西安石油大学、陕西学前师范学院、西安外事学院、西安培华学院等学校的学子们顶烈日、冒风雨、战酷暑的辛苦排演；是陕西演艺集团和大型活动部的无缝对接、集体攻关……大家不分昼夜、不谈苦累，只为最后一刻的“精彩圆满”呈现。

残特奥会开闭幕式，看似简简单单的两个演出，事实上，却是在有限时间内人员和资源的大量集结，有限空间内主题思想的充分表现。宏大的场景需要无数个细节的反复推敲和完善，顺畅的流程也需要无数次的排练沉淀和各个部门单位的密切配合。同时，残特奥会本身的特殊性也对艺术表现形式、场地设施、后勤保障等提出了新的要求。在唐利如的具体指导下，残特奥会开闭幕式工作组的各个处室迅速理清思路，全身心投入工作。为同时保证艺术表现和残疾人演员上下场的安全便捷，蔡文辉等场馆技术处的同志们与主创团队反复研讨、实地踏勘，以“万全准备”确保“万无一失”。开闭幕式中的凤凰羽翼、石榴花海、手舞矩阵等表演艺术性强，参与人数多，排练难度很大，在肖丽娟等演出仪式处的同志们和陕西演艺集团导演团队的一次次耐心辅导下，这些大多没有表演基础的学生们完成了从最初乱作一团到后面整齐划一的转变，学生们也在其中获得了满满的成就感。残特奥会开闭幕式排练在几所高校分头进行，后勤保障、疫情防控、联排转场等问题具体而烦琐，曹辉带领后勤保障处的同志们精心策划、合理调度，忙碌之中有条不紊。我们策划宣传处的同志们在协助主创团队做好节目优化提升、配合新闻宣传部开展开闭幕式新闻宣传的同时，还承担了应急预案、流线清单、工作汇报等大量材料的起草，以及文件办理、会议组织、综合协调等工作。而李梁和组织处的同志们要统筹安排调集十四运会和残特奥会开闭幕式参演学校及演员，共计一万多人的庞大数字和每个节目的具体要求，使他们办公室墙壁的巨大白板上永远画满了只有他们才能看得懂的动态数字。

一人难挑千斤担，众人能移万座山。还记得，在组委会办公室、组织人事部的召集下，我们多次召开指挥部联络员会议，就开闭幕式筹办的具体问题进行沟通协商；在新闻宣传部的精心策划下，我们研究制定宣传报道方案，妥善做好舆情处置，协同开好残特奥会开闭幕式新闻发布会，并借鉴“十四运”成功经验，依托“中央厨房”做好开闭幕式的宣传报道；在广播电视部的推动下，我们与央视直播团队多次对接并现场踏勘机位设置，认真做好备播录制，跟踪摄制火炬塔建造过程，留下宝贵影像资料；在残运工作部的帮助协调下，我们认真确定仪式环节，逐一选定每个节目中的故事和主角，让他们在残特奥会开闭幕式的舞台上尽情绽放、共享荣光；在陕西省康复医院、西安美术学院特殊教育学院、西部机场等单位的支持配合下，我们拍摄了大量反映残疾人事业发展新成就、残疾人典型事迹及原型的素材，为开闭幕式视频呈现打下基础……

开闭幕式筹办是一项牵一发而动全身的工作，其间有着太多的默默无闻、无私奉献，有着太多的不计得失、赤子情怀，原谅在这里我不能一一列举。但我始终记得那些闪耀着星光的微冷夜晚，无论多晚我走出办公室，回头望去，办公楼上都有长明的灯火。那一刻，我知道我们都是“装台者”，我们，并不孤单。

点点荧光，精彩绽放

2021 年 10 月 15 日，我们和残特奥会开闭幕式全体演职人员在全运村实行集中全封闭管理，我们处里的工作重心也由前期的创意策划、综合行政转为以宣传为主，这也使得我可以从另一个角度来参与和观察残特奥会开闭幕式最后冲刺阶段的工作。

封闭期的生活是单调的，从全运村到西安奥体中心体育馆，两三公里的路程构成了一日中最简单的两点一线；封闭期的生活是多彩的，绚丽夺目的灯光、五彩斑斓的舞台、鲜艳精美的服装、永不停歇的排练构成了一曲雄浑壮阔的"交响曲"；封闭期的生活是洋溢着欢笑的，我们欣喜地看到，贯穿开幕式演出始终的"轮椅女孩"小悦悦在十几天的时间里愈发开朗乐观；封闭期的生活是含着泪水的，在这个由一个个平凡而温情的故事编织出的爱的舞台上，我们一次次地在动情的表演里泪流满面、不能自已；封闭期的生活又是"颠倒黑白"、不分昼夜的，合排、彩排结束往往已到深夜，而真正的战役这才开始打响，战场从舞台转移至会议室，王晓部长、吉德部长带领大家一遍遍地修改提升、一次次地研讨落实，只为在第二天舞台上的更好呈现。现在回想起来，那个时候，会议室、观众席，随处可见同事们睡得东倒西歪的身影，累了就就地眯一会儿，休息好了就起来接着干，颇有些幕天席地的自若潇洒。

2021 年 10 月 22 日，终于等到了这个激动人心的夜晚，我们和新闻宣传部驻会副部长张宏科，大型活动部的眭俊、郭雄、凌旎、杜鹏等，以及西部网的几位记者编辑，一起在西安奥体中心体育馆的"中央厨房"里静静等待着晚上 8 点。一道厚厚的窗帘隔开了两个世界，外面是开幕式现场，里面是紧盯着电视直播画面的一双双眼睛和大家屏住的呼吸。伴着播音员嘹亮的播报声，孙春兰副总理、王勇国务委员步入会场，开幕式文体展演《共同的梦》正式拉开了帷幕。我们"中央厨房"的"厨师"们也跟随着开幕式进程，在电脑前将准备好的各个环节的详细介绍、节目背后的动人故事及拆条节目等同步在网络上发布。图片、文字、短视频，一审、二审、三审，虽然节奏紧张，但一切都井然有序。我们看着电视直播中深情庄严的手语国歌、刚劲有力的手舞矩阵、灿烂盛放的“石榴花海”、震撼心灵的“勇攀珠峰”，耳中听着开幕式现场接连不断的欢呼浪潮，心中满溢着信念如“山”、梦想似“火”、信仰如“炬”的澎湃力量……伴着雷佳“心中有光，世界就亮”的悠扬歌声，残特奥会开幕式圆满落幕。还未来得及和大家共同庆贺，张宏科就带着我和赵喜军匆匆赶往残特奥会开幕式新闻发布会的现场。虽然未能观赏到残特奥会开闭幕式的现场演出，但想到更多的人能通过我们的努力感受到现场的精彩、更多地了解陕西，顿时觉得自己的一点点付出、一点点牺牲也都值得。

10 月 29 日，残特奥会闭幕式文体展演《携手前行》在西安奥体中心体育馆成功落幕，为十四运会和残特奥会画上了圆满的句号。孙春兰副总理和王勇国务委员对开闭幕式给予了充分肯定。《人民日报》、中央广播电视总台等在要闻版、《新闻联播》进行报道，开闭幕式的报道全网阅读量近 6 亿，让我们大型活动部的同事们倍感振奋欣喜。

心中有爱，前行有光

一年多的组委会时光，虽然少了家人的陪伴，虽然时常通宵达旦，但心中常常充盈着激情、热情和感动。我从各位领导身上，感受到视野的高远与使命的担当；从同事们工作生活的点点滴滴中，感悟到“功成不必在我，功成必定有我”的信念；从无数幕后工作者的默默付出中，体悟到平凡中的伟大；而当开闭幕式成功举办，彰显着疫情之下处变不惊的大国风范，我为我是一名中国人而自豪，也为能够参与重要历史节点上的国之盛典感到幸运和荣耀！

中华人民共和国第十一届残疾人运动会
暨第八届特殊奥林匹克运动会
Shaanxi China
中国陕西 2021

筹办过程中，我们每个人都在努力发出自己的光和热，又无时无刻不在被影响、被馈赠。在一次次新情况、新问题，以及临时性急难险重任务的考验中，我们认识到攻坚克难的密码来自平常的积淀，迅速发现问题、妥善解决问题的能力不在一朝一夕，而在于年复一年、点点滴滴的思考、实践和积累，沉潜才能飞跃，厚积才能薄发；我们体会到困难和挫折，不是逃避就能消失不见的，只有正确地认识它们、勇敢地直面它们、努力地克服它们，才能得到不断的成长；我们学习到既要“跳出一域谋全局”，也要“在谋全局中抓好一域”，这样才能既为一域增光，又为全局添彩；我们懂得人生无须设限，拥抱改变、不畏挑战，才能打造属于自己独一无二的精彩。感恩组委会时光，它让我开启了很多个人生的第一次，随着开闭幕式工作的阶段性展开，我先后转战多个处室，涉足了创意策划、新闻宣传、电视直播、视频摄制、综合行政等方面的工作，这在常规性的工作岗位上是根本无法想象的，感谢组委会这个宝贵的人生课堂！

组委会是磨炼意志品质的大熔炉，提高综合能力的大学校，推动事业发展的大舞台，也是一个缔结深厚友谊的大家庭。在原中国残联宣文部主任王涛的深情讲述中，中国残疾人事业的发展仿若一幅波澜壮阔的画卷，缓缓地在我们眼前展开，在他的讲述里，我对人生的价值、生命的力量也有了更多的理解和感悟。在刘璘的《海海人生，终会相逢》等三本书中，我看到了她如水晶般清澈的心灵，现实中的她是那样美丽优雅、阳光乐观，仿若世间最可爱的精灵。吴亚明老师歌声中书写着他的故事，诉说着他的人生，展现着他的坚强和包容。可爱的天使女孩蒋馨柔，她在无声的世界里尽情绽放、勇敢逐梦，舞出属于自己的七彩人生。还有我亲爱的“战友”们，他们顾大家舍小家，有多少已过知天命之年的领导揣着速效救心丸整日奔波忙碌在筹办第一线，有多少同事不能在父母生病时照料、在孩子成长时陪伴，又有多少人积劳成疾，却轻伤不下火线。残特奥会开闭幕式筹备封闭管理时，赵喜军的爱人已身怀六甲，但面对组织封闭管理的安排，他毫不犹豫地担负起自己的工作职责。蔺生树和肖丽娟，他们刚刚完成了庆祝中国共产党成立100周年文艺演出《伟大征程》紧张忙碌的行程，面对组织的召唤，立马又投入开闭幕式的筹办工作。曹欢、任嘉仪两位90后女孩，正是年轻爱热闹的年龄，但当大家每天前往西安奥体中心时，她们却默默留守在全运村里忙活着车辆派遣、后勤保障等工作。王玮彬在紧张的工作之余发挥自己的职业专长，为大家留下珍贵的影像纪录，开闭幕式工作结束后，他又主动请缨到西藏挂职，他说要把在组委会学习到的、感受到的传递下去……那些一起为“精彩圆满”付出的努力、为攻克难关流下的汗水、为取得成绩感到的欢欣，历历在目，难以忘怀。我们共同走过和面对，共同奋斗与付出，我们是彼此最可信赖的“战友”和家人！

转眼间，桌上的台历已翻至2023年6月，当2025年第十五届全运会和第十二届残运会暨第九届特奥会在大湾区拉开帷幕时，我的这本台历也将完成它历时四年的使命。但我想，那段被光照亮、自己也在努力发着光的岁月早已深深地镌刻进我的生命，它是我的记忆、我的财富，也必将激励我继续前行。

（作者系中共陕西省委宣传部文艺处副处长，时任十四运会组委会大型活动部残特奥会开闭幕式工作组策划宣传处处长）

只为这一刻的“精彩圆满”

〇李耀华

作为“十四运”组委会大型活动部综合处的一名工作人员，我从自身能看到的、能听到的、能感受到的视角出发，截取“十四运”集中管理阶段大型活动部日常工作的点滴往事，与大家共同分享。虽然记录的这些仅仅只是筹备时期的一小部分片段，但充分反映出了大型活动部全体人员对筹办开闭幕式工作追赶超越、勇立潮头的“精气神”。谨以此文献给所有参与十四运会和残特奥会筹办工作的同志们！

一、重大

所谓重大，一是政治意义非凡。全运会作为全国性的体育盛会，以往历届都是在东部地区举办，如今在建党百年这个特殊的历史节点，全运会在中西部地区首次举办。习近平总书记十分关心“十四运”的筹办进展，做出“办一届精彩圆满的体育盛会”的重要指示，提出“简约、精彩、安全”的具体工作要求。二是演出规模空前。多数文艺演出一场下来需要几十人、几百人，最多一两千人，且在室内举办，各种风险都在可控范围内；而“十四运”开幕式是在能够容纳六万人的西安奥体中心体育场举办，要组织一万三千多名演职人员在夜间进行露天表演。没有程序性的规定可以参考，组委会大型活动部的多数人都没有经历过全运会开闭幕式文体展演这么大规模演出的组织工作，必须“摸着石头过河”，组织难度可想而知。三是疫情防控要求高。开幕式演职人员不仅人数多，且居住工作分散在各个高校和相关文艺演出单位。为确保演职人员健康，当时组委会紧急决定，从8月20日开始，所有演职人员在奥体中心周边的四所高校进行集中管理。在如此短时间内，科学有效地处理好学校、演职人员、主创团队等各方面关系，把演职人员组织好、把节目排练好，并确保开幕式组织和文体展演工作“精彩圆满”是一大挑战。

对于大型活动部来讲，把习近平总书记“简约、安全、精彩”的要求贯穿到开闭幕式的全过程，力争实现“精彩圆满”的目标，是筹办工作的大事。虽然开幕式有主创团队进行策划、编导，但组委会大型活动部的工作人员必须克服面临所有的困难，以“一失万无”的底线思维、极限思维来做好每一项筹办工作，确保9月15日晚开幕式整个环节所有流程都“万无一失”。我们必须以“最高标准、最快速度、最实作风、最佳效果”的工作要求，超越认真、挑战极限，完成自身肩负的“国之大者”的使命任务。

二、务实

火车跑得快，全靠车头带。面对时间紧、任务重、压力大的种种挑战，在时任省委宣传部常务副部长王吉德的带领下，大型活动部的同志们紧张有序高效地开展各项筹备工作，进行最后阶段的冲刺。虽然宣传部还有很多事务需要吉德部长处理，但为了实现“精彩圆满”的目标，他还是主动要求进入集中管理点，与大家一起进行集中办公。

筹备期间，他每天下午三四点钟都会从集中管理点前往奥体中心体育场。作为开幕式实际上的执行总负责人，他以高度的责任心来对待筹办工作的每一个细节。先是在体育场入口，检查演职人员是否快速顺利通过安检；在体育场工作区域跟不同部门的工作人员交流，掌握每个部门的工作进展；与演职人员谈心谈话，及时了解他们的住宿、吃饭等生活条件是否保障到位；与现场工人聊天，查看场馆内每一件设施设备安装情况。可以说，他对开幕式的每一件事都了然于胸。

“开会开会，不开不会，一开就会。”协调会是推动工作最有效的方法之一。每天晚上 10 点多，吉德部长都要主持召开对接协调会，先是各部门汇报，然后他对大家提出的问题进行回应和解答。大型活动部能内部协调的，就马上解决；需要协调其他单位的，他亲自打电话沟通；对于需要组委会层面协调的，他会让我一一梳理，在每周的开闭幕式指挥部会议上给指挥部领导汇报，请组委会层面协调解决。吉德部长不仅经常要连夜协调演出当天的事项，有时候第二天早晨还需要参加组委会指挥部会议，或者省委书记专题会、省长办公会等重要会议，给相关领导汇报开幕式的筹备情况，听取省委、省政府领导的指示和要求，并传达落实到排练的过程中，特别是在开幕式排练的最后阶段，孙春兰副总理莅临现场指导工作，陕西省委书记、省长两次到现场观看全要素全流程彩排，且每次彩排之后领导们都会提出修改建议，然后层层传达，到了吉德部长这里就必须落实。开幕式和各篇章演出的负责人和主创团队也要及时对接、马上落实，确保每一次会议都有成效。一次开完

会已经凌晨 5 点多了，天都亮了，甚至可以连着第二天继续干活了。正是大型活动部这种“说办就办，马上就办”的工作作风，使得节目的修改完善在最后阶段取得了突破性进展。

最让人难忘的是 9 月 15 日凌晨，按照规定奥体中心要清场，所有人员必须离开体育场。但是吉德部长在观看完最后一次点火仪式彩排，跟相关人员沟通后，继续留在体育场内。当时已经凌晨两点多了，体育场内空无一人，他让相关人员把开幕式流程和文体展演的视频音乐重新走了一遍，一帧一帧观看了线幕、地屏等设备上所有显示的画面，并与负责视频工作的郭雄做了最后的修订。天蒙蒙亮，他才离开了奥体中心，安心地回到住处休息。

在吉德部长务实的工作作风的带领下，大型活动部开幕式团队上下一心，学生用餐、车辆保障、专业演员协调、设备进场等难题一个一个迎刃而解，为开幕式的“精彩圆满”奠定了坚实基础。

三、拼搏

组委会大型活动部的同志们都是从不同单位临时抽调的，虽然大家来自不同领域、不同部门，但是有一个共同的特点就是敢打硬仗、能打硬仗、善打硬仗。开幕式组织和文体展演要在声光电的协调配合下才能展示出最佳效果，因此排练通常都是在晚上进行的。演职人员一般在下午四五点钟才从集中管理点出发到奥体中心排练，大家排练结束后，常常天都快亮了，眭俊、张严等各个篇章的负责人都是在确保演职人员顺利上车返回宿舍之后，才最后一批撤走，大家都变成了“夜猫子”。

大型活动部的部长助理关荷是省教育厅派来驻会的干部，虽然是临近退休的女领导，但是关部长每天下午都会召集教育系统各高校的相关负责人，梳理对接协调相关事宜，与大家同吃同住在学生宿舍。场馆处的张军是大型活动部在西安奥体中心体育场的“总代表”，他是一名国有企业的主要负责人，虽然已经快 50 岁了，但干起工作来就像年轻小伙子一样精力充沛。由于他负责西安奥体中心场馆分配，早在封闭管理之前就最先入驻奥体中心，负责与西安市执委会和奥体中心的同志对接协调，几周都不回一次家。在彩排最后阶段，由于安保和疫情防控要求，人员和物品进入场馆的安检非常严格，大家遇到困难都请张军帮忙解决，他总是不厌其烦地跟组委会以及其他部门积极沟通，不管有多大的困难，到他手上都能一一化解。“有问题，找张军”成了大型活动部全体人员的口头禅。

当时大型活动部的工作状态是 24 小时待命。演职人员排练完就可以安安稳稳地休息了，而大型活动部的同志们还得继续忙碌，为第二天的排练做好各项准备工作。后勤保障组主要负责让13000多名演职人员按时从封闭点到排练点往返，对所有演职人员实施网格化管理，而且每辆通勤车都要求人车固定并配备“一长两员”，还要协调其他部门配餐并及时发放到每位演职人员的手中。负责该组的蔺生树也是快50岁的人了，为了协调后勤保障的具体事项，连续几夜没有合眼，导致血压飙升，但还是任劳任怨地坚守在岗位上。我负责的文稿起草工作同样如此，常常晚上七八点接到组委会通知，第二天早晨要开指挥部会议，就得通宵起草汇报材料，确保第二天会议上大型活动部所需协调的事项能够得到组委会的尽快解决。当时虽然感到苦和累，但是大家看到在自己的努力下，一件件事情顺利解决，一个个难题取得突破，所有的筹备工作都在向“精彩圆满”的目标快速推进，便觉得一切付出都值了！

在这个特殊的时期，大型活动部全体工作人员面对各项任务，都是第一时间抢先干、主动干、创造性地干！正是在大家的齐心协力下，筹办工作在最后的冲刺阶段取得了很好的效果。

四、坚持

组委会大型活动部的工作人员都是上有老下有小，家家都有难处，人人都不容易，但是为了共同的目标，为了开幕式的“精彩圆满”，大家舍小家，为大家，没有一个人因为怕苦怕累而离开。

驻会的李成砚副部长快60岁了，他心脏不好，随身携带速效救心丸，在半夜快熬不住的时候，吃上几粒，在房间休息一会儿，又马上投入紧张的工作中。黄瑞的父亲重病住院，但是忠孝不能两全，作为演出篇章负责人，为了不耽误工作，他毅然选择留在组委会跟大家一起奋斗。邵怡的孩子马上要中考了，正是最需要陪伴的时候，当孩子知道妈妈在做一件有重要意义的事情时，也依然支持妈妈的选择。有的人生病了，打着吊针也坚持工作，真是轻伤不下火线……正是有了这么多同志的无私付出，才共同成就了“精彩圆满”这一共同目标。

大家在一起就是缘分，是一个团结友爱的大家庭。我的肠胃不好，不敢吃冷的食物，但由于工作忙，常常错过饭点，总是随便垫一点吃的就完事了，但事后经常胃疼，细心的田王超总是给我留着几桶方便面备用。安永斌是一所高校的研究生，集中管理期间，他主动给大家理发，成了大家的“免费理发师”。徐敏等综合处的同志虽然没有进入学校集中管理，但还是心系大家，有啥事情都及时通知、协调和帮忙处理。杜鹏负责摄像，在工作之余，会把大型活动部的同志们或疲惫，或伤心，或专注，或开心的瞬间抓拍下来，为大家留下珍贵的纪念。

要说难不难，肯定是难；要说累不累，肯定是累。但是大家都像打了鸡血一样，在心中倒计时，每天都在坚持着，努力着，奉献着！

五、圆满

多少个不眠的夜晚，只为这一刻的精彩圆满。9月15日当天晚上7点多，各项工作准备就绪，大家都在静静等待8点的开幕式正式开始。所有人既紧张又激动，想着经过这么多天的辛苦付出，最终的成果要向全国、全世界人民展示，但是又生怕哪个环节和细节出现纰漏而影响了开幕式的整体效果。时间到了晚上7:59，随着各个组在开幕式指挥部微信群发来“准备就绪”的消息，开幕式正式开始。看到现场气氛很好时，大家的心情逐渐放松下来。开幕式文体展演的《序曲》《民族根》《延安魂》《中国梦》以及《尾声》等各个篇章逐次展开，随着时间一分一秒流逝，原来容易出现错误的环节一一顺利通过。最后火炬点燃，开幕式主题曲《跨越》响起，各个环节都顺利完成，大家一直悬着的心终于落地。当主持人——陕西省时任省长赵一德宣布“中华人民共和国第十四届运动会开幕式到此结束！”这一刻大家都知道，开幕式终于圆满落幕了！

大家从不同办公室不约而同地飞奔到奥体中心体育场中间，尽情地欢呼着、拥抱着，有的还流下了激动的泪水。当大家见到吉德部长时，看到他脸上笑眯眯的表情，都争着跟他拥抱、合影留念，恨不得把部长举起来以示庆祝。随后王晓部长、光华副省长和山稳副秘书长等组委会领导也来到了大家中间，对开幕式的成功表示祝贺，对大家的辛苦付出表示感谢，并与大家合影留念。不到 10 分钟，天空中下起了大雨，但大家都在雨中争相合影留念，

相互追逐，多少天以来的压力终于可以痛痛快快地释放了，“十四运”开幕式终于成功了！

随后在短短不到两周的时间里，大家又投入紧张的闭幕式演出的筹备工作中。由于闭幕式是在奥体中心体育馆内举办，而且有了举办开幕式的工作经验，大家都感到得心应手多了，各项工作也顺利进行，最终“十四运”开幕式和闭幕式都实现了“精彩圆满”。我们终于用自己的实际行动完成了党中央交办的特殊使命，也向全国、全世界人民展示了新时代陕西新形象。

我有幸参与到“十四运”开幕式的筹办工作当中，虽然自己只是微不足道的一员，但仍然感到无比骄傲和自豪！这段特殊的经历，是值得永远铭记和怀念的！

（作者系陕西省政府研究室宏观经济研究处副处长，时任十四运会和残特奥会组委会大型活动部综合处副处长）

点亮梦想　相约陕西

〇李羽佳

忆往昔，万里驼铃万里波的丝路长歌，见证中华民族“天下大同”“协和万邦”的宽广胸怀；看今朝，以体育为轴、以全运为媒的三秦大地，向世界展示千年古都的风采和追赶超越的奋进姿态。

水舞盛宴，流光溢彩。2021 年 6 月 7 日 20 时，中华人民共和国第十四届运动会、全国第十一届残运会暨第八届特奥会倒计时 100 天活动在西安奥体中心拉开大幕。场馆外的灞河之滨，光、水和音乐完美结合，与西安奥体中心交相辉映，营造出引人入胜的绝美夜景。

全民全运，同心同行。100 天之后，“十四运”将如约而至，燃起澎湃激情和缤纷梦想，全国乃至全世界将共同见证这盛世盛会的璀璨光芒。

丝路长安　挽起世界手臂

音乐响起，“唐妞”“秦俑”从繁华盛世中走来，跳着汉唐舞蹈和动感欢快的街舞，在光影变幻中营造出时空交错之感。转眼，身着丝路沿线国家服饰的演员拥向台前，与“唐妞”共舞。在这场穿越千年的精彩大秀中，西安既传递出挽起世界手臂的热情，又彰显了时尚现代的科技范儿。

场景变换，由陕西省团队为倒计时 100 天活动特别创作的歌曲《绿水青山》婉转悠扬，地屏、LED 大屏幕构建出三维空间，一幅碧水长流、岸绿景美的生态画卷徐徐展开。叶绿得清透，水落得灵动，巍巍秦岭是一首写不完的诗、一曲唱不完的歌。

画风一转，“十四运”各项基础设施的建设者、陕西学生和市民代表，把太极剑、花式跳绳、花式篮球、吊环、啦啦操等 10 项运动的组合表演带上舞台。节目演员、西安体育学院学生杨洋踏着动感音乐的节拍，朝气蓬勃地摇动手上的花球。陕西是这个山西女孩的第二故乡，在这里，她走上了啦啦操的学习之路；在这里，她与“十四运”“零距离”接触。“值了！”走下舞台，杨洋高声喊出。她说：“能在这么重要的活动现场表演啦啦操，对我个人来说这个机会太宝贵了！能让全国人民看到我们热爱体育、积极奋进的精神面貌，很有意义，再累也值了。”

“今夜迎盛会，幸福在绽放，奔向那更高更快更强……”十四运会和残特奥会宣传歌曲《梦想巅峰》曲调欢快，演员和观众热情洋溢的歌声和笑脸，凝聚起全民全运的力量。场馆环屏和数千个数控灯球打出的“全民全运　同心同行”字样，烘托出热烈的现场气氛。

“旗帜”飞扬　凝聚进取力量

20 时 27 分，十四运会和残特奥会火炬、奖杯、奖牌、颁奖礼仪服装发布装置启动。

当名为“旗帜”的火炬出现在大屏幕上时，全场观众纷纷举起手机拍照！火炬身顶部从正面看像层层向上、熊熊燃烧的圣火，又如灿烂绽放的花团；从侧面看，仿佛一面旗帜迎风飘扬，震撼人心。火炬出火口的设计灵感源于山丹丹花，具有浓郁的陕西地域文化特点。

“十四运”奖杯取名“汇聚”，其造型以丝绸为载体，传达出“开放包容”的设计思想。奖杯顶部丝缎般的曲线源于起伏的黄河水与连绵的秦岭山，象征自然和平，寓意自强不息、追赶超越的体育精神。“十四运”奖牌正面以会徽为主元素，背面运用浮雕工艺将“秦岭四宝”吉祥物形象与秦岭山脉结合，最上方环绕主题口号“全民全运　同心同行”字样，设计简约，大气庄重。

同时发布的青山绿水主题的十四运会和残特奥会颁奖礼仪服装，款式中西合璧，表现秦岭山峦叠翠的和谐生态。此次活动的导演苏宁在火炬呈现的那一刻，又一次被感动。他说：“火炬视觉形象由陕西本土团队设计，今天活动的导演团队，也都是咱乡党。作为东道主的我们，身上肩负着全运会的使命和责任，热情好客的陕西人将用一场精彩圆满的体育盛会向祖国献礼，欢迎世界宾客常来长安。”

同心同行　书写精彩华章

20 时 34 分，安全保卫方阵、城市服务方阵、医疗保障方阵、赛事服务方阵、志愿服务方阵的300名一线工作人员代表，迈着整齐矫健的步伐走上舞台。

誓师方阵代表接过时任陕西省省长赵一德的授旗，5个方阵合力发出了振奋人心的誓言，吹响冲锋的号角。

“服务‘十四运’，奉献我的城！”

“助力全运，守护健康！”

“全民全运，同心同行，点亮梦想，为爱起航。我们准备好了！我们准备好了！我们准备好了！”

大屏幕上，来自全省13个赛区的全运服务保障人员也喊出他们的信心和斗志。宣誓声气势如虹，响彻夜空，全场掌声热烈，经久不息。

西安奥体中心、宝鸡市体育场、铜川体育馆……一座座城市新地标建筑在大屏幕上闪过。现场观众姚苏杭激动地握住同行伙伴的手说：“西安奥体中心刚建成的时候我就来过，但今天来，相同的场馆，不同的心情。今天，这里有‘十四运’各个环节的参与者，有热爱运动的人，有关心关注全运的我们。有了全民参与，运动场馆不再只是一个宏大的建筑，更成为浓缩城市生机与全运热情的载体。我们的城市面貌、基础设施建设、文化旅游等，都因全运会呈现出新气象。”

陕西已经做好准备，全力保障赛事组织、备战训练等工作，强化疫情防控，开展群众性体育活动，激发市民群众的体育精神。“十四运”是展现陕西人民昂扬向上风貌的重要机遇，是时代赋予陕西的荣誉和使命，也将成为全运会长河中的精彩华章。

三秦儿女携起手来，以真诚的微笑和热情的服务喜迎八方来客，向“两个一百年，中国梦圆”的美好祈愿致敬，向“两个全运，同样精彩”的光明前景进发。

倒计时百天，我们欢聚一堂，同声企盼“十四运”开幕！

倒计时百天，我们再次出发，更加热情拥抱四海宾朋！

（作者系陕西日报社记者）

盛世盛会 “旗帜”飘扬

〇张江舟

2021 年 6 月 7 日，万众期待已久的十四运会和残特奥会火炬及圣火传递标识、火种灯、圣火盆、采火棒等火炬配套物资的视觉形象在西安奥体中心体育馆精彩亮相。

十四运会和残特奥会火炬名为“旗帜”，整体造型源于迎风飘扬的红旗，寓意在中国共产党领导下中国发生的翻天覆地的变化，党和国家在方方面面取得的辉煌成就。火炬以红、白两色为主色，主题鲜明、造型简约、线条流畅、高雅大气。

首个全运会和残特奥会“双料火炬”

经国务院批准，中华人民共和国第十四届运动会于 2021 年 9 月 15 日至 27 日在陕西举行，全国第十一届残疾人运动会暨第八届特殊奥林匹克运动会于 2021 年 10 月 22 日至 29 日在陕西举行。这是全运会首次与残特奥会同年同地举行。全运会火炬和残特奥会火炬“二合为一”也是史上首次。从设计阶段开始，十四运会和残特奥会的火炬就备受关注。十四运会和残特奥会火炬——“旗帜”，分为顶部出火口、火炬身、火炬手柄三个部分，高 680 毫米，火炬身顶部最大直径为 112 毫米，火炬手柄底部直径为 36 毫米。

火炬身通体红色，顶部设计为三层红旗立体包裹造型，每层之间使用金色填充，层次丰富、张力十足。从正面看，火炬身顶部如同层层向上、熊熊燃烧的圣火，又如同灿烂绽放的花团。从侧面看，火炬身顶部如同迎风飘扬的旗帜，火炬身和火炬手柄拱起的曲线宛如迎风受力的旗杆，充满艺术张力，震撼人心。在火炬身的正面，上下摆放的十四运会会徽和残特奥会会徽格外醒目，两个会徽的直径均为 15 毫米。十四运会和残特奥会使用一支火炬，同时出现两个会徽，意为“两个全运 同样精彩”。

火炬出火口的设计灵感源于山丹丹花，即红百合花，采用了艺术化陕北剪纸的造型，有“山丹丹开花红艳艳”之意，外部表面为金色，内壁为红色，具有浓郁的陕西地域文化特点。十四运会和残特奥会的圣火会从红百合花六片花瓣造型的出火口喷薄而出、熊熊燃烧。

火炬手柄部分通体纯白，与火炬身的红色形成鲜明对比，色彩视觉效果突出。在火炬手柄的背面，镶嵌有名为“圣火飞扬”的火炬传递标识。火炬上分层采用金色包边，具有富贵和吉祥的寓意。

旗帜主题鲜明 为建党百年献礼

“十四运会和残特奥会是在我国全面建成小康社会、中国共产党建党 100 周年的重要历史节点，在中华文明重要发祥地陕西举办的一次重大活动，意义非凡。主题鲜明、寓意深远、具有时代意义，这是‘旗帜’火炬方案从200多套火炬方案中脱颖而出的重要原因。”十四运会和残特奥会火炬设计团队负责人、十四运会会徽“礼天玉璧”和吉祥物“少年版秦岭四宝”的设计者、西安美术学院设计艺术学院院长张浩说。

2020年5月，西安美术学院的设计团队受命组织实施十四运会和残特奥会火炬及配套物资设计。如何在火炬设计上出新、出彩？西安美术学院将火炬设计与教学课程结合，以“资深设计师+年轻学子”的形式，发动校内师生集思广益、大胆创作。讨论火炬的文化表达、在速写纸上勾勒火炬外观、对火炬进行3D建模……很快，200多套创意十足、特色鲜明的火炬设计方案就摆在了张浩的桌上。

“十四运会和残特奥会组委会将如此重要的任务交给我们，是对西安美术学院设计能力的认可，也是西安美术学院的光荣。参与设计的师生用心、用情，创作了大量优秀作品。能够参与到如此重要的设计项目中，对于提升学生的设计能力和眼界意义非凡。”张浩说。

在西安美术学院设计系信息艺术设计与产品造型协同创新中心，大量火炬设计草稿和3D打印的火炬给人留下了深刻印象。其中，“云上三秦”方案巧妙使用了摄像头，使火炬在传递过程中具备现场直播功能，彰显了陕西科技大省的风采；“唐韵”方案将唐装领口的服饰特征与火炬完美融合，凸显了中华传统文化的审美意趣；“绽放”方案在火炬出火口设计上花了大量心思，当火炬点燃时，金属质感的出火口会“华丽变身”，科技感十足……

火炬配套物资设计匠心独具

“旗帜”火炬吸睛无数，一并发布的十四运会和残特奥会圣火传递标识、

火种灯、圣火盆、采火棒等火炬配套物资的视觉形象同样令人眼前一亮。

圣火传递标识是火炬传递活动中最基础的视觉元素。十四运会和残特奥会的圣火传递标识名为“圣火飞扬”。该设计将运动跑道、红色飘带和手持火炬奔跑的人形进行组合，整体造型呈三角形构图，极富动感。五条跑道塑造出延安宝塔的特征，向右飘动幻化出的奔跑人形体现出韵律美感，具有传递的属性，表达了全国人民万众一心，办精彩圆满体育盛会、共筑中国梦的激情和信心。该标识以火焰的红橙色为主色，红色象征着全国人民对火炬传递活动以及办精彩十四运会和残特奥会火热的心情，橙色传递出安康、幸福、快乐的情感内涵。

火种灯可以保存圣火火种，主要用于火种迎接、圣火点燃、圣火展示等活动。十四运会和残特奥会火种灯形似灯笼，名为“圆梦”，有吉祥、红火之意。其整体造型源于宝鸡陇县的花灯制作这一非遗工艺。火种灯顶部的提手处则采用了陕西关中草编工艺。

火种灯灯身由 14 根骨架支撑，代表第十四届全运会。火种灯象征着“十四运”红红火火、盛大举行。火种灯主创者、西安美术学院设计艺术学院工业设计系副主任刘莹介绍：“在火种灯的整体造型设计上，我们多次使用了圆形，寓意美好、完善、团聚等。这不仅因为火种灯‘圆梦’的名字，也表达了我们对十四运会和残特奥会精彩圆满的祝愿。”

十四运会和残特奥会圣火盆的造型与火炬“旗帜”相呼应，同时融入了奖杯的外观形象，取胜利之意，因此取名为“曙光”。采火棒名为“繁荣”，整体造型灵感源于红百合花。其六片花瓣从底部迸发延伸，象征“一带一路”将成为和平之路、繁荣之路、开放之路、创新之路、文明之路和廉洁之路。

（作者系陕西日报社记者）

全程参与九个项目竞赛筹办
为十四运精彩圆满保驾护航

○冯溥昆

精彩的时刻转瞬即逝，奋斗的时刻最是让人难忘。回忆起2021年，对于我的国、我的城，以及我自己而言，都注定是不平凡的一年。这一年，中国共产党迎来了100周年华诞；这一年，中国体育健儿在东京奥运会上不断创造历史佳绩；这一年，第十四届全国运动会在西安隆重开幕。

“十四运”是中华人民共和国成立以来，首次在中西部地区举办的规格最高、规模最大的综合性体育竞赛活动。作为一名曾经的运动员，今天的体育工作者，能在家门口全程参与竞赛组织工作，见证“十四运”精彩圆满举办，我感到无比骄傲和自豪。

不惧挑战　直面九个项目竞赛组织工作

2016 年 1 月 5 日，当我听到陕西将承办 2021 年中华人民共和国第十四届运动会的消息时，激动万分，热血澎湃。作为一名体育工作者，我无比期待着自己能为“十四运”的筹办工作“发光发热”。

2020 年 3 月，按照组织安排，我被抽调到“十四运”西安市执委会竞赛组竞赛组织部工作。我有幸全程参与了西安市承办的跳水、游泳、花样游泳、五人制篮球、三人制篮球、田径（田径马拉松）、高尔夫球、攀岩和滑板九个项目的竞赛组织工作。

按照往届全运会惯例，正式比赛开赛前都会通过测试赛来检验比赛地的场馆运行、竞赛组织、后勤保障等全方位办赛能力。根据组委会安排，“十四运”测试赛将于 2021 年 3 月至 7 月密集举行。西安市共承办十场测试赛，其中高水平的全国赛共五场，分别是中国跳水明星邀请赛暨第十四届全国运动会跳水测试赛、第十四届全国运动会田径项目测试赛暨 2021 年田径分区邀请赛（西北赛区）、第十四届全国运动会游泳项目测试赛暨东京奥运会补位赛，第十四届全国运动会高尔夫球项目测试赛暨西安高新精英赛以及第十四届全国运动会三人制篮球测试赛暨 2021 年 U18 全国三人篮球锦标赛。省内比赛共五场，分别是：第十四届全国运动会篮球项目（西安赛区）测试赛暨陕西省篮球邀请赛、第十四届全国运动会竞走项目测试赛暨陕西省青少年竞走邀请赛、第十四届全国运动会攀岩项目测试赛、第十四届全国运动会滑板项目测试赛和第十四届全国运动会花样游泳项目测试赛。

九个项目的竞赛组织工作，十场紧锣密鼓的测试赛，于我而言，每一项组织工作，每一场测试赛都是一次历练，让我收获颇丰。

不折不扣　首场测试赛获得高度评价

让我最难忘的，是在西安奥体中心游泳跳水馆举办的中国跳水明星邀请赛暨第十四届全国运动会跳水测试赛，比赛共设男女单人、双人 3 米跳板和 10 米跳台等 8 个竞赛项目，来自全国 14 支运动队，包括国家跳水集训队全部一线主力运动员在内的 48 名顶尖选手参加了比赛。

2021 年 1 月 7 日，西安市执委会竞赛组织部接到组委会《关于确定跳水项目测试赛赛事组织安排的通知》，将比赛日期确定在 2021 年 3 月 12 日至 14 日。这是西安市承办的首场全国性赛事，也是我国跳水健儿出征东京奥运会前的一次实战练兵，更是“十四运”的首场测试赛，办好本次比赛对后续进行的系列测试赛以及正赛具有极为重要的意义。

距离测试赛开赛仅剩 60 多天，在家门口把这一场硬仗打漂亮，成了竞赛组织部每个人心中的新年愿望。竞赛组织部全体人员深知自己肩上的重任，

在部长徐岗的带领下，大家心往一处想，劲往一处使，每天加班到深夜，却没有一个人喊过辛苦，有过抱怨，所有人都以百分之百的热情全身心地投入工作。

根据西安市执委会首席顾问刘清早教授的授课内容，我们牵头起草了跳水测试赛工作方案模板，并配合竞委会完成了“五图两表”（五图：停车场布局图、人员车辆流线图、功能房布局图、主席台及观众座位布局图，两表：倒计时工作进度表和赛事当日工作流程表）的编制工作。主动联系组委会竞赛组织部专家，帮助跳水竞委会按要求配备了各类竞赛器材、辅助器材、通用器材以及功能房标识标牌的制作悬挂和场地布置工作，并在赛前检查和确认。赛前，我们逐一落实各参赛队人员信息、抵离时间、防疫资料等赛事信息，高效完成了 14 个参赛运动队及技术官员等共计 111 人的报名、接机、住宿、制证、安排服装等工作。

2021 年 3 月 14 日，“十四运”跳水测试赛圆满落下帷幕，竞赛组织工作获得了国家体育总局和组委会观赛领导、广大运动员和裁判员的高度评价。

而那一刻，我们都无比清楚，这才是万里长征走完了第一步，接下来迎接我们的，是更大的挑战。

不遗余力　为“十四运”精彩圆满夯实基础

随着准备工作的推进，竞赛组织工作作为核心任务，在“十四运”筹办和举办过程中起到越来越重要的主导作用。

西安市承办的10个项目的竞赛场馆主要分布在国际港务区、经开区、高新区、曲江新区、阎良区等区（开发区）。为了后续测试赛的顺利进行，竞赛组织部的工作人员每周穿梭于10个项目竞委会之间，有时要不断往返，路途最多达100多公里。组织部先后协调沟通组委会对市本级10个项目比赛场馆的体育工艺检查工作和竞赛组织部门开展了20余次业务对接工作；协助竞委会梳理出全运会项目竞赛器材共200种、17596件，辅助器材147种、共37839件，通用器材457种、39943件。

在每项测试赛前，我们都邀请刘清早教授进行多次桌面推演和实战演练，以“五图两表”为基础，制订项目全流程运行计划，进行竞赛组织、综合保障等工作的全面模拟演练，协调执委会各工作组参与桌面推演。测试赛期间，我们按照处室分为5组，1名处长带1名联络员下沉竞委会，坚持参加每日“零点会议”，听取当日赛事工作总结，了解关键环节与难点并协调解决，第一时间向执委会反馈竞委会筹办进度。

2021年7月15日，最后一场测试赛在城市运动公园落下帷幕。从“十四运”首场跳水测试赛到最后一场三人制篮球测试赛，历时4个多月，7个场馆，10场“模拟考”，竞赛组织部紧紧围绕竞赛组织工作这条关键主线，把好的做法固化成标准流程，优化工作方案，健全应急预案，实现了“摸清办赛规律、磨合工作机制、积累办赛经验、锻炼运行团队”的测试赛目的。让来自全国的体育人看到了专业的场馆，井然有序的竞赛组织程序，完善的后勤保障，为“十四运”的精彩圆满夯实了基础。

不忘初心　做一名体育战线上的“螺丝钉”

“一个人的作用，对于革命事业来说，就如一架机器上的一颗螺丝钉……螺丝钉虽小，其作用是不可低估的。我愿永远做一个螺丝钉……”1962 年，22 岁的雷锋在日记中这样写道。

在十四运会和残特奥会的筹办过程中，无论是在分秒必争的倒计时阶段，还是昼夜奋战的比赛阶段，我所在的竞赛组织部全体同事都发扬了“螺丝钉”精神。尽管担负的任务艰巨繁重、责任重如泰山，但大家日复一日，全力拼搏，为推动“十四运”和残特奥会竞赛组织工作贡献了自己的全部力量。

作为体育系统一名年轻的干部，我们生逢伟大时代，须不忘初心、牢记使命，做好一颗体育强国建设的“螺丝钉”，主动把自己的工作融入实现体育强国梦的伟大征程上，为民族复兴伟业贡献青春、智慧和力量！

（作者系西安市田径运动管理中心安全保障科科员，时任十四运会西安市执委会竞赛组竞赛组织部综合协调处工作人员）

追风赶月不停留　跨越梦想向未来

○贾雨涛

时光荏苒，岁月不居。不经意间，距离“十四运”胜利闭幕已近两个年头。与田径项目竞委会 12 个处室的“战友”们披星戴月的 200 多个日日夜夜、点点滴滴，至今仍记忆犹新、历历在目。个人而言，最难忘的一段记忆，还是两年前在“盛世之花”的西安奥体中心体育场的田径场上，我们举办的第一场田径测试赛……

一、尽锐出征赴全运

“我们都是来自五湖四海，为了一个共同的革命目标，走到一起来了。”

2021 年 2 月，根据西安市体育局党组部署安排，由我担任竞委会竞赛组织处副处长，主要负责团队组建、竞赛组织、对接协调等工作。我们参照往届全运会的办赛惯例，按照“解剖麻雀”的办法，将竞赛组织处的工作职能逐项分解细化，围绕竞赛编排、文书编制、信息发布、人员培训、会议组织、器材保障、联调联试以及裁判员、志愿者管理等竞赛组织工作的重点内容和关键环节，认真研究确定岗位职责以及协调衔接机制。选调精兵强将和业务骨干，组成了以中国田协官员为技术主导，以市体育局、省市田径中心以及其他相关单位抽调干部为主体的竞赛组织工作团队，共计 23 人。同志们各司其职，各负其责，既有分工，更有合作，团结一心、无私奉献，为“十四运”田径比赛的精彩圆满打下了坚实基础，也为“十四运”“八个一流”和“三个最”的“高光时刻”做出了应有的贡献。正如大家发自肺腑、时常说起的那句话：“‘十四运’在咱自己家门口举办，百年难得一遇，能成为一名参与者，真的是三生有幸！”

二、寻访名师强本领

“博学之，审问之，慎思之，明辨之，笃行之。”

对于一支几乎没有什么大赛组织经验的“新军”而言，用“两眼一摸黑”来形容，绝对没有夸张。为了能够系统掌握办赛要领、尽快进入“备战”状态，我带领竞赛组织处和相关处室的同志们，组队前往安徽黄山学习观摩 2021 年全国竞走锦标赛暨奥运会选拔赛，这也是 2021 年上半年国内举办规格最高、影响力最大的田径单项赛事之一。

我们一行人是比赛前一天傍晚到的黄山，一场突如其来的春雨将整个黄山街道清洗得干干净净。斑驳的路灯灯光下，几个人闷着头、蹲在赛道上，全神贯注地用角磨机打磨着路面上的交通标线。我们好奇地和一位身着红衣的工作人员打了声招呼，自报家门。他是黄山市体育局的韦炜老师，非常热

情地接待了我们，还带着我们把 1 公里的赛道走了一圈。一路上，韦炜老师耐心细致地为我们讲解着竞走比赛的竞赛要求和场地布置要点。再次回到起点时，他还特别提醒，竞走赛道上的标线遇水会很湿滑，雨天一定要做好打磨处理。

第二天的黄山市，雨过天晴，气温很低，路面还是湿漉漉的。各省市竞走队的运动员们却如往常一般一往无前，在黄山脚下、新安江畔，创造了两项新的世界纪录和一项全国纪录！我想，这和前一晚工作人员的认真准备也是分不开的。

随后的几周时间，我们积极联系中国田协，争取到了参加国际田联举办的 2021 年田径裁判员和竞赛组织工作培训班的难得机会。其间，我也有幸多次向中国田协的杨烽部长、陈莹部长、李国卿副部长，杭州亚运会组委会钟杭伟部长，成都体院谭进教授、西安交大刘志强教授、西工大董林教授、西安建大张健教授等业内“大神”、国际级裁判求教技术问题。这次宝贵的学习机会使我们对公路竞走以及场地比赛项目的赛道设置、场地布置、设备器材、人员配备、物资保障、极端天气应对等关键内容有了较为全面系统深入的学习和认识；同时，更加真切地感悟到了“细节决定成败”所蕴含的真意，这也为我们后续成功举办“十四运”田径比赛积累了宝贵经验。

虽已时隔两年，每逢年节时庆，我和各位良师益友仍未忘彼此问候。我虽已调整岗位一年有余，但工作学习间的请教交流，至今未断。

三、首战告捷增信心

“春风得意马蹄疾，一日看尽长安花。”

2021 年 4 月 27 日至 28 日，这是一个提起来总会让我激动不已、念念不忘的日子。在“十四运”组委会、西安市执委会以及田径竞委会各部门的通力协作下，我们在灞河之畔、陆港之滨——西安奥体中心田径场上，成功举办了第十四届全国运动会田径项目测试赛暨 2021 年田径分区邀请赛（西北赛区），这也是“长安盛世之花”的首次完美绽放。来自国家田径队和各省市的 26 支代表队的 293 名运动员，在 43 个竞赛项目的角逐中追风赶月、顽强拼搏，让所有人充分领略了田径运动的魅力。此次比赛按照正式比赛模拟操作，是一次全流程、全要素、全方位的测试，共组织技术官员 209 名、志愿者 357 名、医务人员 76 名、安保人员 1932 名以及工作人员 1000 余名。

在短短两天的比赛中，我们经历了高温、骤雨、阵风等多轮次极端天气的考验，得到了 18 家主流媒体的全方位关注和 583 条跟踪报道。“赛事组织高效、有序”——新华社、CCTV5 等重要媒体也纷纷报道了“十四运”田径场的“首秀”。中国田径协会副主席蔡勇在接受媒体采访时，对田径竞委会各方面的工作给予了高度评价：“场馆设施国际一流，组织服务高效周密，当地组委会工作努力，非常细致！测试赛非常成功！”

那一刻，每一张略显疲惫的面庞上，都露出了开心的笑容；每一双明亮的眼眸中，都洋溢着自信的光……还记得电影《芳华》中引用过这样一句台词：“现在，青春是用来奋斗的；将来，青春是用来回忆的。”

是的，作为一名奋斗者，一个“十四运”的参与者和见证者，一路走来，我为我们的青春和奋斗而高声喝彩！我们用无悔和无憾书写着现在和下一个将来！

（作者系西安市社会体育指导中心主任，时任十四运会田径项目竞委会竞赛组织处副处长）

衣带渐宽不觉悔　同心同行为全运

〇康新凯

2020 年 9 月 22 日至 2021 年 11 月 10 日，总计 414 天。在我 35 年的体育工作生涯中，414 天并不算长，但却是让我最为难忘，也觉得最有意义的一段日子。其间，我作为第十四届全国运动会西安市执委会竞赛组群体部综合处处长兼联络员，参与了“十四运”的百场马拉松组织、火炬传递、体育达人选拔、双先表彰代表观摩等工作。那些焚膏继晷的日子，我如今回味起来却深感收获满满。

一、惊人的运动步数，精彩的火炬传递

2021 年 9 月 15 日晚，“十四运”开幕式上“复兴之火”火炬塔被点燃的那一刻，西安奥体中心体育场潮水般的掌声久久不息，坐在看台上的我心情久久难以平静，不由得回想起自己参与

火炬传递工作的点点滴滴。

对于一项大型综合性运动会来说，火炬传递的重要性怎么说都不为过，亲历其中更能真正体会到这项工作的复杂与艰巨。2020 年 10 月，我们通过反复考察和摸排，为火炬传递规划了 11 条线路，最终组委会确定从中选择两条作为“十四运”火炬传递的首站和末站。

为确保火炬和圣火盆点火万无一失，西安市体育二级巡视员、十四运会市执委会竞赛组群体部部长吴逸伦带领我深入火炬制造厂家，对 200 个火炬和两个圣火盆进行了全面试火检查，以确保传递时不出现任何差错。

对于每一名火炬手的详细资料，我们都认真查阅翻看，做到了然于胸，一方面可以保证火炬传递时顺利对接，另一方面可以更好地为媒体宣传报道火炬传递提供更有价值的信息。

让我最难忘的是对火炬传递路线现场定位的设置。在路线确定后，我们对线路和每名火炬手跑的路线点位进行了细致分解和桌面推演。为确保万无一失，我们又到现场进行实地丈量。因每名火炬手的传递距离有差异，这就需要细致划分，反复丈量。第一名火炬手从永宁门广场跑到火车站广场，短短的 5.3 公里，作为一名“老西安”人，这段路我曾经走过无数回，但还从来没有像这样一步一步反复测量过。

那段时间，我白天测量路线，晚上回来后继续修改完善方案和示意图。连续 10 多天加班到凌晨，运动步数每天都在 3 万步以上，明显感受到自己的裤腰变得松松垮垮，测了一下体重，竟然整整轻了 10 公斤！

2021 年 8 月 16 日，火炬传递第一程在永宁门广场至火车站广场进行；2021 年 9 月 12 日，火炬传递最后一程在西安国际会展中心至西安奥体中心进行。在这两程火炬传递过程中，西安作为千年古都的悠久历史文化和作为国家中心城市日新月异的发展变化被完美呈现，火炬手们都展现出了良好的精神风貌，广大市民也表现出了极大的热情，为“十四运”开幕营造了良好的氛围。火炬传递的热烈气氛让身在现场的我感受颇深，为保障火炬顺利传递所受的苦与累也随之烟消云散。

二、精心组织，积极推动全民参与

作为一名群众体育工作者，在过往的工作中，已经深切地感受到了全民健身运动的蓬勃发展。在“十四运”的筹办工作中，我更加深切地感受到“全民全运”已经成为政府部门和广大群众的共识。

以往的全运会，更注重竞技体育和专业运动员，而在家门口举办的第十四届全运会，不仅把“全民全运”定为主题口号，而且把群众体育放到了前所未有的高度，真正体现了“以人民为中心”的体育事业发展理念。

2020 年 9 月，进入“十四运”执委会，我就与同志们开始着手制定“百场马拉松”工作方案。西安马拉松、西安城墙马拉松、全民欢乐跑……截至 2021 年 5 月 30 日，我市共举办了 11 场马拉松比赛，我和群体部的同志们全程监督协调区县组织比赛，十四运会组委会还于 2021 年 7 月 9 日对我们进行了表彰。

如何让更多人关注全运会、参与全运会，如何突显“全民全运，全运惠民”的主题，大力营造喜迎全运盛会的良好氛围，是我们群体部经常思考的问题。经过精心筹划，我们策划了西安市百名群众体育“运动达人”推荐评选活动，让“运动达人”“草根明星”展示技艺，辐射和带动群众体育活动和全民健身活动火热开展。2021 年 3 月 5 日至 5 月 30 日，参评人员通过社区运动会、线上运动会、全民健身大舞台选拔产生，各区县、开发区、市级项目协会组织报名、初评，推荐参加全市展演总评。在评选过程中，广大市民对于体育运动的热爱让我再次感知到了自己的工作价值。坚持跑步锻炼 50 多年的古稀老人王长胜；为推广普及太极拳而呕心沥血的赵幼斌老人；自己坚持锻炼，同时致力于带动更多人了解“铁三”运动的裴昱；十年如一日在全民健身站点带领群众健身的社体指导员蒲屹……在翻阅参评材料时，我一次又一次被打动，也更加坚定了要在本职工作中为广大群众服好务的决心。2021 年 6 月 26 日晚，西安市执委会在大明宫玄武门广场为 100 名获评的运动达人颁奖，他们的展示也赢得了现场群众的热烈欢呼。

三、看在眼里走在脚下的“全运惠民”之路

组织全国群众体育先进代表和全国体育系统先进代表观摩全民健身场地设施和全民健身活动开展情况，这是近几届全运会的规定动作。为“双先观摩”做精心准备，也是群体部的一项重要工作，我有幸参与其中。

为了充分展示我市全民健身场地设施，从 2020 年起我们就开始着手观摩点和观摩线路的规划。为了让广大群众切身感受全运惠民政策，西安全力打造幸福林带全民健身长廊、大明宫国家遗址公园和灞河右岸全民健身园区三个观摩点。下拨专项资金、督促高标准建设、前往现场检查工作进展……一年多来，我已经记不清跑了多少趟，只记得每一次检查时都能看到健身园区的喜人变化。灞河右岸全民健身园区和幸福林带全民健身长廊的日新月异，大明宫国家遗址公园健身园区的升级改造，都让人看在眼里喜在心头。看到周边市民能在家门口享受到高质量的健身场地和设施，听到在这些场地锻炼身体的市民为全运惠民工程点赞叫好，工作的满足感油然而生。

2021 年 9 月 16 日是“十四运”开幕后的第一个比赛日，当天下午“双先”代表 500 余人到大明宫遗址公园现场观摩，当他们看到我市利用绿地公

园结合文化旅游、遗址保护，为群众建设便利的全民健身场地设施时，“双先”代表给予高度肯定和评价，而健身园区现场锻炼的群众更是让“双先”代表目睹了广大市民切实享受到了“全运惠民”的成果。

在筹办“十四运”的过程中，西安加快了建设全民健身设施的步伐，从市民聚集的社区到偏远的乡村，实现了全民健身设施全覆盖，作为一名群众体育工作者，我曾无数次现场检查全民健身设施的建设，也很清楚地了解到体育惠民带给广大市民的幸福感和获得感。

在“十四运”西安市执委会工作的400多个日日夜夜，我一直在进行群众体育相关的工作。这段难忘的工作经历，让我对“以人民为中心”的体育发展理念有了更多感受和认识，这也将成为我今后搞好群众体育工作的不竭动力。

（作者系西安市体育局群众体育处处长，时任十四运会西安市执委会竞赛组群体部综合处处长兼联络员）

难忘的经历　珍贵的记忆

〇周　成

2021 年 9 月，中华人民共和国第十四届运动会在陕西举办，此次全运会的一个重要举措就是推进体教融合，西安中学作为陕西省教育厅唯一直属中学、首批省级示范高中，学校体育馆因设备先进、硬件设施达标，被确定为“十四运”U20 男子排球项目和残运会聋人篮球项目比赛场馆。西安中学因此成为全运史上第一个承办国家级赛事的中学，此举在西安中学发展史上留下了浓墨重彩的一笔，值得被永远铭记。作为西安中学的教职工，我和我的部分同事有幸参与了“十四运”和残特奥会从筹备到比赛的全过程，见证了一次高规格的全国性体育赛事，这段经历对我来说终生难忘。

为了全面做好赛前各项工作，全力保障“十四运”，从 2021 年 1 月开始，学校就组建了“十四运”西安中学竞赛委员会，在学校体育馆集中办公，进入紧张的筹备状态。竞委会人员全部由学校教师和行政人员组成，我当时是学校安全处副主任，被任命为西安中学竞委会安保处副处长，负责“十四运”西安中学场馆的安全保卫工作。由于老师们还承担着学校日常教育教学的工作任务，竞委会人员非常有限，负责安保处日常事务的实际上只有我和一名大学刚毕业的女老师张兆阳，她主要负责“十四运”西安中学场馆所有人员信息资料的收集、校对、证件办理等工作，张老师认真负责，经她手的工作都能做到分毫不差。

刚进竞委会，大家对各自所负责的工作没有具体概念，全是从零开始学，认真阅读相关文件、查阅相关资料、学习前承办单位的经验、与相关部门一一对接请教等等，忙乱得有些找不到头绪。我作为场馆安保工作的具体负责人，需要经常与公安、消防、交警等多个部门联系对接，现场排查解决场馆及周边所存在的各种安全隐患，参加组委会和省市安保指挥部的各种会议，积极落实各项具体措施，参与场馆安保指挥部建设、安保人员岗前培训等工作。在忙碌的筹备过程中，自己从一名对全运会不甚了解的“小白”转变成全运会安保工作的行家里手，不仅对“十四运”安保工作有了系统性的把握，也能做到对具体问题进行合理果断处置。

筹备工作是非常艰辛的，常常会遇到一些令人头痛的事情，没头绪时的迷茫，工作被推倒重来的无奈，遇到突发事件的惶恐，加班到深夜的疲惫不堪……一天晚上，竞委会正在召开“零点会议”，总结部署工作，大家讨论正在兴头上，突然停电了，办公室顿时一片漆黑。在轻微的唏嘘声过后，大家不约而同地打开手机手电筒，在昏暗的光线下，继续进行会议，直到大家意见统一并且对第二天所要完成的工作有了清晰的思路和目标，才结束会议。

2021 年 7 月中旬，天气已经很热了，我们的筹备工作进入最紧张关键的阶段，竞委会成员每天都是超负荷工作，力争高质量、高标准完成各自负责的部分。那段时间，也是注册办理“十四运”各种证件的重要时段。“十四运”证件的注册办理有严格的操作程序，前期的信息收集、资料审核、整理汇总和上报工作较为复杂，不能有任何差错，否则会影响相关人员出入比赛场馆和场区，造成难以弥补的损失；证件制作和领取不能有丝毫马虎，且需要工作人员携带身份证和竞委会开具的证明到位于西安市南郊的陕西国际体育之窗办理。由于我手头还有很多工作需要协调和处理，证件注册办理的事情全都由张兆阳一人负责，那段时间，她几乎每天都要往返学校和制证中心好几趟，非常辛苦。

一天傍晚，我们正在竞委会热火朝天地忙着，忽然接到张兆阳打来的求助电话，说她还在制证中心，有两箱证件需要领回来，她拿不动也打不到车，问我能否安排车去接一下她。我一看时间，晚上 7：42，车辆的晚高峰还没有过去，我立即开车向制证中心赶去。一路都在堵车，等赶到制证中心时已是晚上 9 点多了，制证中心的工作人员早已下班，门口只有值守的保安人员。我远远地看到张兆阳一个人孤零零地站着，在身边两个大纸箱的映衬下，显得格外瘦弱和无助。我把车停到她旁边，将两个箱子搬进后备厢，仅仅搬了两个箱子，我已是大汗淋漓了。张兆阳早已汗流浃背，不停地用小扇子给自己扇着风，但风是热的，起不到任何作用。她还没有吃晚饭，也没有胃口，只想尽快回去休息。在返回的路上，没有说几句话，她就累得睡着了。车外依然很热，路上的车辆已经不多了，周围的高楼大厦灯火通明，与道路两旁的霓虹灯交相辉映，“十四运”前夕的古城，夜色格外美丽。

在紧张的筹备过程中，负责竞委会日常工作的徐仕岗处长会择机制造一些喜悦轻松的氛围，让大家紧绷的神经适当放松一下。2021 年 8 月的一天中午，快吃午饭的时候，徐处长忽然让大家停下手中的工作，说他要给大家一个惊喜。只见他从竞委会办公室外推进来一个大蛋糕，大声说：“今天，我们竞委会有一位美女老师过生日，让我们一起为她祝福！”随即，他的手机中播放出生日歌。大家面面相觑，疑惑到底是谁过生日，徐处长神秘地说：“今天过生日的请自报家门！”见大家仍然一脸茫然，徐处长高声郑重宣布：“祝江海燕老师生日快乐！”竞委会办公室顿时响起了“哇——”的一声，随后都跟着音乐唱起了生日快乐歌，祝福声、歌唱声和欢笑声交织在一起……

江海燕也是一位刚从大学毕业的年轻老师，听到是为她过生日，竟激动得不知所措。她一直忙于“十四运”的筹备工作，完全忘记了自己的生日。在大家的祝福中，她许下了最特别的一个生日愿望：希望“十四运”能够圆满举办！大家一起分享了生日蛋糕，海燕老师说这是她过得最激动、最难忘的一个生日。

大家以顽强拼搏、精益求精、高度负责的精神，攻坚克难、夜以继日、全情投入，确保了“十四运”U20男子排球项目和残运会聋人篮球项目比赛顺利举行，为全运会和残运会增添了光彩。最终，西安中学赛区获得了全运会、残运会双优赛区荣誉称号。

“十四运”筹备和组织保障过程中还有许多精彩的瞬间、感人的故事、难忘的细节，这些都将永远铭刻在我的心间，成为一段美好而弥足珍贵的记忆，在未来的人生路上值得我时刻回味。

（作者系陕西省西安中学信息中心副主任，时任十四运会排球项目竞委会〔西安中学赛区〕安全保卫处副处长）

以尘雾之微补益山海
以萤烛之光增辉日月

○杨　静

当精雕细琢成为一种习惯

它就远离了张扬浮躁

当精彩圆满成为一种信仰

它就昭示着风雨兼程

一幕幕动人的画面

和着春风涌出我的记忆

……

2021 年 5 月，全运会的脚步越来越近了，古城西安处处都洋溢着“服务十四运 · 奉献我的城”的浓厚氛围。那时的我，每每驻足欣赏街边可爱的吉祥物和主题景观时，心里都在想：要是我能为全运会做点什么，那该多么光荣和自豪啊！

在倒计时 100 天之际，我突然接到了中共西安市委组织部的通知，抽调我参与“十四运”的筹备工作。我内心喜悦与担忧并存，喜悦的是拥有了新的机遇，担忧的是自己能否胜任这份工作。但使命光荣、责任重大，我必须以坚定的信心和饱满的热情全身心投入筹备工作中去，在新的岗位上挥洒汗水，才能不辱使命、不负重托。

“十四运”，我来了！

倒计时 99 天。一大早，我怀着忐忑又期待的心情奔赴奥体中心，刚到达场馆就被大家忙碌的工作状态所震撼。因为有办公室工作经验，我被安排到安保组综合协调处工作。“精彩靠组织，圆满靠安保”，如此重要的安保工作于我而言却是未知的全新领域，组织人事处负责人看出了我的顾虑，鼓励道：“你这次跨界比较大，但我们所有人都是你的支撑，你要积极发挥党员干部的硬核担当作用，保持磨杵成针的韧劲，相信你一定可以做好。”那一瞬间，我感受到了组织的信任与厚爱。为了快速适应新角色，我吃住在岗，阅读大量文件资料，不断向领导和同事请教，就连走路和吃饭的时候都在琢磨。正是靠着这股拼劲，我慢慢从一个安保工作“门外汉”成长为业务工作“多面手”。

倒计时 92 天。综合协调处是安保组的运转中枢，承担着上传下达、沟通左右、协调各方的职能。为将工作做到极致，我制定了“深、实、细、准、效”五字工作法。对经手的每一份材料字斟句酌、反复推敲；对各类会议的议程、摆台等反复对接，精心组织。每天都在思索哪里有短板要完善、哪里有漏洞要填补，各项措施的执行又是否兼顾了赛事正常运行和参与者的健康安全等等。日子一天天过去，流程在不断的推演中一点点顺畅起来。

倒计时 87 天。“万无一失、一失万无”。安保工作是一个系统工程，需要政法、公安、司法、信访、水务、消防、退役军人、市场监管等 31 个成员单位通力合作。为了让安保这辆战车高效有序运行，凭借在组织人事部门多

年的工作经验和“上面千根线、下面一根针”的“绣花匠”式工作思路，我提出了日总结、周通报、月考核的工作建议，得到综合协调处负责人的大力支持。在他的鼓励和指导下，我不断完善提升，起草了《十四运会安保重点工作任务考核办法》，协助定期组织召开领导小组会、重点工作推进会及联络员会。列任务清单、督导考核、倒排工期、挂图作战……一个个精湛的点通过这种机制，渐渐串联成了一条条连贯的线。

倒计时 66 天。“你在公安系统工作多年，遇到的突发事件多，请帮我想想可能还会发生什么情况，我们再有针对性地演练几次吧。”“你们对各类物资保障车辆进入场馆有没有好的扁平化管理流程，让我们参考借鉴一下？”忙碌的日子里，谈的都是安保的相关工作，慢慢地，我也有了“工作狂魔”“拓荒安保”的外号。

倒计时35天。已经一个多月没回家了，快要小升初的孩子只能交给老人照顾，孩子经常打电话问：“妈妈，你什么时候回来呀？我好想你。”有一天晚上，孩子没带钥匙，不得已打车20公里来找我，因为没有工作证只能在奥体中心外面等着。而正在组织会议的我半小时后才急急忙忙把钥匙送到场外，交给他后，因为还有紧急任务，我又立刻转身回去。身后传来孩子的声音：“妈妈，你可以再抱抱我吗？能不能多陪我一会儿？”孩子的挽留声落在我心上。灯火通明的奥体中心，每一束灯光，每一段距离，都是我对孩子和家人的思念，但职责所在，在所不辞。等忙完了，我通过视频电话告诉他：“妈妈能够参与护航‘十四运’，是留给自己，也是留给你的最美、最有纪念意义的礼物。”

倒计时30天。圣火来了，1200万西安人都在等待，14亿中国人都在关注。所有的努力、准备、拼搏、冲刺……已进入倒计时。今天又进行了一次

模拟演练，复盘总结后，安保部聚在一起对照任务清单逐一检查进度。连续奋战两天两夜的综合协调处负责人累得不行，对我们说："我回'房车'眯一会儿，等下还要准备早上的会，记得喊我起来。"因为大部分时间都在工作，他就将自己的面包车改造了一番，方便同事们临时休息。半个小时后，部、省、市安保联合指挥部会议筹备工作有序展开。

倒计时 12 天。忙完手头的工作，已经晚上 10 点多了，应急部的同事说："今天志愿者、演职人员等上万人还在候场区，若有人吸烟或者不当充电，一旦发生安全事故，后果不堪设想，你要是没事，和我一起去现场看看吧。"于是我们带着疲惫奔赴候场区挨个叮嘱。疏散完所有人员，已经是深夜，虽然双脚和嗓子有些疼痛，但我的内心无比踏实。走出执委会办公区，又一次，我看到了凌晨的奥体中心。

倒计时 5 天。奥体中心面积很大，安保部的人每天都要走 2 万步以上去巡查，一遍遍完善流线图。早上同事们听说部长崴了脚，都劝他："您休息一下，我们替您去。"但他摇着头坚定地说："没关系，大家都很忙，我咬咬牙，挺一挺就过去了。"他忍着疼痛坚守岗位，脚肿得厉害了就拿冰块敷，好一点了就继续走，没有周末，也没有假期，用脚步丈量的"第一手资料"为安保方案的优化提供了保障。

2021 年 9 月 15 日。夜幕降临，陕西迎来全运圆梦时刻，奥体中心被点亮。在灯光的映衬下，"一场两馆"光彩夺目。按照工作安排，我全力保障部、省、市安保指挥中心的调度，大屏幕里不断传出"3 号出口一切正常""观众席一切正常""车辆进出一切正常"等汇报情况的声音。时针滴滴答答地转动着，万众期待的全运会火点燃，全场掌声、欢呼声经久不息。

2021 年 9 月 27 日，"十四运"精彩圆满落幕。共同经历了这次重大挑战，参与者之间产生了深厚的战友情。场内，工作人员热泪盈眶、相互拥抱；场外，志愿者脸上泪水与雨水交织。他们有的挥手告别，有的举手比心。秋意微凉，这一幕幕却温暖了无数人。

“十四运”期间，我记了一笔账：连续54天吃住在工作岗位，起草各类材料、领导讲话30余篇，参与组织、保障各类会议80余次，接待服务观摩考察团10余次……在为“十四运”奋战的100多天里，我有过焦虑，有过迷茫，但回首相望，让我感到最充实的是奋斗，最难忘的也是奋斗，最感欣慰的仍是奋斗。作为十四运会和残特奥会的筹办人员，能够有幸见证参与其中，我感到无比骄傲、无比自豪、无比幸福，这150多个日日夜夜是我人生中最宝贵、最值得珍藏的一段时光。

借用一位奥运志愿者的话：“我们只是种下了一片绿色，却收获了整个春天。”我的工作先后被西安发布、《西安晚报》、西安市执委会公众号等媒体，以“通宵坚守为精彩圆满精益求精”为题宣传报道，我个人被“十四运”西安市执委会、市委组织部评为“优秀实践锻炼干部”。

如今，作为西安市未央区辛家庙街道办事处主任，在筹办盛会中不断强化的许党许国、报党报国的忠诚精神，夙兴夜寐、殚精竭虑的拼搏精神，精益求精、臻于至善的工匠精神，无私付出、忘我奋斗的奉献精神，一直深深影响着我。今后，我将不断从中汲取前行的智慧和力量，始终不忘初心、牢记使命，奋发努力，担当尽责，努力在新的人生跑道上奋力前行。

以尘雾之微补益山海，以萤烛之光增辉日月。向所有为“十四运”拼搏奋斗的人致敬。因为有你，再平凡的岗位，都能绽放光芒；因为有你，再微小的温暖，都值得被传递。

（作者系西安市未央区辛家庙街道党工委副书记、办事处主任）

炬火化星辰

〇任嘉仪

2021年由陕西省承办的中华人民共和国第十四届运动会和全国第十一届残疾人运动会暨第八届特奥会成功举办，得到了党和国家领导人的充分肯定。根据“十四运”和残特奥会组委会工作安排，2021年8月至12月，我从西安市城市管理和综合执法局市政设施管理中心被借调到陕西省十四运会组委会大型活动部驻会工作，见证了“十四运”从筹备、开幕到闭幕的各个环节，深感荣耀，心存自豪。

初到组委会的时候，我被分配在宣传策划处，具体工作是梳理汇总各处室下周工作安排计划，报送关于残特奥会开闭幕式工作组督办事项的回复，完成每日的工作汇报。同时协助领导筹办会议、调研学习和审看节目。一开始，我对审看节目这项工作特别感兴趣，因为可以去各大高校欣赏节目表演，再加上自己出校门时间不是很久，所以比较兴奋。然而，随着工作的深入，我发现审看工作需要全方位思考，并不像当初想得那样轻松。

残特奥会开幕式举办时，正值疫情形势严峻的当口，需要提前对演职人员进行封闭管理。这段时间可以说是最忙碌的日子了。封闭地点在全运村，表演涉及各个学校不同年龄层的学生，这无疑是对我们学生管理工作的一项考验。我负责封闭前对接参加开闭幕式的各学校负责人，与他们沟通好封闭期间的注意事项，倾听他们的需求，起到上传下达的作用。同时，我要督促所有演职人员及时注册“全运通”，对“全运通”中的信息进行完善并督促他们每天按时健康打卡，及时解决部分参演学生“全运通”审核及随行码绑定等突发问题，让演员按时、顺利就位。在工作中，我也体会到了管理学生的一些难处，我发现即使重复提醒了很多次的注意事项，还是会出现难以落实的情况。但是看到同学们穿着可爱的表演服装和我打招呼时，就感觉这些难处也不算什么了。

在后勤保障工作中，车辆调度算是一项特别考验我的工作。按照疫情防控相关要求，全运村设置了封闭点，工作人员临时进出村的车辆调度管理工作由我负责。一方面，工作人员进出村时间不确定，这意味着我的手机必须保持 24 小时开机，随时关注车辆需求和车辆运转情况并及时进行调度；另一方面，需要安抚好各方情绪。由于当时管控比较严格，再加上车辆并不是十分充足，会出现用车需求与车辆不匹配的情况，一些人难免会因等待而发牢骚，而司机师傅们面对高强度工作，也会多说几句，我须耐心劝解，争取他们的理解支持。说到这儿，我突然想到当时司机班长在微信群里说的一句话：“小任真是不错，看着年龄不大，但是对咱们司机班的兄弟们也够理解，我们绝对支持小任的工作。”能得到他们的肯定，我现在想起来也感到很荣幸！工作中，我不断总结经验，建立完善了车辆通勤制度，累计保障演员和相关工作人员通勤 1200 多人次。同时，在封闭期间，做好了全运村的日常协调与内务工作，顺利完成了封闭点内各学校学生的入住及生活物资的发放和补全等工作。想起那些日子，我仿佛还能听见打印机不停运转的声音，半夜响起的电话铃声，似乎还能看见一辆一辆的大巴车载着学生们回到了全运村的场景……

在残特奥会开闭幕式的工作中，我接触到了不少优秀的残疾人运动员和表演者。他们身残志坚、灵魂不屈，他们自立自强的精神感染了我，也让我惭愧于自己对特殊群体的关注不够。他们的拼搏精神让我懂得人生在世，要懂得珍惜、感恩。回头看看我们一路走来，道路宽广顺畅，而他们却得付出数倍努力才有可能得到现在的生活。命运多舛，却能活出绚丽的人生，这难道不值得我们学习吗？

“功成不必在我，功成必定有我。”“十四运”开闭幕式的当晚，是我们最激动的时刻。看到与我们朝夕相处的演员们展现出高水平的表演，以及精彩纷呈的舞台效果、流畅宏大的节目编排，我激动不已。我就像庞大机器里面的一个小齿轮，无法说出具体哪个节目是有我参与的，然而即使不被看见，也要认真转动。

在全运会闭幕以后，很多人的工作就告一段落了，但对于我们后勤工作人员来说，还有很多收尾工作要做。我依旧负责日常文件收发、文件审核、组委会督办事项梳理回复、挂图作战系统管理、资产清查、档案收集和后勤服务等工作。同时，在通勤车辆使用结束后及时按照相关规定，协调各方办理车辆相关费用结算手续。

“聚是一团火，散是满天星。”当照相机按下快门的那一刻，我们全体工作人员完成了最后一次大合影，也意味着本次借调正式结束了，就像“十四运”的圣火熄灭，化为漫天星辰一样，我们都将回归各自单位。离别纵有万般不舍，但仍要和朝夕相处的战友们说再见。有幸的是，我认识了很多优秀

FOTON
座位数50
陕J·65459

的同事、朋友，学习到了很多东西，也展现了一名城管人、市政人的铁军作风，得到了领导的认可与夸奖！

“十四运”结束快两年了，每每看到工作纪念证书和工作人员大合影的时候，我的脑海里都会浮现那段难忘岁月。很荣幸参与如此重大的盛会，这也是我职业生涯中一段宝贵的经历。

（作者系西安市水务局市排水管理中心助理工程师，时任十四运会和残特奥会组委会大型活动部科员）

别样的人生经历

○余　婷

十四运会和残特奥会期间，我有幸担任游泳、跳水、花样游泳项目竞委会体育展示颁奖处处长。体育展示颁奖处的职责由体育展示和颁奖两部分组成。体育展示是指在赛前、赛中、赛后通过视频、音频、灯光、播报、解说、现场表演互动等表现方式，传播体育文化、展示地域特色的一项专业性技术性极强的系统工作，是体育赛事的重要组成部分。体育展示工作能推动比赛进程、传播地域文化、烘托现场气氛、协助处理突发事件，是“办一届精彩圆满的体育盛会”最具体、最直接的体现，是展示国家形象和陕西人民精神风貌的重要窗口和亮丽舞台。颁奖工作是为获奖运动员按照统一的标准，进行奖牌及吉祥物的颁发。

保障比赛期间，最令我难忘的是残运会颁奖工作。残运会共243个项目，平均每天要开展近40场决赛的颁奖工作，还要应对有听力障碍、视力障碍等情况的获奖运动员可能出现的各类不确定因素。受疫情防控和礼仪志愿者流失等多方面原因影响，开赛前两天，到岗的仅有陕西职业青年学院的6名礼仪志愿者。经多方协调，紧急调配，10月21日，开赛前一天，我们才拿到确定由延安大学和安康学院支援竞委会颁奖工作的文件。随后在第一时间协调交通处，安排专车一路保驾护航，于晚上7点成功将外地两个学院的礼仪人员接回港务区；同时协调综合处安排餐包、安保处安排临时证；医疗处工作人员为保证志愿者能及时入住全运村，凌晨还盯在核酸检测点，督促尽早出具报告。晚12点前，全部人员平安顺利入住全运村。10月22日，利用半天无比赛的间隙，我们组织强化训练，熟悉第一颁奖区域和第二颁奖区域颁奖流线；将礼仪分为三组，保证颁奖轮次不间断；对运动员引领和嘉宾引领单独培训；根据实际情况，确定每天早上5：30到岗，四个化妆师同时化妆，保证在开赛前礼仪志愿者妆容、服装全部到位。

难忘的7天，体育展示颁奖处制作精彩赛事回顾视频6条，游泳项目规则介绍2条，残运宣传视频2条，并通过644个音频素材、120余个视频素材，展示宣传西安、陕西城市形象、残运会文化。体育展示时长累计50小时；组织颁奖243轮次，邀请颁奖嘉宾486人次，颁发金牌542枚、银牌517枚、铜牌427枚，共计奖牌1488枚，吉祥物“安安”1488个。

尽管工作很累，但每一刻我都觉得自己活力满满。竞委会的各部门有的开赛前忙，有的开赛后忙，而体育展示颁奖处，是全程在工作。我几乎没有完整地观看过一场比赛，根据职责需要，开赛前盯个体展、观众互动、赛程简介，比赛一开始，就要全力准备赛后的颁奖工作了。令我印象最深的还是残运会的测试赛项目，因为不是正式比赛项目，一般比赛的运动员是一人到两人，比赛结束后，有成绩、有名次的，我们才按照竞赛规则颁奖。记得在女子SB2级50米蛙泳测试赛中，参赛的是两个身体高度残疾的运动员。当天比赛结束后，有成绩的那个女孩早早就在颁奖区等候颁奖，可是成绩单上一直未出名次。按照规定，没有名次，不能颁奖。我们就将情况告诉了运动员，运动员跟教练找裁判长多次协商，第二天，才重新出了一个有名次的成绩单。教练员和运动员拿着成绩单找到我们领奖，团队协商后，决定按照正式的颁奖流程，给这名运动员举行一场完整的高标准的颁奖仪式。当颁奖的前奏音乐响起，当礼仪人员捧着奖牌、吉祥物，踩着节奏上台时，虽然只有一名运动员，虽然只是一场测试赛，但那一刻，我觉得一切都是值得的。

这是一段别样的人生经历，从 2021 年 3 月至 10 月，240 天里，我们收获了 3 场测试赛、4 场全国性正赛、1 场西北地区未有的全国性残运比赛的办赛经验，收获了同吃同住同战斗的友谊，更收获了在未来日子里照亮我们不断前行的动力。

（作者时任十四运会游泳、跳水、花游项目竞委会体育展示和颁奖处处长）

用档案再现“十四运”

〇赵建本

加入市执委会，深感责任重大

2019 年 9 月，中共西安市委组织部来函抽调干部参加第十四届全国运动会的筹备工作，西安市档案馆领导经综合考虑，决定派我参加这项全市重点工作。领导找我谈时我也没多想，按通知要求直接报到，但真正到执委会工作才感受到，全国性运动会筹备工作的强度、难度和复杂程度远超想象。

2020 年 1 月，市执委会开始集中办公，办公地点在港务区金融小镇。由于“十四运”档案最后要移交西安市档案馆，而我来自西安市档案馆，熟悉相关业务，于是被安排在执委会办公室负责档案保密工作。我除做好执委会的档案工作外，还要对接组委会，指导区县执委会的档案工作，联系市档案局、档案馆。就档案工作来说，由于介入得比较早，加之我又长期在档案部门工作，干过档案管理、业务指导、信息化等方面的工作，有丰富的工作经验，因此工作开展得比较顺利。在西安市执委会工作的两年多时间里，我深刻认识到筹备全国性运动会责任重大，工作中没有小事，容不得半点差错。

成立档案专班，主动对接工作

对于“十四运”的承办工作，西安市档案馆领导高度重视，曾多次召开专题会议研究部署“十四运”档案工作。馆长吴立民要求全馆要全力以赴配合执委会工作，从开始的干部选派到成立“十四运”档案工作专班，再到档案移交进馆后的档案整理、数字化加工，环环相扣，紧密配合执委会工作，是举全馆之力、集全馆智慧的重点工作。

执委会成立之初，市档案馆副馆长黄海绒就带领收集整理处处长高粉娥、副处长苏耀珠、信息化处处长李华东、副处长贾琪和馆内相关工作人员到执委会对接工作，深入库房查看档案收集和保管情况，就有关问题与市执委会领导进行协商。之后多次带领相关人员到执委会开展工作，召开档案工作推进会、档案移交协调会，强化执委会工作人员档案意识，确保“十四运”档案“记录好、留存好”“只留经典，不留遗憾”。

2021 年 7 月，全馆抽调十名精干力量，成立“十四运”档案工作专班，副馆长吴立民牵头总负责，副馆长黄海绒主抓业务，下设档案收集组、档案整理组和数字化加工组。专班成立后，档案收集组派出业务骨干，统一接收标准，到一线对执委会各工作组档案收集归档情况进行了现场查看，及时召开收集工作会，通报摸底情况，积极与各工作组联系，主动深入现场指导档案收集归档工作。

制定规章制度，加强档案管理

在西安市档案馆班子和相关处室的配合下，执委会档案工作开展得有条不紊，各项工作均落到实处。一是明确各组工作人员和档案工作分管领导，并签订档案保密责任书，确保工作落到实处。二是制定下发了《第十四届全国运动会西安市执委会档案管理办法》，对档案工作职责、收集归档范围、档案的分类与整理要求、档案的管理与移交做了明确规定，确保了工作顺利开展。三是制定《第十四届全国运动会　全国第十一届残运会暨第八届特奥会西安市执委会档案移交工作实施方案》，对归档范围、档案归属、工作机制进行了明确，确定了相关标准、套数和要求，做到了十四运会和残特奥会从申办到赛事结束全程留痕、全程留字、全程留音、全程留像的工作目标，确保了及时收集、阶段移交、统一管理、按时间整理及报送工作。四是制定下发了《第十四届全运会音视频、数码照片数据采集移交要求》，确保了音视频、数码照片音像资料的真实、完整、准确、有效。五是制定了《市执委会办公室（综合组）档案工作应急预案》，防范突发事件。六是制定下发了《关于做好第十四届全国运动会 全国第十一届残运会暨第八届特奥会西安市执委会文件材料收集归档工作通知》《关于“十四运”档案移交报送工作的通知》，适时推进档案收集移交工作的开展。

为确保执委会档案的安全管理，市执委会在经费紧张的情况下为档案室设立了配有消防系统的档案库房，并为档案室配备档案柜 10 套，保密柜 2 套，灭火器 2 具，移动硬盘 4 块，建立标准化档案室。同时，加强档案管理工作，坚持每日上下班检查档案库房安全，填写检查记录，确保档案室干净整洁，做到无尘、无霉、无虫蛀、无鼠害、无杂物。

2021 年 7 月 19 日，西安市执委会召开了执委会档案工作收集移交工作推进会，执委会副总联络员吕哲民、西安市档案馆副馆长黄海绒对“十四运”档案移交工作做了安排，按照“谁经办，谁负责”的原则，落实责任，加强管理，要求执委会将档案收集齐全、完整、准确，归档文件材料为原件，手续齐全，会议印发了《关于加强公文流转归档移交工作的通知》《十四运会和残特奥会市执委会档案移交报送工作安排意见》，推进了档案移交工作。

为提高工作人员档案意识，扩大档案工作影响，市档案馆制作了宣传展板放置在办公区，宣传《档案法》和档案知识，向执委会工作人员、群众发放《档案法》宣传物，提高执委会工作人员和来执委会办事人员的档案意识。

加强业务指导，组织现场培训

首先，我们先后组织举办了三期档案业务知识培训，对执委会各工作组、全运村和区县的档案工作人员进行培训，使档案工作人员了解归档文件整理、音视频数码照片拍摄数据采集标准和全运会档案收集整理移交工作的基本要求。其次，工作组加强了对市执委会各工作组（含 29 个部处）、区县和开发区执委会（项目竞委会）档案工作的检查指导，做到系统谋划、分类指导，使全市“十四运”档案工作“一盘棋”，不留死角，全面提高工作质量和效率。再次，作为主要举办城市，西安市执委会承担了近 70%赛事的组织工作，并且“十四运”开闭幕式和残特奥会开闭幕式都在西安举行，点多面广，产生的档案数量大，我主动向组委驻会、馆领导汇报，解决标准执行、档案报送等方面遇到的问题。最后，鉴于执委会抽调人员比较多的情况，为确保全国性大型活动相关档案的安全保密，除加强日常的安全保密检查外，我联系市保密局组织了执委会工作人员保密知识培训，对执委会计算机进行安全检查，对执委会信息网络进行技术隔离，加强硬件、软件和全体人员的管理，提高工作人员保密意识，增强其保密观念。

广泛收集档案，确保颗粒归仓

为达到同步记录、同步收集、同步整理、同步归档、同步利用“十四运”的要求，我带领同志们制定了《第十四届全国运动会　全国第十一届残运会暨第八届特奥会西安市执委会档案移交工作实施方案》，档案馆成立了档案工作专班，安排人员做好档案的收集、审核、移交报送工作。经全体人员共同努力，收集到 2016 年 1 月至 2022 年 4 月从机构成立到执委会注销产生的 20463 件文书档案、467 册图册资料、71040 张（条）数码照片和音视频资料、243 件实物档案。我在工作过程中编撰了《第十四届全国运动会西安市执委会大事记》《第十四届全国运动会西安市执委会组织沿革》《第十四届全国运动会西安市执委会全宗简介》，参与了馆里《十四运图册》编辑工作，为“十四运”档案工作尽了一份力。

“十四运”火炬是这次体育盛会的重要标志，象征着光明、勇敢、团结和友谊，也是珍贵的实物档案。为征集火炬进馆，副馆长黄海绒凭着百折不挠的精神多次协调市体育局、市档案局、组委会，最终从组委会征集到两把“十四运”火炬进馆，成为来之不易的镇馆之宝。

做好档案整理，再现盛会辉煌

“十四运”产生的档案数量远超往届。“十四运”档案资料接收进馆后，馆领导高度重视，安排两个处室分别承担档案整理和数字化加工任务。整理工作从 2022 年 9 月持续到 12 月，相关工作人员分别对文书、照片（音像）、会计、实物、资料进行了科学分类，系统整理，先后根据《归档文件整理规则》《西安市归档文件整理实施细则》《西安市音视频电子文件归档与音视频电子档案管理规定》等相关标准，并结合“十四运”工作实际制定工作方案，采取日检查、周讲评，全程监控的形式，保证档案整理和数字化加工的进度

和质量。收集整理处苏耀珠副处长和周静负责文书、实物、会计、资料档案的整理；信息化处副处长贾琪和吕若凡负责档案的数字化加工，数码照片音视频档案的整理。经过广泛收集、细致鉴定、科学分类、精心整理，“十四运”档案记录了这次体育盛会筹备工作的点点滴滴和赛场内外的方方面面，特别是经数字化加工的档案和著录后的数码照片、音视频档案，为“十四运”档案的开发利用提供了保证。

筹备“十四运”，我们参与见证历史，记录了历史，也给后人留下珍贵的档案资料，档案史料的开发将再现“十四运”的精彩与辉煌。虽然我已退休，但能参与“十四运”的筹备工作我仍旧感到自豪和欣慰。

（作者系西安市档案馆保管利用处一级调研员，时任十四运会西安市执委会综合组〔办公室〕秘书处档案管理员）

衣带渐宽终不悔

FUWU
PIAN

服务篇

这个“中央厨房”创造了全网超百亿流量

○郭　雄　贾存真　马树楠

一、引言

在中国共产党成立100周年、“十四五”开局之年、我国开启全面建设社会主义现代化国家新征程的第一年，国内最高水平综合性体育盛会——第十四届全国运动会，于2021年9月15日在陕西西安开幕，这是中国中西部地区第一次举办全运会，是国家要事、陕西大事，意义重大，使命光荣。

开闭幕式，是体育盛会里最能展现东道主实力和创意的大型活动。为了全方位、多角度传播好开闭幕式精彩内容，十四运会和残特奥会开闭幕式指挥部在疫情考验下，专项设立针对开闭幕式宣传报道的“中央厨房”，用新技术、新模式全方位、多角度开展宣传报道，让中国看到“十四运”开闭幕式的精彩绽放。开幕式揽获全网观看量、点击量超过60亿的传播高位，当晚7个相关话题同时进入微博大榜热搜前10名；闭幕式相关报道总点击量超过20亿，十四运和残特奥四场开闭幕式总传播量过百亿，在东京奥运会后再次掀起了全国的体育热潮。“十四运”开闭幕式宣传报道的“中央厨房”，探索出了媒体深度融合背景下大型活动全媒体传播的新模式、新路径、新亮点、新经验。

二、“中央厨房”生产传播机制

在全新媒体环境下，如何通过主流宣传展现“十四运”开闭幕式“简约、安全、精彩”办会主旨，传递陕西新形象、新作为、新气象，需要专项策划、提前构思，做出创新性开拓与尝试。

尤其是“十四运”面对两大前所未有特殊情况：一是网上舆论环境纷繁复杂，需要主流媒体声音，通过权威发布，全方位正面引导，营造良好舆论氛围；二是受到新冠疫情影响，封闭管理制度让媒体记者与开闭幕式演职人员被隔离在不同区域，无法进行深度采访。

为了破解难题，在十四运会和残特奥会开闭幕式指挥部领导下，时任中共陕西省委宣传部常务副部长、十四运会和残特奥会组委会新闻宣传部部长、“十四运”开闭幕式工作专班主任的王吉德，带领组委会大型活动部，组建开闭幕式融媒报道“中央厨房”，在“一个指导思想、一项顶层设计、一份全流程报道计划、一条全媒体生产传播链、一套高效运行管理体系”的“五个一”运行机制下，烹制出陕西文化大餐，成功撬动了一体策划、多元制作、全媒传播的开闭幕式报道矩阵。

（一）一个指导思想

习近平总书记提出的“办一届精彩圆满的体育盛会”的重要指示和“简约、安全、精彩”的办会理念，为“十四运”筹办确立了总原则，指明了总方向。在这个指导思想下，“中央厨房”认真贯彻落实党中央、国务院决策部署和省委、省政府、十四运组委会工作要求，把握正确导向，坚持守正创新，突出开闭幕式的主题主线，呈现完美视听盛宴，宣传好建党百年体育盛会盛况。

（二）一项顶层设计

“十四运”组委会大型活动部负责组建融媒“中央厨房”，统筹资源、渠道、内容，指挥联动多个部门，统一采编、统一制作、统一发布，“报、台、网、微、端”五位一体、同频共振，凝聚合力，共享优势，建立统一对接机制，开通无障碍实时互动工作渠道，并线作战，形成宣推高地。

1. 组建“中央厨房”

（1）前端生产：组委会大型活动部根据疫情防控要求以及融媒体时代传播需求，紧急抽调主力记者，进入开闭幕式演职人员封闭管理区，全方位掌握开闭幕式工作动态，了解开闭幕式创意亮点，多角度了解台前幕后感人故事。这些一手材料被前期备采后制作成视音频产品，统一汇入“中央厨房”物料池。

（2）中端审核：进入“中央厨房”的相关物料，进行三级安全审核；特大稿件及专刊，二审过后由“中央厨房”负责人及大型活动部领导审核把关。

（3）后端分发：“中央厨房”建立全国、全省媒体统一规划、统一宣推合作机制。审核后的开闭幕式相关新闻报道物料，进入一级宣推群，随后按照统一指挥，进行有效联动，把物料二级宣推进各自负责的不同媒体、不同渠道、不同平台，形成矩阵传播效应。

2. 统筹媒体资源

组委会大型活动部联动中共陕西省委宣传部、网信办、组委会新闻宣传部等部门，整合媒体资源。开幕式全媒体报道采取一级直达信息传递机制，由“十四运”组委会大型活动部“中央厨房”牵头建群，“十四运”组委会新闻宣传部、省委宣传部新闻处、网信办，负责将分管所有媒体渠道负责人组织进群，有机整合所有媒体资源。

3. 畅通宣推渠道

“中央厨房”作为连接前后端的中枢生产部门，以点状发力，渠道分发，全网传播，集全平台优势提升开闭幕式传播影响力圈层。在打通全国、全网、全省的宣推渠道后，“中央厨房”成为开闭幕式宣推总开关，物料分发进入不同传播渠道矩阵，同步宣推开幕式精彩内容。

4. 确保内容品质

“十四运”开闭幕式“中央厨房”建立后，采用选题统一分配、产品资源共享、品控调性一致的方式，内容整端，重点突出，亮点鲜明，不断为媒体自制和二次创作提供“养料”，最大化调动媒体力量，最大化提升前后端生产效率和宣推效果，在重大事件中凝聚报道声势，强力助推“十四运”传播声量。

（三）一份全流程报道计划

“中央厨房”提前部署，策划开闭幕式阶段式宣推，按照事前预热、事中爆发、事后延伸热点三大阶段设置内容、数量、重点，根据每个宣传点的特性，配合相应媒体产品，并按照稿件发布层次，设置网络话题，引导舆论走向，充分吸引受众视线，构建大众对开闭幕式的正向认知和情感认同，最终形成多次传播热潮。

1. 事前预热

在开幕式之前，深入贴身式采访彩排活动，陆续采访总导演和篇章导演，宣推主方向为开幕式整体思路、创新亮点，从而让受众形成期待值。

2. 事中爆发

宣传报道伴随开幕式文体节目同步推进，重点抓住节目亮点，第一时间发布节目看点；主抓微博、抖音、短视频渠道，即时发布高清视频和图文动态。

3. 事后延伸热点

开幕式结束后立刻推出专刊特稿，宣发开幕式精彩亮点；随后宣发主创团队采访，接着投放幕后花絮、人物、故事等内容，以解密和深入报道为主，回应受众需求，二次发酵话题。

（四）一条全媒体传播链

“十四运”、残特奥会开闭幕式建立了成功的全媒体传播链，可以概括为“一纵一横四个圈”。

“一纵”以中央、省、市、县主流媒体为主进行统一宣发，“一横”做到整合包括微博、微信、今日头条、抖音在内的头部商业互联网平台；“四个圈”由小到大指的是陕西广电融媒体集团矩阵圈、省级主流媒体圈、全国媒体圈、国际媒体圈，形成了“一个声音、多个声部”的“十四运”报道传播“大合唱”，实现了“总体策划、一次采集、多种生成、多元传播”的工作格局。

（五）一套高效运行管理体系

“十四运”组委会大型活动部统筹领导“中央厨房”，建立组委会内外多个部门协同推进的工作模式，制定完善《十四运会开幕式报道方案》，对前端采集共享、中端编辑制作加工、后端发布呈现进行细化分工，做到有序生产，责任明确。

“中央厨房”在高效的管理体系下，以聚焦开闭幕式为核心，实时把握宣传节奏和重点，以挖掘有爆款潜质的内容为着力点，正面引导，从而让宣传报道获得了正能量与大能量的双赢。

作为“中央厨房”的工作人员，我们无比清晰地记得，2021 年 9 月 15 日当晚，我们在奥体中心“中央厨房”办公室内，一边关注场内动态，一边零时差同步推出相关看点报道。当时听着第十四届全运会会歌《追着未来出发》响彻全场，看着“民族根”“延安魂”“中国梦”三个篇章恢宏上演，我们与全场观众一起激情澎湃，也更加感受到了身上的使命担当，“中央厨房”必须通过鲜活的一手新闻产品，让全国人民共同了解这场体育盛会。在这样的情感切面下，我们不断向“中央厨房”物料池投送着开幕式的相关内容，直到发出最后一条宣传内容后，当我们打开手机，看到各个渠道、各个圈层都被“十四运”开幕式刷屏，满是大家对“十四运”开幕式的关注与好评！

那一刻我们是自豪的，是骄傲的，是经过无数艰辛后的欣喜，是不负使命被认同的激动。“融媒中央厨房”全体人员从被紧急抽调开始，就进入了高强度“作战”状态；我们深知，这是一场不能输且必须赢得漂亮的“融媒之战”。因此，我们与开幕式工作组同吃同住同工作。因为开幕式要配合灯光效果进行彩排，时间安排基本都是下午开始直到深夜。为了掌握更多的幕后故事，采访组陪伴着大型活动部和开幕式演职人员，晒过夏日骄阳，也淋过连续阴雨，熟悉每一个环节，掌握每一处细节。其中印象最深的，是临近开幕式正式开演，当时为了审核线幕、地屏等视频内容，十四运会和残特奥会开闭幕式指挥部的主要负责人王晓、王吉德、高阳，在当天彩排结束后并没有休息，直到深夜三点，他们与视频组还在临时搭建的机房里，一帧帧审看画面，提出完善修改意见，一直工作到凌晨五点，才踏着最后一丝星光走出奥体中心。

也正是看到从上至下每一名“十四运”工作人员和演职人员的努力与付出，我们的使命感和责任感愈加强烈，尽一切所能做好准备，通过融媒“中央厨房”，为“十四运”贡献宣推能量。“十四运”开幕式过程中，“中央厨房”有条不紊，前后端密切联动，上百条带着现场节目图片和拆条视频的快讯稿件随着进程及时推出，满足了网友多方面的信息需求。整个报道融媒体特色鲜明，海报、组图、短视频、图解、动图等新媒体产品，既有全面解读，也有碎片化信息流，实现了创新多元传播。

开幕式结束后，开幕式专刊、侧记、幕后花絮、导演、演员、志愿者及火炬手采访等原创图文视频稿第一时间陆续发布，《“复兴之火”点燃梦想与激情——第十四届全运会开幕式文体展演侧记》《开幕式的九张面孔》《台前有你，幕后有我》等稿件，通过不同视角呈现重点内容，相关链接在朋友圈被广泛传播，持续推送，延续关注度，正能量占领了社交媒体，传播效果显著，引发受众关注。

三、“中央厨房”经验总结

全运会不仅是一场体育盛会，也是一场融媒的盛会。“十四运”开闭幕式“中央厨房”生产传播机制，不仅承担起价值观、文化、知识传播的重任，完美保障了十四运会以及残特奥会开闭幕式前后所有新闻报道的生产，更重要的是，它向中、省媒体提供了最权威的第一手素材，解决了数十家中央媒体、省外媒体因疫情临时缺位的问题，发挥出良好的舆论引领作用，迅速占领移

动传播制高点。

（一）强化组织领导、顶格高位推进

在开闭幕式筹办过程中，省委、省政府、组委会始终高度重视，开闭幕式指挥部、大型活动部主要领导亲自指挥、亲自部署、亲自推进，“抽硬人、硬抽人”，以上率下、层层推动各项工作任务落实。

（二）破局破圈，创新工作方式

“融媒中央厨房”坚持移动优先、一体规划、及时识变、主动求变，创造性抓好工作任务落实，以机制引领、专业团队发力、优质内容生产形成立体传播链。以一百条稿件、一百张图片、一百个视频的“三个一百”为核心理念亮出“十四运”报道“组合拳”。

（三）“三个统一”实现有力发声

“中央厨房”生产传播机制通过拆条、备稿、模板等多种形式保障了“十四运”信息的全方位、多角度的快速发布和统一出口，让正能量牢牢占领舆论主阵地、主战场，实现了开闭幕式指挥部“统一采编、统一制作、统一发布”的工作要求，保证了舆情的可管可控。

“十四运”“融媒厨房”运作机制是一次大胆又深思熟虑的创新，它凝聚起了优秀宣发队伍，提高了采编效率，形成了从点到面再向全国的辐射，赢得了国家体育总局、各省代表团、社会各界的广泛赞誉，得到了党和国家领导人的充分肯定。同时，从微博话题、直播网友留言等互动平台以及舆情监测来看，好评如潮、正能量满满。而这项新闻融合生产机制的成功经验，也可继续借鉴运用，为讲好陕西故事、传播陕西声音、展示陕西形象、贡献媒体力量。

（作者郭雄系陕西广电融媒体集团总编辑助理、都市生活中心党委书记、主任，时任十四运会组委会大型活动部文字与视频处处长；贾存真系西部网总编辑助理，时任十四运会组委会新闻宣传部官网内容团队负责人；马树楠系陕西广电融媒体集团都市生活中心大型节目事业部主任，时任十四运会组委会大型活动部文字视频处工作人员）

那年，我在全运村

○王婷婷

夕阳西下，夜幕降临，当漆黑的夜吞没了落日的余晖，璀璨的灯光把西安奥体中心衬托得雍容华贵，仿佛一朵绚丽多彩的石榴花，静静地绽放在灞河之滨，见证着一座新城的崛起。

我常常站在阳台上，看窗外的风景，看那美轮美奂的奥体中心。“妈妈，那年你就是在那里当志愿者的，是吗？”女儿的小手指着那朵巨大的、绚丽的、威严的石榴花，疑惑地问我。“不，妈妈不在那里，那年，我在全运村。”我坚定地回答。

赤子之心

那是 2021 年。陕西承办了第十四届全运会和残特奥会，国际港务区的奥体中心则是主场馆所在地。这是全运会诞生 60 多年来首次进入中西部地区。这是西安人的光彩，更是我们港务区人的荣耀。正在我为此高兴的时候，港务区西庄村发出召集全运村志愿者的消息。虽然当时正值暑假，家里两个年幼的孩子无人看管，我却仍然第一时间报名参加。当时我只有一个信念：只要家乡有需要，我定尽我所能。经过层层选拔，我有幸进驻到全运村，从一开始的满腔热血到最后的心怀感恩，我收获了很多，从而更加坚定了全心全意为人民服务的决心。

“悠悠天宇旷，切切故乡情”，怀抱着一颗热爱家乡的赤子之心，我走进全运村，用自己的实际行动践行“全民全运，同心同行”的全运理念。我不知道将要面临什么样的挑战，但是我知道，只有敢于挑战未知的战士，才是真正的勇敢者。

奋斗之心

进驻全运村后，我被分配到组委会驻村工作组服务中心，然而刚到工作岗位的前几天，我似火的热情好像一下子被浇灭了。作为一名儿童教育工作者，我对全运村的组织架构、服务对象、岗位职责一点也不懂，开会的时候，领导和单竞委联络员讨论的问题也听得一头雾水，更谈不上如何解决了。我一筹莫展，心情也变得忐忑起来。

很快，组委会驻村工作组服务中心焦剑锋主任看出了我们的手足无措，根据我们的实际情况，及时召开了第一次人员分工落实会议。根据驻村组工作服务中心的工作职责，我们内部分为技术官员分村组、媒体村分村组、运动员村分村组、材料纪要组、对接协调组、后勤保障组等六个小组。焦主任说：“我们中心的人来自不同行业、不同岗位，为了一次‘只留经典、不留遗憾’的体育盛会走到了一起，虽然工作有不同分工，但是分工不分家，大家要各尽其职，更要团结一致。”焦主任及时的工作部署，像黑暗中的一盏明灯，让对全运会工作一无所知的我，顿时有了方向和目标。我开始主动出击，了解全运村的组织架构，了解村长制度下的一办十三中心的工作职能。

服务中心前期主要负责包括运动员、技术官员、媒体记者在内的一万人的信息收集与传递工作，中期架起组委会与村委会、村委会与各代表队之间的桥梁，后期服务于入住全运村的全体村民。只要村民有诉求，组委会就会通过我们驻村工作组服务中心来解决，如有特殊情况，我们会再对接相应的具体责任部门，直到问题解决、村民满意。我们本着“把村民的小事当大事办，把村民的平常事当急事办”的工作态度，竭尽全力为高质量保障“十四运”顺利举行贡献自己的力量。

“十四运”开幕式前夕，我们中心承担了运动员村的集结任务。开闭幕式当天，完成运动员村 38 支代表队 800 余人以及西安宾馆和各协会 100 余人的集结工作。所有代表队按时抵达奥体中心并于开闭幕式结束后顺利返回。

除了参与日常的对接联络、开闭幕式的集结工作之外，我还专门负责全运会气象专报，每天早晨 6 点之前对接气象部门，收集整理气象信息，核对信息并准时发报，提醒所有村民关注气象信息。同时，我也是组委会竞赛部驻村工作组联络员，为他们的住宿、餐饮以及在全运村的工作、生活提供服务保障。

八九月的太阳和雨水都是无常的，火炬传递现场，我们晒过正午耀眼的太阳；闭幕式的停车场，我们淋过凌晨冰冷的雨水。但是无论何时何地，我们都保持一张笑脸，保持一颗“服务全运”的责任心，能成为一名奉献全运的志愿者，我们无怨无悔。

感恩之心

从 8 月 17 日进驻全运村，到 9 月 29 日收尾工作结束，我参与全运村服

上海市代表团
9号车

代表团
1号车

务保障工作44天，时间虽短，但也能成为岁月的芳华。在这里我见到了许多优秀的幕后工作者，他们在最短的时间里组织开展工作，周密而高效；他们帮助我们快速成长，温和有耐心；他们默默无闻，用青春的汗水挥写华丽的篇章。对我来说，这是一场思想的洗涤、精神的净化，也是一次能力的提升和自我成长的历练。回望那44天的点点滴滴，每一天都是充实的，每一天都在接受未知的挑战，每一天都在收获成长与感动。参与全运、服务全运、奉献全运，圣火虽然暂时熄灭，但是奉献的热情不减，我对“全心全意为人民服务”有了更深刻的理解，我对要成为一名默默无闻的奉献者有了全新的认识，也坚定了践行到底的决心。

我只是众多奉献者中普通的一员，身边的工作人员都像“润物细无声”的春雨一般滋润着全运村。办公室里号称“百灵鸟”的田红伟，是组委会驻村工作组服务中心的联络员兼综合协调主管，一位美丽大方、踏实能干的姑娘。作为最早一批抽调到全运村工作的陆港人，她从前期对接服务首席专家召开60余场培训会，再到作为联络员参与食材遴选，10天去了7个城市，日夜兼程，北到新疆，南到镇江，她像一只百灵鸟一样飞来飞去。记得她因连续加班，饮食不规律，每天接打近百个电话，嗓子一夜之间哑了。她却依然扯着沙哑的嗓子，还在不断和单竞委人员对接工作，零点会议从未缺席，连续工作从未休息过半天……她以一种舍我其谁的魄力，让我时时能感受到盛宴背后这些朴实的力量。

焦主任筹备各项工作，绘制图稿，每天休息得很晚。9月15日开幕式当天，他一大早就来部署筹备会议，我和他一起拿着资料往铁一小报告厅走去，看着他本来就瘦的面庞显得苍白无力，经询问才知道他昨晚和早上都没来得及吃饭。我说：“平时运动员要是没吃饭您都去协调，今天怎么自己还没饭吃呢？”焦主任说：“我们是做协调保障工作的，别人的事情一定要放在心上，自己的事情可以放一放。”说着，他继续往会议室去了，我抬头望他，挺直的背影在朝阳的照耀下，闪闪地发着光。

焦主任脚踏实地，严格要求自己，克己奉公，在工作中也讲究方法。在全运村闭幕动员工作会上，焦主任认真地说：“行百里者半九十，不管我们之前做了多少工作，都只是完成了一半，最后的工作一点儿也不能松懈。”一句话就让我们明白了收尾工作的重要性。焦主任说过的那些话，虽然质朴无华，却给我内心注入了极大的力量。

夜已深，当我回忆这些往事的时候，“积极乐观、踏实肯干、敢于挑战、努力学习、勇担先锋、主动作为、奋发图强、担当使命、润物细无声”这些词语一直在我脑海浮现。再抬头看看那如石榴花般的奥体中心，美轮美奂、绚丽多彩，她的美是多少人默默奉献的结果，我们察觉不到，却又真实存在。

（作者系西安市国际港务区西庄村一组村民，时任十四运会组委会驻村工作组服务中心联络员）

“十四运”盛大开幕 “税收服务直通车”全程护航

〇胡敏荣

2021年9月15日，中华人民共和国第十四届运动会在陕西西安盛大开幕。为了全力服务“十四运”，西安市税务局建立了税收助力“十四运”工作机制，成立了“十四运税收服务直通车”，为十四运会西安市执委会、场馆建设方、赞助商及相关配套企业提供全流程“一站式”服务，实时动态解决涉税难题，为成功举办一届精彩的全国体育盛会贡献了税务力量。

“特事快办”纾困解难

组建“十四运税收服务专家团”，开通“十四运税收服务专线”，设立“十四运税收服务绿色通道”……一系列“十四运”专属服务举措，给“十四运”相关企业吃下了“定心丸”。

早在“十四运”场馆建设之初，西安市税务部门就同步组建了“十四运税收服务专家团”，制定了“税收护航十四运会 精准服务我先行”活动方案，收集梳理辖区所有参建单位名册，建立起“包干制”服务模式。专家团还根据“十四运”相关企业普遍关注的热点和难点问题，梳理编制了《税收护航“十四运”政策指引》等政策汇编，一对一赠送给企业，并派专人进行详细解读。同时，在全市各办税服务厅设立“十四运税收服务绿色通道”，专人专岗办理“十四运”涉税业务；在12366纳税人服务热线设立“十四运税收服务专线”，指定专人接听、解答、处理“十四运”相关税收问题；组建“十四运”税费热线专家团队，通过“一线通”“掌上通”等渠道为相关纳税人缴费人提供政策支持，确保“十四运”涉税业务“特事快办”；动员“青春梦之队”“利剑突击队”等20余支共计300余人的税务青年志愿服务队伍，投身到“服务‘十四运’ 奉献我的城”系列志愿服务活动中，全力帮助企业纾困解难。

“自项目建设以来，税务部门一直为企业提供贴身服务，为我们特事快办，第一时间辅导我们申请享受优惠政策，让企业享受到了实实在在的政策红利。在税务部门的大力支持下，去年公司享受到西部大开发所得税优惠和增值税增量留抵退税，为我们顺利完成场馆建设提供了强有力的保障。”西安奥体中心控股有限公司副总经理卞毓敏说。

如今，“十四运”主场馆——西安奥体中心已建设成为西北地区最大的体育中心。外观形似石榴花绽放姿态的体育场，在阳光下勾勒出钢铁“盛世之花”的模样。

“税务管家”精细服务

“税务部门一直是我们坚强的后盾，‘税务管家’上门送政策、解疑难，体现了务实高效的作风，让我们感受到亲人般的温暖。”在一场“十四运税收服务直通车”政策答疑会现场，十四运会西安市执委会副总联络员、十四运会西安市执委会市场开发领导小组办公室主任成斌对西安市税务部门“税务管家”竖起了大拇指。

西安市税务部门按照“服务超前、全程贴身、精准到位”的工作原则，向“全运会三中心”建设和城市规划建设 10 个方面共 145 项重点项目以及“十四运”相关企业指派了“税务管家”。根据“十四运”筹办进度，以需求为导向，实时调整服务方向，跟进政策享受情况，帮助企业算好“明细账”、把好“风险关”，为企业提供全过程、全方位、全周期的精细服务。

西安国际陆港全运村建设开发有限公司承担着“十四运”新闻发布中心和运动员村等配套设施建设任务。自筹备启动以来，多个项目同步开工，公司资金压力较大。“税务管家”主动与公司财务人员沟通，帮助公司精准定位可享受的增值税留抵退税等优惠政策，并采取前置审核模式，最大限度地缩短办理时限。“虽然在建设过程中遇到了资金问题，但税务部门第一时间帮我们申请税费减免，助我们渡过了难关。我们一定高质量、高标准做好工作，为这次的体育盛会加油添力。”该公司财务负责人赵治华说。

“智能服务”如影随形

网上办、自助办、邮寄送、线上答……面对疫情防控形势，西安市税务部门吸纳移动互联网和人工智能等前沿技术，为“十四运”相关企业提供如影随形的优质服务。

在全运村商业街，蓝色门脸的“全运村税务驿站”吸引了不少商户和行人注意，特别是“驿站”内配备的“自助办税智能微厅”设备功能齐全，具备综合业务、发票代开、发票认证等自助办税功能，能够实现实名认证信息采集、发票票种核定、最高开票限额申请等 30 余项业务的一站式办理，可以大幅节约纳税人办税时间，降低办税成本。“十四运”期间，全运村实行全封闭式管理。国家税务总局西安国际港务区税务局精心打造的“全运村税务驿站”，能够给入驻这里的 45 个商铺和 13000 余名运动员、技术官员和媒体记者等提供触手可及的办税服务，实现所有涉税事项“下楼即办”。

西安市税务部门还运用电子税务局、“税企交流掌上通”“可视化办税云

中华人民共和国第十四届运动会
陕西 2021

税通”等远程服务方式，为“十四运”相关纳税人提供全天候的纳税辅导和咨询服务。纳税人只需进入移动办税终端，即可轻松实现税收政策咨询、智能办税、一键计算税款等多种功能。同时，还利用微信、钉钉等信息化通信手段，开通“十四运税收服务直通车”群组，为纳税人提供 7×24 小时接得通、答得清、办得了的不间断服务。

服务“十四运”是税务部门义不容辞的责任，也是推进党史学习教育，贯彻落实中办、国办《关于进一步深化税收征管改革的意见》，进一步优化税收营商环境的要求。西安税务主动融入、主动服务“十四运”，并把服务“十四运”作为“一把手”工程来抓，为“十四运”筹备、运营、服务单位提供了优质、高效、便捷的税务服务，为西安办好全运盛会增添了“税动力”。

全运盛会举国瞩目，西安人由衷骄傲。服务好“十四运”，亦值得西安税务人由衷自豪！

（作者系国家税务总局西安市税务局一级主任科员）

当好东道主　喜迎全运会

〇赵园园

冬去春来，第十四届全运会已过去近两年。回首在全运会女足竞委会负责行政接待的日日夜夜，欣喜之余，我感触颇深。

当我得知自己能以一名普通工作者的身份亲历全运会时，心中顿感荣耀。曾听说过这样一段话：“一个普通人在人生短短的几十年中，能经历一件对地区有影响的事，机会不多；能经历一件对国家有影响的事，机会更少，甚至是绝无仅有的。”这绝无仅有的机会落在自己的身上，我如何能不激动呢？

初到女足竞委会时，我对全运会行政接待工作的重要性认识并不深刻，存在侥幸心理。通过参加组委会举办的培训会及对历届全运会接待工作出现的问题进行分析，我对全运会接待工作有了充分的认识，思想上有了彻底的转变，全身心地投入女足比赛的各项接待工作中去。

2021 年 9 月 11 日起，女足各队伍及技术官员等陆续抵陕，女足行政接待工作正式拉开了序幕。为做好运动队及技术官员接送站服务工作，我们提前做好信息对接，在技术官员、运动队员来陕前三天，我们主动与其电话联系，逐一确定对方抵达“一场两站”（咸阳机场、火车西安北站、西安站）的时间、车次、人数、需求等。同时联系好“一场两站”工作人员，做好抵达信息的备案工作。并于抵达当日提前 2 小时带领志愿者到达站点，完成了全部接送站任务。服务期间共接送技术官员 62 批次 68 人，接送运动队员 42 批次 247 人。

在运动队及技术官员到达全运村后，我们根据入住人员信息分配房间，并提前一天向西安市执委会交通保障部报送每日参加比赛和训练的用车需求，确保每天比赛车辆准时准点抵达。全运会期间，和全运村餐厅对接联系，为过生日的运动员和技术官员安排生日聚会及生日餐。

由于当时正处在新冠肺炎疫情期间，我们还为女足项目隔离工作人员安排了铁通商务酒店作为接待酒店，并积极对接“十四运”雁塔区执委会，使其派驻酒店封闭点保障工作专班，为封闭点工作人员提供及时有效的相关保障和支持。

赛事结束后，我们积极对接来陕的技术官员，逐一收集参会人员离陕信息，核对机票及高铁票，扎实做好各项工作。

经历了全运宾客接待工作的全过程，我切实感受到了“全民全运，同心同行”的真正含义。全运会既锻炼了我的工作能力，又扩展了我的知识面，使我获得了十分宝贵的精神财富。我为亲身参与了全运会接待工作而自豪！

（作者系西安市碑林区文化和旅游体育局干部，时任十四运会女足竞委会行政接待处主管）

残特奥会幕后的24颗星辰

〇孙　剑

经过全体参与人员八个多月的辛勤付出与努力，全国第十一届残疾人运动会暨第八届特奥会闭幕式文体演出于2021年10月29日圆满落下帷幕，其高品质的艺术呈现和演出效果赢得了各界人士的纷纷赞誉。我们道具组成员也因参与其中而倍感荣幸。

按照残特奥会组委会和陕西演艺集团的部署安排，残奥会道具组于2021年4月筹建，在各级领导的关心、指导和带领下，道具组这个由陕西演艺集团歌舞剧院有限公司各部门临时抽调拼凑而成的“杂牌军”，逐渐从门外汉步入准专业状态，成为一支能打硬仗的“舞美铁军”。

道具组成立之初，大部分成员是由歌唱演员、演奏员、行政人员组成的，组员对舞美道具管理没有概念，思想上不够重视，态度也比较懒散，不能理解工作的重要性。为了便于管理，道具组在组长、副组长之外，增设统筹1名，负责报表、考勤、调度等事务；并根据开闭幕式演出篇章，将成员分为 3 个小组，每个小组负责一个篇章。各小组设小组长 1 名，负责组员与道具的管理。在排练阶段，安排每位组员轮岗到各场馆熟悉道具；合成阶段则将道具细化分配，由每个人具体负责管理。由于管理层级明确、职责清晰，大家逐渐熟悉了道具的管理流程和操作规范，加之 3 位小组长认真负责，使得道具组的行动力、凝聚力等都得到了很大提高。

道具工作中，最令人头疼的是排练期间的换场。只要排练计划有变，道具组就必须第一时间调整调度、通知人员、安排车辆，提前将道具转运到位，保证排练的正常进行，仅 8、9 月排练的道具转运就有 50 多车次。由于频繁换场，排练计划表随时在变化，常常让人看得一头雾水。为此，副组长孙剑和统筹朱剑杰将排练时间、地点和篇章设计为表格，标出重点，大家一看表格便一目了然，对换场时间、地点、篇章能提前做好准备。排练计划随时在变，我们就随时修正表格并发送到群里，通知人员及时进行调整。

刚接手道具工作时，因为经验不足，道具组成员做事虽然忙碌但不出成绩，工作也缺乏头绪。经过磨合期与合理的工作分配后，大家慢慢清楚了每天该做什么、该怎么做，同时加深了对道具工作和道具管理的理解，自觉将自己视为整场演出中不可或缺的一员，不管是分段排练还是整体连排，都能迅速进入工作状态，认真进行道具的管理维护。

道具组成员每天早出晚归，同时到七八个高校场馆跟随排练。到场馆先检查道具，给篮球、轮椅、跑酷模块等道具充气，排练结束后再仔细清点。夜晚排练结束后，再跟车把道具运送到下一个场馆，清点无误后再离开。成员每天在群里汇报当天的道具情况并拍照，有问题及时反馈，以便于及时处理和合理安排。

9 月初，组长薛承斌被调往舞台监督组工作。中旬，有组员因涉及单位职称申报工作被抽调离开，同时还不断有人生病、请假，给本就缺人的道具组带来了很大的困扰。道具组相信“办法总比问题多”，在没有增补人员的情况下，通过组内调整、合理协调，依靠全体组员互相帮助、相互补漏，解决了一个个实际困难。

随着时间的推移，大家逐渐将自己视为一名真正的“道具人”，自觉地爱惜道具，也不断提醒演员对道具要爱护，严厉谴责拿道具当玩具嬉戏打闹、随意挪移躺坐的行为，对造成道具严重损坏的人员，均及时通知其领队并进行处理。进入奥体场馆后，道具室划分出各类道具的保管区域，由专人负责道具分类存放，细化名目，并为每个小组配备了道具领用册。各演出团队领取、归还道具都需要登记、签字确认，使责任明确到人，尽可能减少道具的损耗和维修。

今年夏秋季的雨水特别多，道具常常需要冒雨转运。为了节省时间，不让道具被雨淋湿，小组长陈博、王鹏和曹佳等人都会帮着工人师傅们一起搬运。尤其是铁一中的排练教室在六楼，又没有电梯，工人们每次只能搬两个电脑椅上下楼，费时费力，于是跟去的道具组成员都自觉地参与搬运和整理工作。

道具制作与维修原本由北京公司负责，道具组只是协助道具管理。但为了提高效率，大家也自觉对损坏较轻的道具进行日常维护，做些力所能及的工作。道具组曾协助北京公司的道具人员一起加工过 400 多个手持向日葵，为小学生的几百束手持花朵进行加固，为 200 多个发光书灯充电，为几百个应援棒更换 1000 多节电池，揭除外事学院场馆地面的几百个地标贴……

闭幕式人员进场前召开的会议曾明确了道具组成员不进内场演出区域，演出所需小道具由领队到道具室领取，大道具放置在入场口位置，由演员和场工负责内场工作。但在实际进入奥体合成阶段，由于内场人员配置不足，道具组成员便默默承担起移动篮球架、机械臂、架子鼓车台等大道具的搬移工作。晚上回到酒店，有的同志腰疼腿酸，却仍贴着膏药坚持。大家团结一心，吃苦耐劳，没有一个人掉链子，始终将“道具人”的职责牢记于心。正因为有了这样的付出和维护，才降低了排演期间道具出现问题的风险，保证了排演的顺利进行。

道具组 24 名成员就如同 24 颗星辰，虽然没在舞台上闪耀，但依然为残特奥会开闭幕式默默奉献着，保障了活动的成功举办，圆满完成了此次国家级的演出任务。

我们在为陕西演艺集团取得的荣耀与成绩喝彩的同时，也向台前幕后所有辛勤付出的演职人员致敬。演出结束后，道具组成员将回归各自本来的模样，并会将残特奥会的精神融入生活、工作之中，作为文艺阵线上的歌唱家、演奏家、艺术家及行政人员，在各自的岗位上“点亮梦想，为爱起航”，继续发光、发热。

（作者系陕西省歌舞剧院歌舞团编创室主任、一级舞美设计师，时任残特奥会开闭幕式道具组副组长）

默默奉献　全力保障

○米　芳

生在西安长在西安，作为一名西安人，我为家乡能承办第十四届全国运动会感到骄傲。同时，“十四运”空手道项目、全国第十一届残运会暨第八届残特奥会跆拳道提前赛、盲人柔道三个项目在西安工程大学临潼校区举行，作为一名曾经的西安工程大学学子，能以工作人员的身份回到母校参与其中，我倍感荣幸。

代表西安市临潼区市场监督管理局到西安工程大学临潼校区参与食品安全保障工作，我和我的同事刘冰都很激动，我们下决心要全力以赴、全心全意为这场赛事服务。在赛事举办期间，我们坚持高标准、严要求的原则，圆满完成了比赛期间食品安全保障任务。我们用职业操守及专业知识，为比赛场馆的700余名工作人员提供就餐安全保障。不仅是我怀念这次赛事，我们一起奋战的同事也在用自己的方式，将“十四运”赛事里的点点滴滴记录下来。

自 2021 年 9 月 13 日，临潼区市场监管局同西安市市场监管局曲江新区分局就“‘十四运’用餐配送事宜”进行工作对接并选定配餐公司后，我和同事刘冰就正式投入此次体育盛会三项比赛的食品安全保障工作中。

接到任务后，我们直接奔赴西安工程大学临潼校区综合楼，与校方相关负责人对接，以精准、高效、安全为准则，精细设计出接餐送餐流程，确定接餐送餐志愿者，对志愿者进行了现场分餐培训。刘冰安排现场环境布置，检查留样设备运转情况，现场解决了运输、接餐、检测、留样、分餐、打包等环节可能出现的各种问题。在校方配合下，我们二人并肩作战，尽最大的努力为此次“十四运”食品安全保障工作开了个好头。

2021 年 9 月 19 日，“十四运”空手道比赛如期举行。工作人员和志愿者早早地抵达了综合楼各个岗位，为 700 余名工作人员配餐做准备。一日三餐共计 2100 余份餐食必须按时保质保量送到场馆内外的工作人员手中，工作量巨大不说，中途还不能有一丝丝失误。为了节约时间保证工作效率，我们必须在前一天晚上就将第二天的早餐提前分配好，第二天早上 7：30 前再由各对口志愿者分发派送下去。中餐晚餐最紧张，餐车由西安曲江行驶到临潼有 50 分钟车程，配餐公司必须保证所有餐食在上午 9：00 之前由曲江市场监管的同事检验完成后封存装车，中餐上午 10：20 前必须抵达比赛地。其间校方需对分餐场所进行消毒通风，我和同事复检各种实施、设备正常运转。等待的过程是漫长的……因为不确定因素很多，直到电话铃响起，送餐方告知车下高速了，我们提到嗓子眼的心才算放下。餐车抵达后，首先要进行消杀，随后我们须检查司机核检、车辆箱体、封条完整等情况；同事负责交接签字，同意解封，我来组织校方工作人员及志愿者接餐，并将餐食带到指定分餐区域，再仔细核对菜单，带上设备对每个保温箱进行中心温度测量，

温度达标后方可开始分餐，同时进行留样记录。记得第一次分餐，人员之间的配合还略显生疏，只听见这边喊“那边送点餐盒”，那边喊“这边米饭再来一些”，再加上领餐的志愿者对自己的位置不熟悉，领餐现场略有些混乱，但经过快速适应磨合，第一次出餐比预期仅晚了 5 分钟。中餐结束后，餐饮公司负责人及其车辆返回曲江公司准备晚餐。我们和校方组织工作人员及志愿者立即开了一个紧急会议，就中餐分配过程中出现的各种问题进行分析，逐一讨论研究并拿出解决方案。晚餐依照同样的程序，我们整改后合作得当，提前 10 分钟就完成分餐，让辛苦一天的 700 余名现场工作人员及时吃上了可口的晚餐。

晚上 7：00 稍事休息后，我们继续投入工作，安排分配第二天的早餐。一切结束后我看向窗外，夜幕已降临，和同事走出综合大楼，校园里到处闪烁着霓虹灯，“十四运”的吉祥物精美可爱，穿着志愿服的学生们穿梭在校园的各个角落。刘冰会心一笑看看我，我们满身的疲惫感瞬间变成了心中的自豪感。看着眼前的景象，我们俩感慨地说：“有生之年能参与这样的大型盛会保障工作的机会没几次，明天继续加油，好好干！”

10 月 26 日盲人柔道项目结束，我们圆满完成了三项比赛 700 余名比赛场馆工作人员的就餐工作；累计完成保障 33 个餐次、用餐共计 22320 人次，抽样温度检测 228 批次，留样 103 份。实现了食品安全问题“零发生”“零投诉”。工作结束在写简报的时候看见这些统计出来的数据，我顿时感觉所有的辛苦都是值得的。46 个日夜坚守岗位，履职尽责，体现了我们的“敬业、责任、互助、奉献”精神，我要为大家，也为自己说一声——“辛苦了”。

每当翻看相册看到当时的工作留影时，我就很怀念这段经历，工作场景如同电影似的在脑海回放，唯一的遗憾可能就是没能在场馆门口合张影吧……

（作者系西安市临潼区市场监督管理局干部）

全运村里有个神秘的“地下组织”

○康乔娜

在全运村的地下室里，有个神秘的“地下组织”，他们的工作地点在看不见阳光的地下，却用自己的热情服务照亮了他人……

供电、供气、通信、物业维修……他们是来自物业与维保服务中心的“突击队”，虽然行当各有不同，但拥有同一个目标——为全运会提供高质量的服务保障。

全运村秩序井然的背后，离不开这百余名“地下工作者”的默默付出，他们就像是全运村的“毛细血管”，维持着村内整体秩序的正常运行。

3—5 分钟的响应时间

在运动员村南苑闷热的地下室，百余人聚集在这里，办公的硬件条件只有塑料椅子和几张桌子。

“外面下雨了，出太阳了，我们在这里都不知道……”50 岁的陈立波是物业与维保服务中心的一名施工维修人员，“地下工作”对他来说是头一回。他告诉记者，地下室白天见不到太阳，身体需要一定的时间去适应。“为了全运村的服务保障秩序，我们所做的一切都是值得的。”

“因为今年疫情的特殊情况，全运村实行封闭管理，最高峰的时候将近 13000 人在这里生活，所以供电、供气、供水的保障是重中之重。”物业与维保服务中心主任艾浩表示，之所以安排大家在这里工作，主要是因为一旦遇到突发状况，工作人员可以骑自行车在地下室里穿行，3—5 分钟就能快速抵达村内各个楼下，乘坐电梯就可以到达需要帮助的楼层展开工作，缩短响应时间。

“地下室环境肯定不比地上，这也是村委会领导一直很关心的问题，我们结合地下室现状，做了一些调整，尽可能给大家提供一个相对舒适的环境。比如现场配备桌椅、电视，可以让大家在闲暇时间看看电视节目。我们也组织大家收看了全运会开幕式，以此来调剂大家的生活。”艾浩表示。此外，村委会还开展了一系列丰富多彩的活动，如象棋比赛、文娱表演、中秋茶话会、集体生日会等，为大家在工作之余营造出温馨的氛围，调剂心情。

话务中心 24 小时值班　村民热线畅通无阻

“您好，请问有什么可以帮您的？”在物业与维保服务中心地下办公驻点的话务区，话务员们认真地记录着每一位村民的求助信息。窗帘拉环掉了、洗衣机地漏堵了、马桶下水不畅、家用电器不会操作……运动员入住全运村后物业维保方面的大小事务，都通过拨打服务电话进行求助、咨询。

一张小桌子、一个信号接收设备、一台电话座机、一个记录本，就是话务员办公的全部设备。话务中心实行 24 小时工作制，4 人一班，每班工作 12 小时。接到报修电话时，话务员会将信息记录内容拍照上传到保修群内，由维修中心按不同工种指派人员去前场查修。

采访中记者了解到，每天接线的高峰时段在 16 点至 23 点，这段时间是运动员的入住高峰，所以遇到突发状况的概率相对较高，物业维保人员必须随时待命，水、电、木、瓦、油，每个工种都有专人负责，根据不同事件状况进行人员调配。

24 岁的闫毅是话务组最年轻的一名话务员，这位乐观的铜川姑娘每天跟父母聊得最多的就是:“伙食不错!”虽然由于工作岗位的原因，每天只能吃盒饭，但她并不计较，每天将盒饭拍照发给爸妈说:“四菜一汤一饭，吃得挺好!”

巡检天然气管道　徒步 6 公里是工作常态

55 岁的秦春生是运动员村秦华天然气保障组组长，在全运村，他和其他组员需要分组进行 24 小时值班。他的工作日常除了处理突发故障外，还要对天然气管道按周期进行两天一次的巡检。手持测漏仪，徒步 6 公里巡检天然气管道是他们的工作常态。

“开村前，我们对村里的每栋楼挨家挨户检查维护了一遍，也是由于前期工作扎实，所以开村以来，天然气方面的故障并不多，一切工作都在平稳运行。”秦春生说。

据介绍，目前物业与维保服务中心共有 1033 人，主要负责全运村整体运行维护，供电、供气、供水保障，垃圾清运、市政道路保洁、基础物业服务等各项生活配套设施的运行维护。“物业维保工作是隐在幕后的，当所有人都察觉不到物业与维保服务中心的工作时，才说明我们工作运行得很顺畅。”艾浩表示。物业与维保服务中心用不为人知的付出，描绘着全运村岁月静好的模样。未来，物业与维保服务中心全体人员将继续不懈努力，为各地而来的客人打造西安“全运家园”，用踏实而勤恳的工作践行“为全运村服务”的初心和使命。

（作者系西安日报社记者）

“房姐”回首“十四运”

○张　宇

2021年适逢党的100周年生日，西安国际港务区也迎来了高光时刻。港务区作为一个重要的承载区，既是“十四运”主会场的所在地，又是全运村的所在地。全运会的成功举办，离不开港务区无微不至的服务保障。

我是张宇，来自西安国际港务区城管执法局，是第十四届全运会村村委会住宿服务中心的工作人员，负责全运村2975间住房分配工作，大家习惯叫我全运村“房姐”。

迎难而上的“房姐”

全运村由运动员村、技术官员村和媒体记者村构成，总占地面积680亩，建筑面积91万平方米。“十四运”期间，全运村共使用59栋楼、2975套房、12176张床位，为13000余名运动员、体育工作者和新闻工作者提供住宿、餐饮、医疗、交通等 24 小时全方位服务。

全运村住房分配统筹协调可以说是我从未涉及的全新领域。这庞杂的数字为住房分配带来了许多棘手的问题，刚接手工作时，看着全运村楼栋分布图，我一脸茫然。但作为有着 15 年党龄的老党员，我必须迎难而上完成任务。我和住宿团队分房小组成员一起，拿着全运村楼栋分布图一一到现场对照确认，用脚步丈量统计三村楼栋位置、楼栋数、层数、房型、具体床位数；同时，我们仔细研读相关文件、政策和手册，整理住房分配问题工作清单，认真参加学习每一次的特聘首席专家业务指导会，慢慢地从一开始的不知所措到后面的渐入佳境，最后得心应手。为了防止房卡丢失或损坏，房卡都是一备二、一备三，我们拿着共 3 万张房卡一间间房去试，就是为了保证运动员、技术官员、媒体记者、工作人员在进屋刷卡时能听到那句“请进，欢迎回家”。

心存愧疚的“房姐”

众所周知，本届全运会的全运村是赛会历史上从开村到闭村运行时间最长，也是唯一一次需要封闭式管理服务保赛的全运村。在封闭的 45 天里，我唯一觉得对不起的就是两个孩子。她们都在港务区上学，因为我照顾不上，只好和爸爸在临潼住，我爱人天天临潼港务来回 90 公里接送。而我忙得凌晨 1 点后才能休息，第二天早上 7 点前又要到岗开始新一天的工作，根本没有时间接电话、通视频。有一次孩子特别想见我，放学后孩子爸爸就带着她俩来到全运村的外围处，等了一个多小时天都快黑了我才抽出时间跑去见他们。因为疫情防控要求，全运村属于“无污染干净区”，我只能在全运村里远望着他们，挥着手比着心用肢体表达对孩子的想念和爱。孩子大喊着“妈妈加油，我们等你回来”，我不停地点着头挥着手没出声，让孩子们赶紧回家，答应她们等全运会结束给她们带全运会吉祥物。看着他们离开我才敢哭，低头的时候又看到了自己胸前的党徽及“党员保赛岗”的徽章，又擦干眼泪，继续回到我的工作岗位，践行自己的使命。

全红婵的布偶娃娃

“我竟然把你忘在西安了。”9 月 17 日下午 2 时，第十四届全运会跳水项目冠军全红婵发微博称，自己心爱的布偶娃娃忘在了西安。该微博发布后迅速引爆热搜，全体网友一起帮助全红婵寻找娃娃。“十四运”组委会第一时间回复称：“全妹别着急，我们帮你找娃娃。”其实，运动员离房后，工作人员都会按照规定流程进行清查，在发现遗留物品后会第一时间上报执委会，执委会也会第一时间和相关代表队取得联系，以最便捷的方式把物品交还。当日下午，这只牵动全国网友的布偶就被交给了广东省体育代表团，由广东代表团工作人员在“十四运”比赛结束后把玩偶带回给全红婵。

布偶娃娃找到了，全运村的全流程闭环管理和出色的服务保障也成为街谈巷议的热点话题。全运村运行过程中，全体工作人员始终牢记使命、服从指挥、忠诚职守、全力以赴，圆满实现了全运村“顺利开村、平稳运行、服务优质、设备良好、安全有序、令人难忘”的运行目标，助力全运村成为“全运嘉宾”的“西安家园”。

“不见光的人”

全运村的秩序井然离不开百余名“地下工作者”的默默付出。在运动员村的地下室里，有一支特殊服务群体“物业突击队”，他们工作点在地下，就是为了遇到突发状况时，工作人员可以骑自行车在三村通行的地下室里穿行，确保 5 分钟内即可抵达运动员村各个楼下，乘坐电梯迅速到需要帮助的楼层展开工作。全运村开村运行 33 天，他们就在地下驻扎了 33 天，全天候运转、丝毫不敢怠慢。9 月 28 日全运村宣布闭村的那一刻，他们才终于迎来了第一次“曙光”。

全运村里的岁月静好，正是因为有着 400 余名工作人员在负重前行，他们原来也许是老师，是城管人员，是消防官兵，但此时都化身房间服务员、话务员、清洁工、物业维修人员、供电工人、医卫等，为 13000 余名“全运嘉宾”提供服务保障。他们都牢记着习近平总书记“办一届精彩圆满的体育盛会”的重要指示精神，坚守岗位，无私奉献！

青春心向党，奋斗正当时。全运村圆满闭村后，服务在全运村一线的 7000 余名工作人员在完成保赛使命后，又回到了各自的工作岗位上继续奉献着。相信有了这样的经验，西安今后一定能申办、承办更高级别的体育赛事，向世界展示源远流长的中华文明，推动中华文化更好走向世界。

（作者系西安国际港务区城市管理和综合执法局综合业务科干事，时任全运村村委会住宿服务中心住房分配主管）

我们是“十四运”和残特奥会的残障志愿者

○何　沛

2021年西安迎来了“十四运”和残特奥会。随着全运会“一场两馆”——西安奥体中心体育场、游泳跳水馆和篮球馆拔地而起，西安进入了全运残运时间。为了营造“全民全运”的氛围，组委会开始招募城市志愿者、社会志愿者和赛场志愿者。我们雁塔区残健同行残障服务中心的残障人士也加入社会志愿者队伍中，和众多志愿者一起为“十四运”和残特奥会助力，发挥残障社群的优势，奉献自己的一份力量。

雁塔区残健同行残障服务中心以“助残服务链”为理念，围绕残障群体开展就业支持、社会融合、心理陪伴、帮扶慰问重度残障人士服务，让大家在参加兴趣小组、社区服务和社会活动中增进交流学习技能，成为志愿者。中心残障群体经历了自信心提高阶段、知识技能储备阶段、能力提升阶段以及志愿服务阶段，在不断的赋能、实践中体现残障群体的价值。我们不再是需要帮助的弱势群体，我们可以做力所能及的事，助人自助，如宣传“十四运”，倡导城市无障碍，做城市文明倡导者，做西安的宣传员等。因此，在“十四运”和残特奥会来临之际，陕西省慈善协会下属的残障志愿服务队有了“十四运”社会志愿者的身份，大家满怀热情、奋勇当先，努力做好志愿服务。

“十四运”定于2021年9月15日至27日举行，第十一届残特奥会定于2021年10月22日至29日举行。早在2020年11月倒计时300天之际，我们就已经开始了“十四运”的相关宣传。残障中心的残障成员以及家属在宣传大使孙维老师的带领下，与雁塔区残联领导、西安广播电视台志愿者一起参加残健融合大唐芙蓉园健步走活动，通过残健融合轮行加健步走的形式，增进公众对残障群体的了解，通过运动积极参与社会，弘扬“平等、参与、共享”的文明社会残疾人观。在健步走开始前，我们跟孙维老师一起开展了“十四运”的现场宣传活动，让游客了解“十四运”和残特奥会。在活动中让我印象最深的，是残障人员的笑容，我们跟志愿者分组，安排健全人推轮椅或者保护电动轮椅安全前行，大家相互鼓励相互帮助，体现了残健融合，也展现了体育对于大众的影响力。大家一边健步走一边交流，心中饱含对“十四运”的期待，这种积极乐观的人生态度不断感染着周边的人，也让参与奉献的我们感到振奋和自豪。

在2020年12月3日国际残疾人日这天，残障志愿服务队35名肢体障碍者、轮椅使用者和西安志愿者协会的志愿者们一起去西安奥体中心进行参观，体验无障碍设施。我们是西安奥体中心落成后，第一批受邀参观的客人。成员们互相沟通，分组带队，残障成员自主互助出行，完成集合是这次活动的一个亮点，展现了残障人士的协作能力。成员按时到达后，由志愿者带领进入西安奥体中心和游泳馆进行参观，大家都被场馆的宏伟、

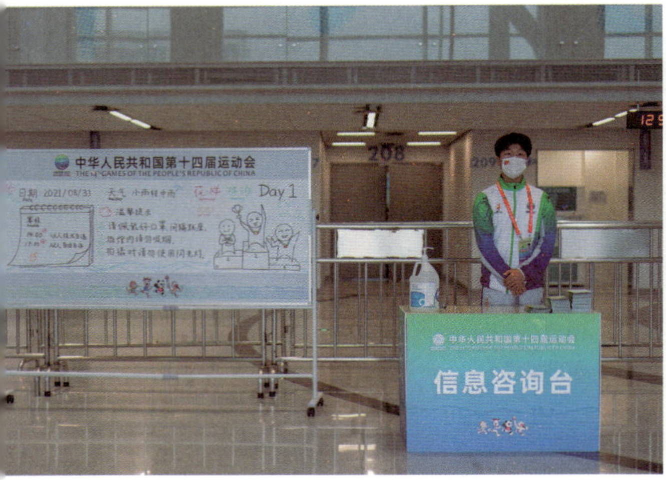

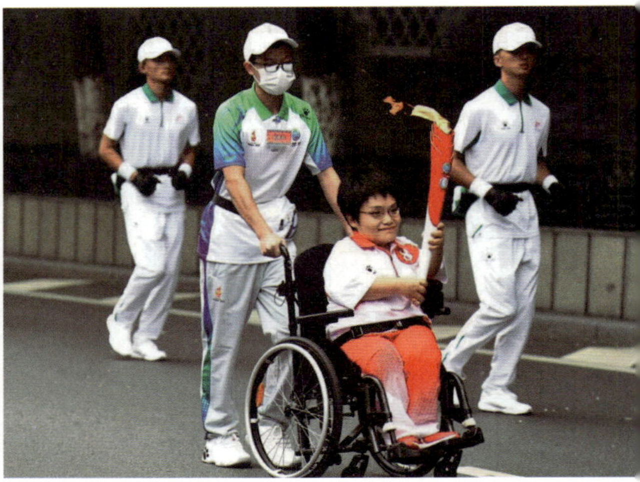

漂亮所震撼，似乎感受到了全运赛场的比赛氛围，也为西安的发展而高兴。作为残障人士，我们对于无障碍环境更加关注，所以在奥体中心处处留心，体验了电梯、坡道、无障碍卫生间等无障碍设施，场馆的无障碍设施已十分完善，对于一些细微之处，例如坡道前很不起眼的棱角，我们也提出了一些改进意见。

有了这样一次经验，我们便希望通过让轮椅使用者带大家行走西安，体验无障碍设施活动来记录西安的发展，让更多的人了解西安，理解和关爱残疾人，关注残疾人出行。因此残障中心无障碍体验小组策划开展了“喜迎‘十四运’，残障人士带你游西安·打卡城市无障碍”系列活动，从 2021 年 4 月到 8 月，我们分别到曲江南湖与景区的工作人员一起体验景区无障碍，在大话南门体验商圈无障碍，去影城看电影感受影院无障碍，在小寨公园通过骑行的方式感受口袋公园的魅力，到雁塔区图书馆进行无障碍体验。所到之处均设有专用停车位、卫生间、盲道、缘石坡道、无障碍导览图、商户便利服务、盲人专用设施等无障碍设施，以上活动展示了西安文明旅游新形象和无障碍设施使用情况，号召大家进一步理解、尊重残疾人。两位轮椅使用者还通过记录单层和双层无障碍公交车乘坐的方式，点赞西安无障碍环境的变化，传递人文西安、文明西安精神，为“十四运”助力。

在无障碍体验小组进行打卡体验的同时，残障中心其他残障伙伴也没有闲着。残障成员肖瑛带领残障伙伴完成60余幅主题剪纸。朗诵小组发挥朗诵特长，通过录制有声读物的方式，迎接“十四运”和残特奥会。7位残障成员互相协作，自制《残障说残运》和《残障说西安》自媒体有声节目并推送至自媒体平台，内容包括残疾人运动员故事、历届残运会志愿者感受、记者采访体会、残运主题朗诵、文明西安故事等。大家通过这一系列的活动向大众展示了残疾人自尊、自信、自强、自立的精神面貌，把体育的温暖与力量传递给身边的残疾人朋友。残障成员明确分工，参与录制的成员有的负责文案收集整理，有的做后期，有的在平台进行发布，这些宣传作品都是成员之间相互合作，共同完成的。我们的作品非常荣幸地被“十四运”和残特奥会组委会选为开幕式入场大礼包的礼品，与宣传西安的图册、西安的风土人情故事读物一起向大家展示，让观众扫码即可听到我们介绍西安、宣传“十四运”的声音，用我们的微薄之力奉献社会，实现自身价值。这是一个创举，也是我们残疾人的荣耀。

随着时间车轮的前进，西安进入了全运和残运时间。雁塔区残健同行残障服务中心负责人何沛成为“十四运”和残特奥会培训师，先后为高校志愿者、接待酒店、安检等点位累计进行了10场培训。2022年8月“十四运”火炬传递到西安站时，她还成为西安市区站的第八棒火炬手。这次火炬传递第一次采用“合二为一、一体传递”的创新传递活动组织方式，能成为史上第一次“两火合一”火炬传递活动的残疾人火炬手，何沛老师感到无比幸运和光荣，也让我们残障中心成员特别振奋和感动。何老师难掩激动地跟我们

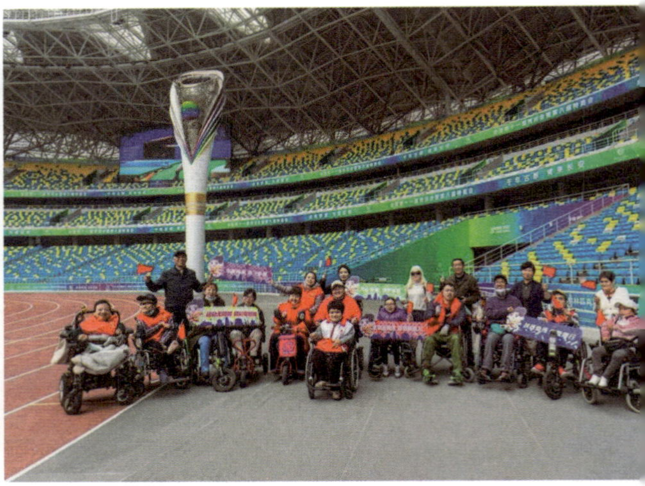

说：“当火炬交接点燃那一刻，更像是残障群体与健全群体之间的链接。穿上火炬手衣服，浑身充满了力量。”参加这次火炬传递也为残障人士与健全人的交流沟通提供了良机，此前很多人不知道如何与残疾人交流，如何为其提供帮助，从而产生躲避和畏惧的心理，这种隔阂可以随着交流的增多而被打破。

作为残障志愿者，能够参与到“十四运”和残特奥会的志愿服务中，既是荣幸也是使命担当，我们在接受别人帮助的同时也能通过自己所学技能去奉献社会，用残障群体积极向上的人生态度去感染身边的人，传递社会正能量。希望通过点滴微小行动的汇集，让外界了解这个群体，践行“奉献、友爱、互助、进步”的志愿精神。西安因我而美，每个人都可以成为城市文明的传递者，希望更多的残障人士积极融入社会，成为共建美丽西安的一员！

（作者系西安市雁塔区残健同行残障服务中心负责人，时任十四运会和残特奥会火炬手）

志愿服务　收获满满

○郭颖秀

金秋九月，丹桂飘香，陕西省迎来了第十四届全国运动会，我的大学——西安工程大学也迎来了“十四运”空手道项目的热血开赛。

我很荣幸地成为一名“十四运”志愿者，在观众服务处与其他13名小伙伴用自己的热情和力量全心全意为这场赛事服务。全运会空手道项目比赛的时间是2021年9月19日至9月23日，距离现在已两年了。从志愿者的选拔、培训、赛前排练，再到赛事服务的每一天、每一幕都还历历在目。每当回忆起跟大家一起努力，为赛事奉献自己力量的场景，我都满心激动。这次志愿者经历，于我而言，不是一次简单的服务经历，它让我收获了满满的热情、温馨、鼓舞和动力。

我被分在了观众服务处，这里有14位学生志愿者和3位负责老师。大家来自各个学院，从刚开始的不熟悉，到后面的了解

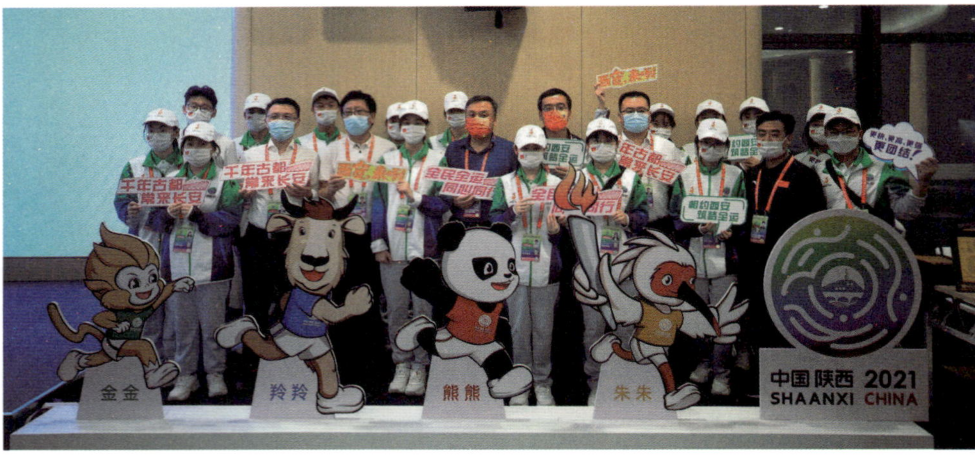

熟悉，互相帮助，一同并肩作战，培养了深厚的友谊。

“十四运”空手道项目赛事是西安工程大学承办的第一个国家级运动比赛，也是学校在新冠肺炎疫情期间承办的首次比赛。学校高度重视，为确保全心全意为赛事服务，全力以赴为赛事保驾护航，学校在 2021 年 4 月邀请了应急救助、礼仪规范、心理健康方面的专家给此次赛会志愿者进行通用知识线下培训。此次培训旨在提升我们学校“十四运”志愿者的个人素养与专业知识，从而培养一支富有朝气、训练有素的志愿者队伍，为即将到来的“十四运”测试赛和正式比赛提供专业的志愿服务，圆满完成“十四运”和残特奥会志愿服务工作。还记得当时所有志愿者在图书馆报告厅认真听讲，积极互动和学习的场面。当时我和处室的几位小伙伴坐在一起，手里拿着笔记本，认真地记录一些自己不了解的急救知识、礼仪规范等。整个报告厅座无虚席，当我环顾四周，每一位志愿者同学都在专心听讲，有的还在专家老师模拟急救过程的时候，录下视频，大概是要回去多次观看学习吧！总体来说，赛前培训很有帮助，让我学到了很多自己之前不知道的急救知识，规范了志愿者行为举止，也帮助我在赛前以及赛中保持良好的心理素质。同时，我也感受到了其他志愿者同学对这次赛事服务的重视和期待，让我对“十四运”的志愿服务更加充满动力和信心。

时间飞快，不知不觉中就快要进行“十四运”空手道比赛了，在正式比赛的前半个月，学校先进行了一次测试赛。在测试赛前后的几天里，赛事各岗位的工作人员都在忙碌着，观众服务处的工作主要是引导观众入场观赛。学校在比赛场馆门口设置了失物招领与物品寄存点，方便观众存放物品，同时也安排工作人员帮助观众解决一些在观赛过程中的问题。这次测试赛，标志着大家正式上岗，在测试赛开始前一个小时，大家都已经到岗，准备开始服务了。当时我们身穿志愿者服装，戴着志愿者帽子，微笑时刻挂在脸上时，每个人看起来都很有精气神！同时，这次测试赛也是正式赛的预演，大家都在这次测试赛的服务中不断摸索发现了一些可能出现的问题，以便在正式赛

中提供最好的服务。

2021 年 9 月 19 日，“十四运”空手道比赛正式开始。所有的志愿者都早早地抵达了赛场的各个工作岗位。我们观众服务处的同学们一起在“志愿者之家”整理着装，调试设备，交流在测试赛中遇到的问题与解决方案，为即将开始的服务工作做好充足的准备。大家还一起拍了合照，这是我最喜欢的照片。比赛当天，下起了绵绵细雨，在校门口和环道负责引导的同学披着雨衣，手拿对讲机早早地站在岗位上，我在比赛场馆文体楼门口负责引导并且帮助观众存放物品。观众还没进入场馆时，我就已经开始和另一位志愿者一起练习引导手势。当看到第一批观众即将进入场馆时，我内心十分激动，不由得更加站直身子，抬头挺胸，把志愿者最佳的精神风貌展现给观众。“您好，A 区观众请从左边楼梯口进入，B 区观众请从右边楼梯口进入。”配合着手势，我们成功引导了观众进入场馆。当观众回以微笑和致以谢意时，我们内心欣喜无比。就这样，我站在文体楼门口，与其他处室负责检票的同学迎来了一拨又一拨观众。在室外负责引导的同学还要披着雨衣，站在雨中引导，当他们回来轮换岗位时，看到他们冻得通红的手，不禁被他们的精神鼓舞，特别是我们处室的几位男同学，一直争着在室外引导。失物招领处与物品寄存处也安排了志愿者为观众服务，大家轮流值岗，坐在桌子前，时刻注意着来观赛的观众，主动为他们提供观赛指南，帮忙拿放物品，只为给观众提供无微不至的服务，让他们感受到温馨，感受到陕西的热情好客。处室的老师也很辛苦，在不同岗位来回奔波，时刻注意着场馆内外的大小问题，还暖心地为处室的同学提供了暖宝贴。虽然那几天天气有些冷，但我们的心很暖。在闲暇之余，我们也会进入观众席，观看空手道比赛，看运动员在赛场上酣畅淋漓地比赛，为他们加油呐喊。就这样，从早上 6 点到晚上 10 点，大家以饱满的精神和热情服务着，为赛事奉献着自己的力量，累并快乐着……

五天的志愿服务不知不觉结束了，我们都收获满满。大家不仅培养了深厚情谊，还对志愿精神有了更深的领悟，也被运动员赛场上勇于拼搏的精神鼓舞。那几天时常会下雨，但丝毫没有浇灭每位志愿者的热情。不管工作多么辛苦，各个岗位上的志愿者仍然兢兢业业，无私奉献。从他们身上我真正领悟了志愿服务的意义。“奉献、友爱、互助、进步”这八个字在刚开始参与志愿者选拔时，就时时刻刻印在我的脑海，我也在志愿服务中不断践行着。

还记得当志愿者的日子里，学校会为大家准备工作餐，早餐里有一种手撕面包，前前后后大概吃了十次。那会儿大家还开玩笑说以后都不吃这款手撕面包了，真的是吃够了。但是现在在学校超市里买面包时，我总会毫不犹豫地拿起这款手撕面包。其实我并不是怀念它的味道，而是怀念当“十四运”志愿者的那段美好时光……

（作者系西安工程大学人文社会科学学院研究生，时任十四运会西安工程大学观众服务处志愿者）

“十四运”，有这样一位志愿者

〇张凌雁

她叫雷俊，是雷氏绣样剪纸第六代传承人，西安市新城区政协委员，也是“西安市首届十佳民间艺术家”“西安市三八红旗手”“西安工匠”“西安好人”。

她热爱生活，热爱艺术，是生活中的有心人；她处处留心观察生活的细节，把自己看到或听到的新鲜事儿与剪纸艺术联系起来，从日常生活中寻找艺术的灵感。

一个春光明媚的下午，在新城区东尚社区的一处教学场所——雷俊剪纸艺术工作室中，雷俊身着红色上衣，面带微笑，眼前的桌面上堆放着几把特制的剪刀，一厚沓剪裁过的方形彩纸，还有一些现成的剪纸作品。我开门见山，当问及参加“十四运”志愿服务的经历时，她如数家珍，就像拉家常一般娓娓道来。

2019 年 8 月 2 日，省上有关部门把以秦岭四宝——朱鹮、大熊猫、羚牛和金丝猴为创意原型的第十四届全运会吉祥物，分别命名“朱朱”“熊熊”“羚羚”和“金金”，秦岭四宝在陕西媒体正式亮相。雷俊在电视上看了这则新闻，突发奇想：秦岭四宝是国宝级珍稀动物，如果把它们用剪纸艺术呈现出来，是对“十四运”多角度、全方位的宣传，从艺术的角度来说，也是对陕西非遗文化最好的展示和宣传。她说干就干，先从网络上下载了“朱朱”“熊熊”“羚羚”和“金金”的卡通形象，然后在红色纸上勾画出大致轮廓，接着操起剪刀，一刀一刀剪起来。就这样，一幅又一幅珍稀动物形象，在她的精心裁剪下，变成了一件件精美新奇、栩栩如生的剪纸艺术作品。随后，她又精心剪制了“十四运”会徽图案。随着“十四运”设置的 34 个运动项目图案的陆续发布，她的个性化创作也进入最佳状态，在“十四运”开幕式进入倒计时一周的时候，她的 34 幅剪纸作品也进入创作尾声。

此时的她，只是出于对剪纸艺术的热爱而进行创作，压根就没有想到自己的作品会进入“十四运”非遗展览厅，也没有想到自己会成为国家级运动会的志愿者，更没有想到自己的一技之长会在“十四运”这个平台上尽情展示，为来自全国各地的运动员、技术官员、媒体记者等讲解西安非遗文化，带他们现场体验剪纸的魅力。在艺术创作的崎岖小道上，她有的只是一种撞了南墙不回头的执着、只管耕耘不问收获的执着。她利用了所能利用的一切时间，忘记了疲劳，忘记了节假日，让身心完全沉浸在复杂而艰巨的艺术创作之中。

成功总是垂青于勤奋者，机会也总是留给有准备的人。2021 年 7 月上旬，她接到“十四运”陕西非物质文化遗产展厅负责人的电话，邀请她以志愿者的身份做讲解员。一开始，她没做好思想准备，觉得非遗项目多、展览时间长、涉及知识面广，怕自己讲不好，便借故推辞。过了一段时间，那位负责人再次来电话，一番耐心解释与热情鼓励，让她渐渐消除了思想顾虑，接受了邀请。

8月24日，她和其他四位志愿者入住全运村，首次进入非遗项目展厅。偌大的展厅里，不同区域布置了不同的非遗展览物品，有“西安鼓乐”“北张造纸”“古琴制作”“戏曲脸谱”“戏曲服装”“戏曲盔帽”“西安瓦当”等，看得她眼花缭乱。她明白，要当好讲解员，首先要熟悉项目，多方收集资料，熟悉讲解内容，否则就无从谈起。在那一段时间里，她经常在非遗展厅一待就是大半天，细心琢磨如何才能讲得大方、得体和生动，如何才能引起人们的兴趣。

第十四届全运会，有来自全国各地的运动员、技术官员、媒体记者共13000余名，有会务保障人员7000余人。“十四运”期间，大部分时间他们都待在全运村，而非遗展览馆也成为他们赛事之外主要的活动场所。雷俊和她的队员们每天轮换在运动员村、媒体记者村和技术官员村三个主题不同的非遗展厅值班讲解，坚守自己的工作岗位，认真接待每一位进入非遗展厅的参观者。“开村以来，三个展厅每日平均接待200余人，共计接待4000多人次，接待媒体采访50余家，他们以专业的非遗知识讲好非遗故事，以饱满的热情服务每一位全运村民。”这是全运会组织管理部门对他们做出的评价。

虽然剪纸仅仅是众多非遗展览中的一项，却也吸引了不少运动员、教练、记者的目光，有人对剪纸艺术怀有浓厚兴趣而前来学习。在原先的非遗文化展厅，剪纸作品大多是民间传统剪纸的图案，与全运会有关联的剪纸作品寥寥无几，雷俊的作品参展，补充了大量以全运会比赛项目和吉祥物为主题和造型的剪纸。这些作品形态各异，栩栩如生，萌感十足。不少运动员来非遗展厅，看到自己参与的竞技项目的剪纸作品时，纷纷拍照，留作纪念。此时，雷俊都会主动接待，耐心回答他们提出的问题，为他们讲解剪纸技巧或小常识，使他们乘兴而来，满意而归。

让她记忆犹新的是，在全运村非遗展厅，来自香港特别行政区的田径运动员梅政扬对剪纸技艺颇有兴趣，他多次来展厅向雷俊请教剪纸技艺，一有空暇，就拿起剪刀学习剪纸。久而久之，雷俊和他的互动越来越多，彼此的友谊也在加深。考虑到他来自香港，雷俊传授他香港特别行政区区花——紫荆花的剪法，包括纸张的折叠、剪刀的切入，以及注意事项等，他决心自己先学会，然后回去教给队友。这项技艺最终也成了一段友谊的纪念：梅政扬在结束赛事返港前夕，给雷俊留下了自己的联系方式。

在做志愿者的那段时间里，雷俊和她的队员们每天工作 12 小时，早上 8 点从生活区出发到非遗展厅，工作到晚上 10 点，再回到住地。在非遗展览厅做志愿者前后 36 天，他们接待了 4000 多人次，虽然辛苦，但苦中有乐。他们通过非遗展览，讲好西安故事、陕西故事、中国故事，宣传西安文化，展示西安形象，出色地完成了非遗展览的讲解任务。他们的辛勤付出，得到了全运会组织管理部门的肯定，经全运村村委会研究决定：授予他们团队 9 月 22 日“团体之星”荣誉称号。服务“十四运”的志愿者有 7000 余人，而获得“团体之星”的并不多，可见这份荣誉的分量。

“十四运”闭幕前夕，全运会组织管理部门为雷俊颁发了全运村“每日之星”荣誉证书、纪念证书，以及感谢信。荣誉证书中对她有这样一段评价：“感谢您在第十四届全国运动会全运村服务中所做出的贡献，您的每一个微笑都会被铭记，您的每一滴汗水都会铸就精彩，您的每一份坚持，都是我们成功的力量。”感谢信中这样说：“全运会是全国最高规格、最大规模的国家运动会。全民全运，同心同行。值此重要时刻，您对全运会的工作给予了大力支持，为村民们讲好非遗故事，讲好剪纸故事。您细致的手艺、精美的剪纸以及精彩的讲述，是宣传陕西文化的很好的窗口。”

世上没有白流的汗水，付出总会得到回报。雷俊几十年来孜孜以求的剪

纸艺术，使她从一个企业员工成长为“西安群艺馆特聘民间艺术家”“陕西省最美志愿者”。这一切，同样是她不曾想到的。

（作者系西安市新城区地方志办公室编辑、新城区政协文史资料撰稿员）

盛世迎全运　魅力小秦宝

〇孙春宁

“十四运”赛事结束两个多月后，再次走进奥体中心体育场，绿色的田赛场，红色的径赛道，黄蓝相间的座席，一下子将我的思绪带回百米大战的当晚，耳边仿佛仍然回荡着“苏炳添加油！”“苏炳添冲啊！”的加油声。在那个中秋节的夜晚，全场2万多名观众加油的声浪响彻奥体的上空，全场2万多名观众见证了苏炳添的“中国速度”，目睹他又一次突破10秒大关，以9秒95的成绩夺得全运会冠军！

那天，我站在奥体中心体育场八号通道，看着苏炳添被记者、教练员、工作人员簇拥着往赛道外走，一位志愿者大声用粤语喊了一句：“苏老师，中秋节快乐，记得吃月饼呀！”苏炳添闻声抬头向他招了招手。后来问他怎么会想到用粤语问候，他说：“之前帮助过一名香港来的记者，他听到我讲粤语的时候特别激动，说在陌生的地方听到乡音真的太感动了。今天是中秋节，苏神应该也很想家吧。”在那一刻，我突然被这位广东籍志愿者的小心思感动了。志愿者们是真的带着爱来用心服务大家、温暖大家的，和这样一群美好的孩子在一起，是多么幸福的一件事啊！

从1月份起，六个单项竞委会在“十四运”主场馆所在地——国际港务区相继成立，我有幸负责十四运会和残特奥会田径项目竞委会志愿者工作处的工作。刚接手时，兴奋又忐忑，兴奋的是能够参与家门口这百年难遇的盛会，忐忑的是这项工作对我来说属于全新的领域。我们在这张全运的试卷上，又加上疫情这道附加题，须一笔一画，认真作答。

除了与组委会、执委会、学校开展密切的对接，与竞委会各职能处室协同工作，我们的大本营——志愿者之家的建设对我更是考验。3月份跟着竞委会走流线的时候，走到八号通道口，看到志愿者之家的选址，心中充满了期待。那个时候，奥体中心体育场里面堆满了沙子、水泥，空气里充斥着飞扬的灰尘，地都还没刮平，我却已经对这个未来的志愿者之家产生了浓浓的归属感。为了建设好志愿者之家，我们把设计方案研究了无数次，推翻了无数次。在反复推敲后，我们提出了“志愿者+”的概念。它不单单是志愿者的休息场所，更是一个温馨的“家”。“志愿者+”谐音“志愿者之家”，“+/PLUS”代表着practice（行动），learn（学习），unite（团结），surprise（惊喜）。“+”代表着技能的掌握、能力的提升，赋予志愿者服务无限的深度，“+”代表着各种可能，更代表着我们对即将到来的志愿者的无限想象、期待和祝福！“十四运”绿是我们的主色调，所有志愿者的名字拼成的姓名墙是我们的主背景。经过与组委会、执委会、学校的反复对接，征求意见，我们进一步彰显了学校的文化元素，增加了志愿者的风采展示区域等，把空空荡荡的房子变成了我们想要的、温馨的“家”。

田径比赛开赛前，我们先后经历了田径和竞走项目两场测试赛。田径测试赛，是奥体中心体育场和我们田径竞委会团队举办的第一场比赛，也是正赛前唯一的磨合锻炼的机会，近1900人的参赛规模，以及43个项目的激烈角逐，给我们的筹办工作带来了前所未有的考验。这场测试赛有将近400名志愿者参加，做好这么多志愿者的保障服务工作，对我们这个不足5人的团队来说是个巨大的挑战。经过多轮的讨论和头脑风暴，我们制订了《志愿者工作处专项工作方案》《志愿者常见突发事件应急预案》等各类保障制度，创新设计了《志愿者管理分工表》《志愿者保障联络表》《志愿者指南》等方案，明确了各类保障的边界，也明确了每个岗位的负责人和联系方式。为了保证相关制度的顺利实施，我们还专门邀请各处室召开工作对接会征求意见。除此之外，我们工作人员经常进行沙盘推演，模拟开赛后志愿者每天乘车、抵达、上岗、用餐、离岗、乘车返回等各节点的流程，预演可能出现的突发情况。

这点点滴滴的努力，为我们的赛事提供了很好的保障。4月27日晚比赛开始前，突然天降大雨，部分技术官员、媒体记者、工作人员雨衣没有带到现场。由于有预案，提前考虑到并准备了充足的雨衣，我们立刻将场地上为志愿者准备的部分雨衣送到了他们手上；同时我们的工作人员和带队老师又快速拉上板车，从库房将储备的雨衣运送到志愿者之家，及时分发到每名志愿者手中，确保了场外所有的志愿者、工作人员都不淋雨。当天，志愿者穿着雨衣在赛场上用心服务的工作场景后来也登上了《中国共青团》杂志封面，向全国展现了陕西、西安、田径竞委会志愿者的风采。

5月22日是竞走项目测试赛，虽然只有一个上午的比赛时间，但是我们仍按照“全流程、全要素、全方位”的要求，在布置赛道、赛中服务、接待颁奖、赛后收尾等方面做了相对完善的准备。那天的天气格外热，户外场地地面温度达到40摄氏度以上，我们提前为志愿者们准备了防晒霜、冰袖、

千年古都 常来长安
“西安国际港”第十四届全国运动会田径项目测试赛暨2021年田径分区邀请赛
来长安

冰袋、藿香正气水等防暑用品。赛道边，我们专门申请了帐篷，作为志愿者驿站。了却后顾之忧，每个志愿者和工作人员都是全情投入，为运动员和技术官员提供细致周到的赛事服务。

经过两次测试赛，我意识到志愿服务不是想象中那么简单，正式比赛的规模要比测试赛大得多，情况也复杂得多，光凭我们当时的几个人，是远远不够的。我向领导反映，能不能向区内“十四运”建设项目单位借调一些人手，从而保证我们工作的正常开展，也能让工程单位切身感受到他们的建设成果。在领导的支持下，一波又一波工程单位的优秀青年骨干作为志愿者加入“十四运”服务保障团队，他们不仅保质保量地完成了任务，还提出了很多创新的想法和建议，只为更细致、更周到地服务“十四运”，这也让我感受到“全民全运，同心同行”的全运精神，我们不是一个人、一个单位在战斗，我们是一座城市在携手同行！

日子太短，时间太快，转眼就到了开幕式的日子。为了保证田径赛事的顺利进行，观众离席后，“十四运”开幕式场地需要立即转场田径赛场，每个人都紧绷着神经。一指厚的草坪一卷卷结实整齐地捆扎好被卡车拉到场馆处，用起吊机吊下，再用现场的车进行后续作业；一阵阵整齐的口号声响起，在赛场的另一头，几十个头戴安全帽的工人，正在齐力拉绳子，拆除悬挂在空中的“铁屏障”。蒙蒙细雨中，我们与时间赛跑，而且必须跑赢！因为提前科学研判，多次进行演练，进场后有序施工，原计划 56 小时完成的演赛场地转换工作我们仅用 26 小时就提前完成，陕西速度、西安速度让人叹为观止！十四运会田径竞委会副主任、中国田协副主席蔡勇接受采访时表扬道：“本届全运会田径项目整体比赛效果非常成功。场地设施达到国际一流水平，服务保障工作也做得非常好。在应急服务方面，场地方和组织方第一时间反应、第一时间保障、第一时间完成。比如环卫人员在雨稍微小点的时候，就会立刻出现在赛道上进行清理，为运动员创造了一个良好的比赛条件，让运动员和教练员们感受到了服务保障的细致和温暖。”

来不及震惊于转场的迅速，属于我们志愿者的这场“战场多，战线长”的战争就进入了高潮。“十四运”时，我们从陕西科技大学、长安大学和西安医学院等地选调了808名志愿者，与我们的工作人员分别封闭在全运村和建国饭店两个封闭点。在工作岗位上，分了核心区和非核心区两个区域，还有田径场地和竞走场地两个同时开赛的比赛场地。因为当时国内疫情反复，原本就繁重的工作量更是翻了一番。

比赛开始前，为了进一步做好田径项目志愿服务工作，使志愿者提高服务能力，在组委会、执委会志愿服务部领导和老师们的指导和帮助下，我们邀请省、市相关领域的专家以及竞委会专业老师组成讲师团队，按照疫情防控要求，创新培训思路，灵活采用校馆结合，线上线下、情景演练、理论结合实际等多种培训形式，举办了多场次、大范围、高频次的培训课程，培训内容包括赛事基本知识、志愿者管理、志愿者心理调适、赛会安全、服务礼仪、疫情防控等，还有田径项目赛会知识分享与主体育场流线介绍。课程安排充实有趣，志愿者们表示收获颇丰。

为了保障志愿者按时到岗，我们的工作人员每天与各处室逐一对接，确定每名志愿者的抵、离岗时间，制作每日工作流程表和交通安排表，明确每位志愿者的出发时间、地点、带队教师、司机及车辆信息。正赛开始之后，田径项目封闭区志愿者被划分到12个竞赛单元，参与93项次比赛，服务全国36支运动队的1240名运动员，管理运送164类25156件、套的竞赛器材，人均志愿服务时长超过100小时，志愿服务总时长累计116352小时，人均每日步数超过2万步。比赛期间连续数天阴雨，不少志愿者穿上雨靴后因长时间站立走动双脚磨出水泡，仍忍痛坚持。整个比赛期间，封闭区共接送志愿者 225 车次，最早一班凌晨 4：30 从建国饭店出发，最晚一班第二天凌晨 00：30 从奥体中心返回。非封闭区共接送志愿者 144 车次，涉及 3 所学校，4 个集结点，2 家公交公司，3 个公交车队，专班专车，定时定点接送，做到了志愿者交通保障零失误。

竞委会领导多次专题研究志愿者的生活保障问题，要求各处室全方位做好他们的衣食住行保障工作，搞好人文关怀，不要让高校带队老师和“小秦宝”有后顾之忧。为了保障志愿者们在疫情封闭期间的身心健康，我们成立了专门工作组，每日巡夜、安全提醒、策划志愿者活动，丰富志愿者的封闭生活。集体生日那天，我们把志愿者之家装饰得简单而温馨，为每一个过生日的志愿者送上一份贴心小礼物。来自长安大学的一名志愿者激动地说：“我是一名研一的学生，刚来长安大学一个月，就有幸能参与其中，今天晚上的生日会太特别了，工作人员对我的悉心照顾也让我很感动，谢谢！”我们希望在服务好“十四运”的同时，也为大家做好人文关怀，让志愿者们真正感到“家”的温暖。

为了让来自不同学校的志愿者进一步加深联系、迅速转变职能身份、提升团队协作能力，我们组织了一系列破冰活动，快速让志愿者们从“我是某某学校的某某某”变成“我是交通运输组的小秦宝”。正如《志愿者之歌》中所唱的“初次相逢却已是朋友”，不论来自何方，不论年龄几何，我们携手并进，为了本次盛会的顺利举行而努力着。

田径赛事举行期间，我们经历了历届全运会最多的阴雨天气，保障难度剧增。场上的志愿者们冒着大雨，按照统一的手势和口令，向后撤步，蹲下，放筐，起立，双手背后，等待运动员将衣物和背包放入。待运动员整理衣物结束后，又按照统一的手势和口令，列队将衣物搬离赛场。整齐划一的步伐赢得了现场的欢呼和掌声，也成为各大媒体报道“十四运”田径赛会志愿者的照片素材。他们早上天没亮就列队向光而行，训练枯燥重复他们也咬牙坚持。可爱的志愿者们，他们克服着一切困难只为“为爱起航”。虽然场地大、天气变幻莫测带来的客观困难很多，但在竞委会周密细致的组织和小秦宝们的全力保障下，田径比赛在9月20日至25日精彩圆满举办。苏炳添、刘诗颖、王峥、巩立姣等国内顶尖田径明星同台竞技，459人次达国家健将标准，338人次创个人最好成绩，207人次创赛季最好成绩，1人1次破全国纪录，5人6次破亚洲纪录，西安奥体中心体育场也被中国田协和媒体亲切地称为“中国田径福地”。

残特奥会之前我一直非常担心，因为疫情，志愿者们全部集中封闭在全运村，再加上本次服务的运动员群体比较特殊，担心学生志愿服务者心理压力大。没想到这种担忧一开赛立刻消失不见了，运动员们热情阳光、积极向上、热爱生活，虽然存在一些身体上的缺憾，但他们在生活中的坚韧品格和在赛场上勇往直前的精神感染着我们每一个人。志愿者们尊重运动员、尊重观众，专业而认真地为他们服务。赛事期间，我们一名观众服务处的志愿小组长每天的微信运动步数经常显示近4万步，这位小姑娘是一名从测试赛开始就表现得非常优秀的志愿者，正赛期间是一个楼层小组长，需要对楼层志愿者的工作进行督导检查。小姑娘很要强，为了带领同楼层志愿者做好服务工作，除了吃饭时间以外，基本都在楼层走动服务，把志愿服务当成一种极大的殊荣。这只是一个小小的缩影，除了她，还有在烈日下一丝不苟引导观众的，在大雨中坚守引导车辆的，在岗期间低血糖喝完糖水坚持上岗的……由于戴着口罩，运动员、技术官员、媒体记者、观众没看清过他们的长相，但他们眼角的笑意、亲切的话语，让大家记住了“小秦宝”。他们向全国人民展示了陕西、西安青年志愿者的服务风采，弘扬了“奉献、友爱、互助、进步”的志愿服务精神。苏炳添接受赛后采访时由衷地称赞道：“志愿者，还有服务、场地及设施设备，一切确实都比较好，感受到西安人民和志愿者为承办这场大会付出了很多很多的努力。”

一眨眼赛事结束两个月了，小志愿者们还常出现在我的梦里。有了可爱的志愿者以及我们田径竞委会全体工作人员的贴心服务和认真付出，田径竞委会的工作得到了所有参赛人员的高度认可，两场比赛结束，我们竞委会共收到各运动队 57 封感谢信和 8 面锦旗，媒体记者称我们是“天花板竞委会”“模范竞委会”“示范竞委会”“服务最优竞委会”。犹记得在赛后的答谢会上，竞委会副主任苏国锋带领所有处室的人员夹道欢迎志愿者落座，真情真心地回顾和感谢志愿者为赛事所做的努力，不由得让在场的所有人泪目。

再次走进场馆，我似乎又看到了身着雨衣的志愿者们，在大雨中向后撤步，蹲下，放筐，起立，双手背后，等待运动员将衣物和背包放入，待运动

员整理衣物结束后，列队将衣物搬离赛场，整齐而迅速……

“人人都是参赛者，人人都是服务者，人人都是奉献者。”这就是“十四运”的氛围。

（作者系灞桥区政协委员、西安国际港务区组织人事部副部长，时任十四运会田径项目竞赛委员会志愿者工作处副处长）

犹说当年保障功

BAOZHANG PIAN

保障篇

构建智慧系统　精测风云变幻

○侯燕妮

在“十四运”山地自行车项目测试赛中，陕西队陈礼云赢得男子组第二名的佳绩。“昨天下大雨，我一度担心今天不能顺利完赛。多亏办赛各方的全力保障，我不仅取得了好成绩，而且在全身心投入中体会到竞技体育的乐趣。”他说。

大型体育赛事能否成功举办与天气状况息息相关，这突显了十四运会气象保障服务责任重大、任务艰巨。6 月 22 日，“十四运”西安赛区信息技术电力和气象保障情况新闻发布会召开，会议从制度组织保障、智慧气象保障服务能力、重大活动和测试赛气象保障服务等方面介绍了“十四运”气象保障服务筹备工作情况，号召全部员工全力以赴为“办一届精彩圆满的体育盛会”贡献力量。

精细服务保顺畅

6 月 14 日试训时，陕西黄陵国家森林公园大雨如注。5.2 公里的赛道上，既有盘旋起伏的碎石坡道，也有倾斜幅度达 50 度的陡坡，富有挑战的地形和强对流天气的影响，给山地自行车比赛带来重重挑战。

“我们提前一个星期就收到气象部门的预报信息，竞委会紧急研判，制定了一系列降难避险措施，在危险地段安装防护网、防撞海绵等设施；经过和裁判长商议，竞委会决定临时关闭高难度赛道；增加消防、特警、医护等救援力量。”黄陵县副县长杨玉梅说，安全是头等大事，经过测试赛的考验，他们对承办正式比赛充满信心。

前方的积极有效应对，源于后方坚定的支持。长安常宁生态体育训练比赛基地是承担“十四运”射击射箭和飞碟比赛项目的主场馆，鉴于这些项目容易受到降雨和大风天气影响，项目竞委会早早便向气象部门“求助”。

为了提高精准预报水平，省气象局组织开展网格预报、强对流天气客观识别、延伸期和气候预测网格预报等关键技术研发，引进了数值预报模式，应用人工智能技术，建立了十四运会和残特奥会气象预报预警和智慧服务系统。通过该系统，全省 53 个场馆的天气实况和发展趋势尽在掌握。

“目前，我们的天气预报能力达到了空间分辨率 1 公里、时间分辨率 1 小时，切实提高了赛会赛事天气预报精准度和时效性。”“十四运”西安市执委会气象保障部部长、西安市气象局局长李社宏说。他们为赛事编排、火炬传递路线设计等提供了针对性的气候分析与建议；同时，顺利完成倒计时一周年、200 天、100 天等活动的气象保障服务，检验了系统建设、业务技术和人员队伍，为圆满完成开闭幕式，正式赛事的气象保障服务积累了经验。

“特种”设备展威力

上一秒还阳光明媚、晴空万里，下一秒就乌云蔽日、大雨倾盆。夏季，强对流天气总是突如其来，可对它的预警却是世界性难题。

大荔沙苑地区沙丘连绵，林湖相依，风景宜人，素有“关中沙海”之称。但是，露天的环境给比赛带来很多未知的挑战，天气状况便是重要因素之一。

“当空气温度达 40℃的时候，沙子温度大约能达到 60℃，会灼伤人体皮肤。这需要我们密切关注沙温变化，及时发布提醒信息，便于竞委会采取相应措施。”大荔县气象局局长李东说。沙温观测仪的应用，能实现每 5 分钟发布沙温实况监测数据，让气象服务能力迈上新台阶。

小小“特种”设备，发挥着大作用。在西咸新区马术比赛场地安装的暑热压力监测仪，可用于比赛马匹的体感温度监测和预报；在安康汉江公开水域、陕西省水上运动管理中心等赛区应用的水体气象浮标监测仪，可为马拉松游泳、赛艇等水上比赛项目提供关键气象数据。

“X 波段双偏振相控阵天气雷达是气象观测领域的高精尖设备。”十四运会和残特奥会气象台应急保障中心主任、西安市大气探测中心副主任白水成介绍说，“它能够监测垂直高度 20 公里内、半径 60 公里范围内天气的变化情况，精准识别极端天气的种类和强度，弥补低空强对流天气观测能力短板。安装在西安市灞桥区、鄠邑区、高陵区的 4 台 X 波段双偏振相控阵天气雷达已经正式启用。”

目前，全省移动气象台、风廓线雷达、微波辐射计、天气现象视频智能观测仪、大气电场仪以及多要素自动气象站等 81 套先进监测设备已经全部安装到位，形成了处于国内先进水平的天、地、空立体化气象监测系统。

倾力护航迎盛会

气象科技水平的不断提高，使“十四运”气象服务的精细化和丰富性也进一步提升。赛事期间，省气象局上线了由其组织研发的陕西气象 App（全运·追天气）、十四运会和残特奥会气象网等平台，可为公众提供空间精度达到 1 公里、每 10 分钟更新一次的天气实况。预报中还新增气象舒适度、穿衣建议等指数预报，让科技成果融入社会，广泛惠及民生。

（作者系陕西日报社记者）

交通保障为赛事保驾护航

〇董秀萍

十四运会和残特奥会期间，作为西安市执委会赛事交通保障指挥部的一员，我主要负责方案编制、政策咨询、数据统计、交通保障等工作。具体负责组织协调专家编制各类赛事交通保障方案、编制参赛运动队和观众交通出行手册、梳理各项赛事交通线路和场馆交通流线、统计交通保障车辆数据、进行交通保障政策咨询解答，负责各项保障数据统计以及开闭幕式互动观众封闭管理交通保障。我从 2021 年 3 月份开始参与十四运会各类方案编制工作，到 8 月 20 日进入交通保障封闭管理小组，参与了十四运会和残特奥会开闭幕式从演练到正式举办，以及各项赛事的全程交通保障，整整 8 个月的工作，其间度过了 66 天的全封闭生活。在这段十四运会交通保障工作实践中，积累了不少的宝贵经验。

明确需求

本届全运会是首次与全国残运会暨特奥会同年同地举办。根据《第十四届全国运动会第十一届残运会暨第八届特奥会交通服务标准》要求，赛事交通保障个人专车和班车交通服务时间分别为 9 月 1 日—9 月 30 日和 10 月 8 日—11 月 1 日。先期决赛项目从 8 月 15 日开始，考虑疫情防控等因素，保障车辆需提前进场进行全面消杀，接受封闭管理。所有涉及大型活动的车辆，需在大型活动（开闭幕式、双先会、火炬传递活动等）举办前，进行全面消杀并进场全封闭管理。本次交通保障为参赛运动队、技术官员、注册记者提供抵、离交通服务；为赛事期间各注册群体提供从住地往返场馆的交通运输服务；为主办单位、参赛代表团人员、双先会代表、火炬手及保障人员、下一届全运会接旗代表团、演职人员提供参加大型活动交通服务；为市执委会各类工作人员、赛会志愿者提供公共交通保障服务。本次赛事共提供交通保

障车辆1038辆，其中大巴车578辆，中巴车187辆，商务车147辆，小轿车和公交车126辆。

为最大限度减少本次赛事对城市交通的影响，专家团队专门建立路网模型，围绕多种不同情景，对比叠加十四运会交通量前后的道路高峰通行情况，对涉赛交通及城市交通进行压力测试，充分平衡赛事交通与社会交通的需求，有效降低了城市交通道路负荷，保障了赛事交通顺利运行。

编制方案

编制方案是做好赛事交通保障工作的前提。2021年3月，按照西安市执委会交通保障工作要求，市交通运输局制定了开闭幕式“零差错”、赛事运行“零延误”、安全防控“零事故”、保障服务“零投诉”、部门联动“零纠纷”的“五个零”工作目标。为确保实现工作目标，市交通运输局组织方案编制团队，经过多轮次现场踏勘，与组委会和市执委会有关部门充分对接沟

通，内部研讨、咨询专家、征求各相关部门意见建议，编制形成《第十四届全国运动会交通运输保障总体方案（西安赛区）》，进一步细化了交通需求、保障内容、运力配置，明确了交通保障设施配置，建立了指挥调度体系架构，提出了风险预判及应对措施，为十四运会交通运输保障总体工作系统化、模块化、标准化开展奠定了坚实基础。

在赛事筹备期间，我参与专家团队完成十四运会和残特奥会交通保障方案体系的构建，完成了103个各类交通保障方案编制工作，最终形成包括不同客户群体抵离交通保障、重点竞赛场馆交通保障、开闭幕式及双先会交通保障、交通保障演练场景设计及模拟、交通运行压力测试、交通政策研究、注册人员交通出行指南、观众交通出行指南等专项方案。

为确保开闭幕式交通保障顺利完成，专家团队按照远端集结、团进团出的要求，对保障对象类别、观众组织方式、交通组织流线、车辆配置原则等内容进行精心设计，完成开闭幕式交通流线设计方案。提出详细的专项保障方案，为开幕式交通运输保障工作的良好开局，提供坚实的技术支持。

为确保各项交通保障工作能够精准实施，我们专门组织专家实地踏勘“一场两站”（机场、北客站、火车站）至三村（运动员村、技术官员村、媒体村）抵离路线、三村至各比赛场馆交通保障线路及各比赛场馆内部保障车辆运行流线。在交警提供的“17+25”线路基础上，细化梳理交通线路135条，绘制全运村至各比赛场馆以及“一场两站”交通线路图72张，并安排交通保障单位提前进行踩线熟悉，确保赛事期间交通线路不出问题。

现场指导

为确保赛事交通保障万无一失，专家团队专门聘请曾参与2008年北京奥运会交通保障工作和2022年北京冬奥会交通保障工作的金砚铭、王江燕两位老师担任指导专家，现场指导团队工作，以确保各项交通保障工作精准到位。

1. 积极开展交通保障培训

在赛事筹备期间，我们组织专家团队先后为市执委会交通保障部、市交警支队、西旅汽车公司、全运村交通中心等各类保障单位及人员进行总体方案及开闭幕式等交通保障方案咨询培训12次，我本人开展咨询培训3次，为各项赛事保障工作打下良好基础。

2. 深入实地做好现场指导工作

十四运会和残特奥会进行期间，我们组织专家做好各项赛事交通保障咨询指导工作。带领专家与组委会、市执委会各相关部门进行沟通交流，及时了解保障需求，完善保障方案，明确保障要求，确保保障服务精准到位。深入各比赛场馆、“一场两站”、全运村、远端集结点等场地，详细了解场馆规划、交通流线、上落客点、停车位等情况，为赛事运行精准服务打好基础。赛事期间，先后组织有关专家通过线上和现场指导为市执委会交通保障部、西旅汽车公司、全运村交通中心以及竞委会等部门和单位提供咨询交流38次，及时解答保障团队、车辆运行过程中的疑问，确保赛事交通保障万无一失。

3. 全方位提供技术支持

在十四运会和残特奥会期间，我们组织专家团队14人，全程参与赛事服务的各个环节。特别是开闭幕式期间，专家团队每天按时参加零点会议，

12
13
15
交警特勤
公安

全程参与开闭幕式演练及总结会，认真分析，及时总结提高，有针对性地提出意见与建议，为开闭幕式交通运输保障工作全程提供技术护航。

交通保障

我先后两次代表市交通局参加互动观众封闭管理交通保障工作。9 月 20 日至 27 日，在西安职业技术学院，负责衔接 4000 名十四运会闭幕式互动观众的交通保障工作。10 月 15 日至 29 日负责铁路职业技术学院 3800 名开幕式和 2800 名闭幕式互动观众交通保障工作。在互动观众封闭专班，我会同专班及学院人员踏勘熟悉校内交通流线，核算车辆停放数据，编制集结点交通保障工作方案。在明确交通保障任务的基础上，积极筹措运力，想尽办法，做好运力保障工作。在前期培训和演练工作中，虽然车辆筹集难，车队规模大，但交通保障车辆全部按时按点抵达现场。在每一次的交通保障活动中，保障团队的每一个人，都要认真仔细检查每一辆车内外环境，确保车辆完好；仔细查看标识编号粘贴是否完整；严格核查驾驶员全运通码和人车证件，特别叮嘱每一位驾驶员安全驾驶，确保整个行程安全有序。在十四运会闭幕式当天，共组织大巴车 108 辆，运送互动观众 9420 人次，为互动观众提供交通保障，共计 206680 人次，运输里程 30336 公里。我参与的两次互动观众交通保障工作均圆满完成，受到互动观众封闭管理工作专班的肯定和一致好评。

在完成各项交通保障工作的同时，我还负责完成各类交通保障数据统计工作。一是提供十四运会和残特奥会期间交通保障高峰日车辆测算和保障车辆进退场数据；二是提供十四运会和残特奥会各类赛事交通保障车辆配置数据；三是每日提供各项赛事报到、抵离、比赛（决赛）、离会信息；四是提供每日保障车辆信息统计表，包括每日保障车辆数量、运输趟次、保障人次、运行总里程等信息；五是完成“两开两闭”、火炬传递、双先表彰等重大活动车辆相关信息统计工作。

后记

在保障服务十四运会和残特奥会的日日夜夜，我和专家团队遇到了许多的问题和困难，面对这些，我们抱着迎难而上的工作态度，想尽办法去解决。为了按期完成交通保障方案编制工作，连续数天加班加点，甚至彻夜奋战；为了停车场的建设和停车位的施划，冒着酷暑，陪着专家一遍遍地测量、沟通，皮肤晒得疼痛发痒。为了沟通协调全运村至高铁北站的抵离线路调整问题，我会同专家、西旅调度、驾驶员，与交警特勤、属地公安、执委会接待组、铁路公安以及高铁新城管委会等部门一次次对接、一次次踩线，熟悉线路，直至所有障碍和问题得到圆满解决。在开闭幕式互动观众封闭专班，面对观众对交通保障工作的不理解和责难，我通过耐心解释、通过与各部门的悉心沟通、通过和保障团队的精心组织，圆满完成交通保障任务，获得了一致好评。

需要记录和回忆的事情很多，令人感动的人和事情太多太多，这段宝贵的经历，会成为我人生中难以忘怀的记忆。感谢所有人的努力和付出，感谢所有让我感动的人和事。

（作者系西安市交通发展研究中心副书记）

织牢应急保障平安网
默默守护交通荣誉章

○任　伟　郑小磊

拉开序幕

2021 年 7 月上旬，距离“十四运”开幕式已不到 2 个月，我被紧急抽调前去支援十四运会和残特奥会赛事交通保障工作。“应急保障”这四个字看似简单，但要落地谈何容易？我开始领着组员挨个场馆地跑，方案写了一稿又一稿，和西旅团队开了一个又一个会。天气逐渐热了起来，但面对庞杂细碎的工作事项，我像盲人摸象一般摸不着底。

直到 7 月 21 日，一个艳阳高照万里无云的下午，在港务区驻点酒店的某间会议室里，坐满了市交通局机关和局属单位近百名人员，我心里有底了！这次部署会是交通保障部第一次真正意义上的大集合！简单交流之后，我越发深刻地体会到十四运会和残特奥会是一项庞杂精密的系统性工程。局里精心抽调了这么多骨干力量分散在各个团队当中，说是一场集团式作战也毫不夸张。在会上，指挥部领导公布了"十四运"交通组织保障部的各组分工以及成员，我第一次见到了应急保障中心的其他成员。除了我以外，还有朱小恒（时任西安市汽车维修行业管理处副处长）、裴晓梅（时任西安市公路局副局长）、张争明（时任西安市公路工程管理处副处长），以及孙语梵（时为西安市公路局干部）、郑小磊（时为西安市交通运输管理处干部）。

应急保障中心是交通保障部的 7 个协同中心之一，核心任务是会同西旅集团，协调落实应急车辆及人员储备，做好各类紧急情况下的应急处置、信息反馈工作，相当于其他协同中心的"双保险""守门员"。当正常比赛保障遭遇非常规情况时，我们会及时顶上、相互补位，确保后续保障工作正常进行。

我们团队首先要面对的就是 7 月 30 日即将进行的十四运会和残特奥会赛事交通保障暨应急综合演练。7 月 22 日，交通保障部先自行开展了一次综合性实战模拟演练，我们应急保障中心联合西旅团队将涉赛道路拥堵、交通保障车辆故障和车上人员突发疾病这三种交通保障过程中的常见突发情况进行了第一次全流程演练。经过与西旅团队的初步磨合，我们先召集人员仔仔细细地将整个流程进行了桌上推演，详细编制了演练脚本，根据当天场景设置了不同的角色，例如司机、跟车信息员、伤病运动员、指挥中心座席人员、汽修组、急救组、其他同车运动员、直播摄像人员等，让各个角色的人员清楚在什么情况下与谁联系对接、报备。我们发现，实施具体动作并不难，难的是如何用最精简的报备流程和谁取得联系。流程不清楚，我们就和其他小组以及指挥中心确认流程，一点一点抠细节。

我和郑小磊当时在涉赛道路拥堵的小组，模拟了长安区滨河大道天兴海明威小学门前因道路积水影响到涉赛车辆正常通过的情况。裴晓梅局长和孙语梵在运动员突发疾病的小组，她们提前和医疗部门取得联系，设定好涉赛车辆在鄠邑区终南大道五竹中心幼儿园门前停车，拨打 120，救护车到达停车位置只用了 3 分钟，这让鄠邑区定点医院的工作人员也熟悉了一次相关准备工作。语梵当天使用了配发的单兵回传设备，让指挥中心在大屏幕上也可以看到现场的实时情况。

7 月 22 日小型演练结束后我们对当天的情况进行了复盘，例如：可以在哪些方面加强自身业务能力，需要在哪些方面补充装备及人员，以及还应该在哪些方面协调外部力量，让大家心里都有了谱。到了 7 月 30 日应急综合演练时，各人对自己负责的工作内容已经非常熟悉了，“应急保障”这四个字不再是虚无缥缈的概念。

激活状态

为了在十四运会和残特奥会赛事期间更好地和其他部门进行联动，我们团队核心人员先后访问了陕西省高速集团和西安市高速交警大队。绕城高速路段是比赛期间前往城南各场馆的必经之路，在交通高峰期确保参赛车辆顺利通过是保障比赛正常进行的关键，这些都离不开交警和路政部门的参与。高速集团和高交大队的领导们结合自身工作实际介绍了十四运会和残特奥会期间的工作安排，并提议我们小组安排人员长期派驻监控大厅，当小组内部发现突发状况时，可以借助市交通局自主研发的交通信息平台，第一时间联系交警和路政前往现场尽快处理。听到这个提议，我们非常振奋，当时我们正在为绕城高速早晚高峰以及突发拥堵时如何快速通行而发愁呢！于是我们和两个部门一拍即合，安排孙语梵派驻高速大队监控大厅暨接警中心。孙语梵是一位对工作极其具有责任感的优秀干部，不仅对西安的道路很熟悉，还善于发掘利用综合信息平台上的细节信息。就这样，赛时车辆在绕城高速路段顺利通行的合作机制基本确立，解了燃眉之急！

时间进入8月份，酷暑炎炎，我们的工作也在热火朝天地分头推进。朱小恒处长带班组织协调赛事保障企业，督促西旅集团汽车公司做好车辆的招募准备和救援维修保障工作，并积极跟进西旅汽车运输公司协议设立的6家应急维修保障企业，成立包抓督导组，每月都进行专项督导检查，有力保障赛事期间应急保障及维修相关工作；加班加点带领职工完成4238名驾驶员的从业资格证核查工作，为筛选出合格驾驶员，做好前期准备工作。裴晓梅局长负责公路局管养的涉赛道路整治提升工程，牵头制定了西安市公路局《十四运会和残特奥会公路应急保畅专项预案》，组织成立了应急保障队伍；除了兼顾应急保障组的演练任务以外，她还坚持推进公路局的日常巡查检查，组织专项检查，切实加强汛期、重点时段、重大活动期间的公路隐患排查治理，做好所辖公路安全保畅工作，特别是就涉赛路段路面病害、积水等情况多次与市政部门协调，及时处置路面病害。张争明处长在处理完市公路工程处负责的两条重点涉赛国省干线的设计、招投标、施工任务后，便投入紧张的倒计时100天和开闭幕式演练培训的工作中。孙语梵主要负责和西旅团队编制应急保障预案，逐一摸排23个涉赛场馆停车场设置、进出场流线，并对司机就餐、休息等内容进行对接落实；和组员们一起确定了“1+4”预案体系，分别为道路交通事故、涉赛人员、道路抢险和车辆维修这四项会直接影响赛事的突发情况制定了专项预案，预案归纳总结了路段交通安保通信录、城区积水点及防汛单位责任人、现场医院医疗体系保障小组联系清单、高速公路服务区停靠点、绕行路线方案等内容，使应对各项应急事件时有章可循、有规可依。

渐入佳境

9月份，西安已步入凉爽的初秋时节，“十四运”部分比赛已经展开，各项准备工作都已就绪，“应急保障”这四个字真真切切地渗透进了我们的日常工作当中。我们这个团队磨合得非常顺利，彼此越发像战友一样相互信任、相互依靠。

我们三人（任伟、张争明、郑小磊）已在8月20日左右进入了闭环管理，每天负责4个收费站、2个服务区和23个场馆应急车辆的巡线工作，城运村、场馆、巡线，三点N线，对路线情况早已烂熟于心。朱处长、裴局长和孙语梵三位女将经安保组交通保障部特批，作为3名特殊外场人员，

继续加强与交警、路政、市政、医疗等部门日常对接，深入协调工作。朱处长组织维修处开展了全市维修驾培行业安全生产和疫情防控包抓工作，排查全市 120 家汽修驾培企业。对发现隐患的企业进行约谈，对问题进行指导并督促企业及时处理，还对 14 家汽修企业进行安全生产、疫情防控及平安建设检查指导，督促企业落实相关工作要求。裴局长除了完成公路局的日常工作，一有时间就去涉赛路段检查路面病害和积水情况，把杜绝“等、靠、要”的原则落到实处，发现问题和疑问第一时间联系负责人员要求整改。孙语梵则每天驱车往返 50 公里前往高速大队监控中心，和交警们一起工作，与高交大队提前共享赛事车辆运行计划，便于交警在绕城高速沿线提前布置重点警力，有序布控引导、及时处置辖区事故，充分借助监控系统的优势，快速发现拥堵点和事故信息，成了名副其实的“千里眼、顺风耳”，将情况及时反馈给指挥部监控中心和西旅调度团队，交警现场引导、使用应急车道通行等有效的应对措施，确保涉赛车辆快速通过高速辖区。遇到全要素演练和开闭幕式集结这种大型活动，她也和我们一样留守到最后一辆保障车返回停车场。

因为疫情防控和赛会人员管理的要求，我们 6 个人虽然不能直接见面，但经常通过微信的会议功能集中交流讨论近期的工作进展，也起到了非常好的沟通效果。

驾轻就熟

随着比赛的进行，西安进入秋季，雨水丰沛，天气状况非常多变。八九月份，西安周边的河流都进入了强汛期，汛情相当严峻。9 月 6 日清晨 7 时许，长安区滈河因连日降雨造成河水大面积倒灌，涉赛主线已无法正常通行，

而当天有 32 班次循环班车计划陆续抵达常宁生态训练基地，一旦循环班车发车计划被打乱，会影响运动员、教练员和裁判的出行。接到险情后，我们火速赶往现场，与长安区政府、交警大队、市政、城管等部门进行现场处置，查看现场汛情、调拨排水设备、启用备用线路并向西旅公司调度部门发出通知。经协调，由长安区派出 20 辆交警铁骑前往备线各点位，以接力赛的方式引导参赛车辆顺利到达场馆，最终没有耽误一场比赛。当我们回顾当天的情景时，这才发现当时的积水中心恰恰就是 7 月 30 日应急演练设置的点位，完全是预案中深度模拟过的场景！那一刻，我们打心底庆幸当初丝毫不敢懈怠地做了那么多准备工作，编制预案时的辛苦付出真是太值了！

9 月 25 日傍晚大雨滂沱，气温骤降，一辆从常宁生态训练基地返回技术官员村的保障车辆在行驶到包茂高速时，一名技术官员身感不适，很快昏厥过去。我们接到电话后立即引导司机从曲江收费站驶离高速公路，同时与卫健委对接急救车信息、确定就近的接收医院，联系交警启动道路保畅机制，我们也立即出发赶往曲江收费站与涉赛车辆会合。当车辆行驶出曲江收费站时，救护车和交警早已在等候，直接将病人送往交大一附院“十四运”专用病区，为救治争取了宝贵时间。我们全程陪同就诊，并在医院诊断完成，确定其身体无恙后将其安全送回技术官员村。在那个冷冷的雨夜，患病的技术官员感受到了春天般的温暖，对我们团队的高效协作给予了肯定和赞扬。

像这样惊心动魄的突发事件在十四运会和残特奥会比赛期间还发生过很多次。我的切身感受就是，团队中的每一位在应急预案上的付出都没有白费！大家提前为做好应急预案贡献了力量，当紧急情况发生时，都能按照预先设置的流程将其顺利化解。

当 10 月底所有赛事逐渐收尾时，我们对在大型体育赛事以及大型集结活动进场、退场场景下如何开展交通应急保障工作已经了然于心，这些也成为今后保障相关大型市民集会活动的无比珍贵的经验。

默默守护

大型体育赛事是一项综合性系统工程。通过这段时间的交通保障工作，我越发感到十四运会和残特奥会的每个团队内部都好似一组咬合精密、互相关联的齿轮组，每个成员都是小齿轮、螺丝钉，唯有自己先承载压力，整个系统才能发挥极致的功效。而我们应急保障中心则像是那个总备着各式各样小齿轮、小螺丝的工具箱，是名副其实的幕后团队。我们这个大家庭在初夏相见，到散场时已经换上了初冬衣物，不禁感慨时间飞逝，而我们对“应急保障”这四个字的理解也从一开始的摸不透，到如今可以滔滔不绝地讲上三天三夜。

总之，这种在幕后默默守护这个大家庭的感觉，其实还蛮炫酷的！

（作者均系西安市交通运输综合执法支队干部）

回顾“十四运” 地铁在行动

○韦天浩

回首十四运会，一路走来一路歌，西安地铁展现了多点开花、全面创新的工作态势，主动探索出了一批紧密贴合新时代雷锋精神特点的好经验、好做法，培养出了一批学做结合、攻坚克难的先进典型。再回首十四运会，一件件事清晰浮现在眼前……

“筑梦号”“悦动号”主题专列献礼建党 拥抱全运盛会

2019 年 6 月 29 日上午 11 时，“筑梦号”专列从陆港停车场准时出发，这意味着西安地铁 14 号线开通初期运营，与既有机场城际贯通，统一为 14 号线，正式投入载客服务。西安地铁 14 号线是第十四届全运会交通重点配套工程，该线路西起北客站，东至贺韶，共计车站 8 座（含换乘站 3 座），全长 13.7 公里。

“十四运”的重要赛事接驳站奥体中心站位于“十四运”主场馆奥体中心南侧，为三层岛式车站。“十四运”期间，将与距离奥体中心东侧约 600 米和距离全运村约 500 米的 3 号线双寨站、新筑站和保税区站进行全运会客流分担，形成“四站联动”的服务全运布局。

走进“筑梦号”专列车厢内，视线就被地面上的红军长征路线图所吸引，中国红军二万五千里的艰险征程，不仅是世界军事史上的奇迹，更是中华儿女写就的英雄史诗。从车头走向车尾，车厢内分 6 个章节生动展示了党的百年征程画卷。

11 点 43 分，迎“十四运”主题专列“悦动号”驶过奥体中心站，“悦动号”以“十四运”会徽、吉祥物元素为设计主题，六节车厢分别以“驰骋三秦”“碧水兴城”“常来常往”“携手共进”“光彩夺目”“联动古今”为主题展示着运动风采和古都魅力。走进车厢，表演马术的金金、拉满弓箭的熊熊、跃起扣杀的羚羚、扬起球拍的朱朱跃然眼前，脚下不同车厢分别是红色的田径跑道、湛蓝的游泳赛道以及绿色草坪。给乘客们带来动感的视觉体验。车窗上清晰地展示着“十四运”地铁站点场馆一览，看板上显示着“十四运”会场分布图和西安会场分布图，让乘客在乘车过程中轻松“涨知识”。届时，3 号线将推出另一列全运专列，向广大市民乘客呈现更加精彩的全运画面。

另外，西安地铁奥体中心站也以全运主题车站的形象与市民朋友们见面。奥体中心站总体设计以“盛世全运　逐梦西安”为主题，高度凝练了十四运会主题思想以及西安地铁的服务理念，四个出入口通道分别以“激情全运　悦动主场”“全民参与　筑梦全运”“盛世风采　共迎美好”“古都新韵　活力西安”为主题打造了不同的文化长廊，让人顿感运动之美、和谐之美、活力之美。

西安市轨道交通集团将持续发挥交通运输桥梁纽带作用，以良好的精神风貌全力以赴做好助力十四运会各项工作，为西安办好这场“家门口”的体育盛会贡献地铁力量。展示出奋发有为、积极向上的城市形象。

根据“十四运”部署，延长部分线路运营服务时间

十四运会期间延长部分线路运营服务时间。其中，2号线末班车发车时间由23：50调整至次日0：00；3号线鱼化寨站末班车发车时间由23：15调整至23：30、保税区站末班车发车时间由23：00调整至23：15；4号线末班车发车时间由23：00调整至23：30；14号线机场西（T1、T2、T3）站末班车发车时间由22：20调整至22：50、贺韶站末班车发车时间由22：30调整至23：00。

香湖湾站首末班车发车时间分别为6：12、23：27，鱼化寨站首末班车发车时间分别为6：00、23：30。机场西（T1、T2、T3）站首末班车发车时间分别为6：00、22：50，北客站（北广场）站首末班车发车时间分别为6：00、23：22。

全方位服务全运，窗明几净弘扬文明新风尚

西安市轨道集团结合城市特色和行业特点，积极开展便民服务措施提升工作，打造轨道交通服务窗口新形象，发挥地铁城市文明窗口作用，全面提升轨道交通运营线网服务“十四运”工作水平。

着重对“十四运”赛事重点路段沿线相关车站设施设备进行维护清洁，持续营造整洁优美、文明有序的地铁运营环境。同时，对奥体中心、省体育馆站等赛事接驳站编制优化方案，通过增设智能看板、更换LED门匾等方式营造全运浓厚氛围。针对咸宁路站等10个车站进行车站导向标识提升，对

北大街站等17座车站出入口“四小件”改造提升，在大雁塔等4个车站增设移动母婴室，切实为市民提供便捷、友好的出行环境。

不断提升服务标准和窗口人员服务技能，更好地针对十四运会和残特奥会基础知识、场馆信息、服务礼仪等内容做优化提升。在线网34个重点车站设置志愿服务岗亭，配置专岗志愿服务者、悬挂十四运会志愿服务台专用标识，统一摆放宣传服务手册和相关物资，全力做好十四运会服务保障工作。

此外，“十四运”期间正值疫情蔓延期，为加强疫情防范意识，树立疫情防控措施，乘务一部14号线武德路乘务派班室利用班前会对全员开展“十四运”防疫安全工作的宣讲。以护航“十四运”为目标，执行“外防输入，内防扩散，人物同防”防控要求，对员工出勤进行体温检测，对正线各点每日消毒，做到防患于未然，做好“十四运”防疫安全工作。切实全方位服务全运，弘扬文明新风尚。

高标准严要求，扮亮西安地下交通文明新风景

14号线开通试运营首月，乘务一部14号线依旧以高标准严要求进行着司机理论以及实操技能提升培训。从14号线初期调试以来，在紧张忙碌的调试以及生产运营间隙，14号线的司机利用大休时间不断进行着理论与实操技能培训。培训采用理论与实践相结合的方式，理论知识学习完毕立刻进行实操练习，有效提高了司机的故障处理能力。以桌面演练的方式进行应急处理学习，切实营造现实场景，不断提高司机的应急处理能力。致力于确保全运盛会召开期间高效迅速地处理各类故障应急事件，为“十四运”期间列车安全准点运行做了充足准备，全力保障十四运会和残特奥会的顺利进行，展现西安地铁人的热情与风采。

为保障“十四运”顺利召开，8 月 25 日，乘务一部 14 号线临时分部组织各班组在陆港停车场利用培训期间分批进行“十四运专项培训”。培训中结合典型事故案例以及“十四运”应急预案进行讲解，从而大力提高全员安全生产的意识，增强司机应急处理能力。

为了确保“十四运”闭幕式顺利开展，14 号线当日需要重新编排列车运行图。看似小小的变化，作为乘务人就这样开始了 24 小时的坚守。针对“十四运”闭幕式当晚执行特殊运营时刻表的情况，9 月 26 日，车队长利用白班班后培训时机，对车队全员分批进行《综合应急预案》及《极端暴雨自然灾害运营线路停运应急处置卡片》培训。同时针对大客流提前做好安全预想卡控，为乘客提供安全、准点、快捷、舒适的优质运营服务，为“十四运”闭幕式顺利进行奠定坚实基础。

遏制各项违规行为，持续优化乘车环境秩序

为迎接“十四运”，助力全国文明城市创建工作，市轨道集团开展地铁车站环境秩序整治活动。执法队员通过在北大街、大雁塔、小寨等 10 个车站设置固定宣传点，开展《西安市城市轨道交通条例》的宣传推广，耐心解答乘客提出的问题。发放《条例》单行本和宣传彩页，呼吁广大乘客自觉遵守《条例》规定，争做文明乘客，有效提高社会各界对城市轨道交通相关法规的认知水平，增强广大乘客维护良好运营环境的自觉性，共同营造安全舒适、干净整洁、文明有序的乘车环境。

活动中，西安地铁执法队针对全线 91 座车站 72 个重点出入口周边的摆摊设点、摩的非法载客、共享单车乱停乱放等违规行为进行集中整治，最大限度保障群众安全、便捷出行。活动期间，共制止地铁车站外摩的非法载客

等违规行为92次。针对各类违规乘车行为，执法队员在各重点车站开展票务稽查工作，教育纠正各类违规行为1117起，行政处罚173起，收缴伪造残疾人证件25本，回收单程票卡51张，执法效果显著。

优化车站标识，提升市民乘客出行体验

十四运会召开在即，为更好地服务市民乘客，西安地铁不断优化车站标识，推出“会合点”标识、“彩虹”指引条等服务举措。

在客流密集车站站厅的醒目位置增设“会合点”标识，方便走散、相约的乘客快速会合。形成连贯信息指引，使乘客清楚掌握换乘、出站行走距离，充分解决了乘客因找寻信息问询工作人员，造成的客流拥堵以及出行体验感不佳等问题，全力提升乘客出行效率。

“彩虹”指引条收集了去往西安市各大旅游景点和客运交通枢纽的多种出行路线，以卡通插画展示的形式将展板上的内容分成了“旅游篇”“美食篇”“出行篇”“高校篇”等版块。一张卡片指引一个地点，乘客们可以根据需求自行选择。

划破黎明，微光初现。还记得那年头也不回，立志投身地铁事业。时光辗转岁月蹉跎，大家的青春理想也有了收获。

（作者系西安市轨道交通集团有限公司运营分公司乘务一部乘务一分部电客车一队电客车司机）

用行动为“十四运”添彩

〇姚西京

临时抽调执委会，圆满完成保障任务

2021年10月6日，我接到了来自集团的通知，作为全国第十一届残运会市执委会交通保障部的成员单位——西安城投公交集团的干部代表入驻交通保障部。虽然要被封闭管理，且时间待定，但我依然接受了这个任务。第一次代表集团去参与大型活动，我的内心忐忑不安，累与不累，辛苦与否，我倒是没有想，满脑子都是怎么干才能把工作干好，为残运会做好保障是我唯一思考的事。

进驻交通保障部第一天，我用最快的速度去熟悉工作环境，而摆在我面前的第一个工作任务，就是保障运动员抵离。如果不是后来还有一个更为艰巨的任务，我都觉得运动员抵离是整个保障任务里最难的一部分了，只是，当时的我，还不清楚后面还有更大的挑战。

当天下午我带着港兴路封闭场站的所有驾驶员，勘察机场和高铁北站的抵离线路，勘察结束后我陷入了沉思。这次任务的最大难度在于，绝大部分驾驶员没有去过机场，而机场的道路环境又异常复杂，并且，所有的车辆入场后必须先进入蓄车池，然后再开往 T2、T3 航站楼，这就给本就不熟悉机场线路的驾驶员增加了难度，而第二天就是运动员抵达的第一个高峰日。

当晚 11 点多，我将所有排班全部完成，驾驶员也已经清楚自己明天走的是哪条线，接的是哪个人、哪支代表队、几点抵达。我舍弃了使用导航的这个建议，决定让所有驾驶员提前 2 小时到达蓄车池，然后在管理干部的带领下分组熟悉路线。通过这种办法，第二天所有的接机任务，没有一名驾驶员出现差错。随后的日子里，赛事开始进入既定的流程，分级，训练，比赛，而我的工作的重点也转向排班、安全叮嘱和疫情防控，我始终坚持事无巨细地审核与督导，不敢出现丝毫松懈。

巧用专业本领，送抵每一位乘客

10 月 18 日，在拿到开幕式方案后，我感受到了前所未有的压力。开幕式用车从原来计划的 10 部，增加至 32 部，并且方案中包括 2 个活动、2 个集结点、6 个酒店、10 条路线、13 个小分队、32 部车、42 名驾驶员及调度人员。诸多元素相互交织，为工作开展增加了不少难度。这就是摆在我面前的最困难的任务。

当天晚上我与另一位负责人反复讨论、研究，通过不断复盘，推敲每一个环节，演练开幕式的每一个要素。正常的训练、比赛、封闭志愿者的运输、轮椅篮球等物品的送离，这四项任务的重叠是本次任务的重点，我只能打起百分之二百的精神，通过自己的专长——调度车辆的本领，挨个制定排班方案，确保活动万无一失。最终在22日夜晚，西安城投公交集团按照组委会预案要求，精准顺利地完成了每一项工作，充分体现了我们对驾驶员的管理基础和培训教育成果，也获得了组委会的认可。

与家人视频的时候想说的话

在工作闲暇时，身边的同事都是通过手机和家里人视频。与工作时脸上写满严肃、紧张不同，取而代之的是一种幸福、憨厚的笑容。参加残运会保障工作的很多工作人员都是三四十岁的爸爸，很多同事的小孩仍处在咿呀学语或者小学阶段。总是能在无意间听见稚嫩的声音问："爸爸，你咋还不回来，我都想你了。"每当这个时候，就能看见这些爸爸，转过身去，找一个偏僻的角落，稳定一下情绪，然后再切回来告诉孩子："快了快了，等爸爸回去带你去吃海底捞、去吃冰激凌、去海洋馆……"其实我非常理解这种心情，因为我也是其中的一位爸爸。但是，当一切尘埃落定、赛事圆满落幕之后，回想起这段经历，我相信孩子们一定会为自己的父亲感到骄傲！

（作者系城投集团第二分公司运营生产科科长）

与全运同行　站好最后一班岗

○李　健

2021年9月15日，全运盛会在西安开幕，现在回想火炬点燃的那一刻，我依旧记忆犹新、激动不已。

第十四届全运会开幕式的火炬燃料输送由西安秦华燃气集团提供。为确保供气不出现差错，集团制定了多项措施。火炬供气采用“三路管道气源，三处应急储备”。在为火炬供气的管线设计上，集团专门建设了一座火炬专用调压站。气源经阀门控制室后，由管道直通火炬。充足的天然气，让主火炬圆满地燃烧了13天。

当火炬点燃时，我就站在火炬塔旁边，目不转睛地盯着火焰的大小，我手里紧握着对讲机，听着能源保障组的同志们给我报出瞬时流量。为保障安全输送天然气，秦华燃气各门站、储配站提前做好储气设备、压送设备及电力系统的检查，对发现的问题全部处理完毕。开幕式当天的10人保障团队，全程监控火炬供气设备。

出于安全考虑，工作人员早早就值守在奥体中心场馆内，并进入战时状态，不放过一丝一毫的隐患，确保燃气管网万无一失。封闭值守队员每日都对场馆内的燃气管线沿着走向，一处处仔细检查：管道接头是否漏气，燃气具是否完好，熄火保护装置是否有效，厨房通风状况是否良好，用气场所是否存放有柴油、油漆等易燃易爆品……专项安检的38项规定动作，不漏一项。

秦华燃气集团为保障三处中心场馆及主火炬用气平稳，从“三气源、三储备、三管线”多方发力，确保燃气供应万无一失。“三气源”分别为吕小寨门站、狄寨塬门站和新气源高陵门站；“三储备”分别为位于六村堡和引镇的LNG应急储备库，以及24小时现场值守的LNG应急槽车；“三管线”分别从东侧和北侧接入奥体中心，当一路管线发生故障时，另两路管线可实现“零秒切换”，为主火炬燃气供应撑起“保护伞”。

赛事期间，秦华燃气集团在全运村封闭驻扎24人，奥体中心封闭驻扎16人。我就驻扎在奥体中心，对全运村一天一次巡查，巡查对象包括四个餐厅及村内全部燃气设备；对奥体中心燃气设施进行每两小时一次的巡查。制定专项检查记录、应急处置预案、场馆燃气管网示意图，做到“一馆一案、一店一案、一事一案”，确保场馆内设备、设施的正常运行及应急处置；对高中压场站、运行调度中心、抢维修等24小时值守的关键岗位采用人手加强模式；相关责任人包片包点开展督导、检查工作，围绕“灭风险、减风险、控风险”的目标，24小时应急抢险抢修，备勤待命，为赛事燃气供应筑牢“安全墙”。

“黑科技”赋能　让燃气供应更稳定

奥体中心北侧的地下燃气管道是为主火炬供气的“主力军”，它可是名副其实的“黑科技”。管廊燃气舱配备有火灾报警系统、气体检测系统、通信系统、视频监控系统等智能设备，技术人员通过监控平台可对燃气舱运行状态、环境条件和人员巡视情况进行全天候监控，事故状态下可远程快速关闭阀门，让安全隐患无处可逃。

位于奥体中心地下一层的能源中心，也是“黑科技”的一部分。作为西安奥体中心燃气供应的总控制室，西安奥体中心游泳跳水馆泳池的温度、洗浴的热水、馆内的室温都由这个总控制室来控制。

作为“一场两馆”中的西安奥体中心游泳跳水馆，总建筑面积达 10.7 万平方米，在这样一个大空间里，可保证跳水馆内的跳水池及比赛池水温恒定在 27—28 摄氏度；比赛大厅池岸温度冬季可维持在 29—30 摄氏度。怎样才能在如此复杂又巨大的场馆内做到如此精确地控温？正是西安奥体中心能源中心的七台燃气热水锅炉在发挥作用。为保证跳水馆水池以及室内的温度，场馆最大用气量达 3000 立方米 / 小时，这套系统采用余热回收方式给水加热，如果温度已达标，能源中心火苗就会自动变小，达到锅炉和燃烧的匹配。游泳跳水馆屋面则采用太阳能光伏发电，馆内有为泳池预热的空气源热泵，这样可以有效降低能耗、节约能源。

最快时速　零秒切换管线

西安秦华燃气集团在保障全运会设施过程中，不但提前完成工程任务，还创下了“秦华之最”。承担“三中心”及主火炬气源供应职能的港兴三路地下综合管廊中压燃气管道于7月9日完成置换顺利投运。创造了西北首次在综合管廊内进行中压燃气管道置换的纪录。此次置换的燃气管道位置特殊、管径大、管线长，采取氮气转换天然气置换工艺，任务十分艰巨。经过秦华集团气置换组、抢险组、检测组、技术组、后勤保障组5个小组的不懈努力，历时3个小时奋战，综合管廊中压燃气管道置换投运圆满完成。在随后进行的奥体中心支线置换任务执行过程中，因奥体中心游泳馆内运动员正在适应场地，秦华燃气工作人员便集体在外守候，等运动员休息后，他们方才紧张有序地投入奥体支线天然气置换工作中。21时，奥体中心支线置换完成。港兴三路地下综合管廊燃气管道的投运，标志着保障三中心及主火炬气源安全平稳供应的三路管线全部通气。

最强外援　燃气嗅探犬上岗

8月份，秦华燃气集团的最强外援上岗了，它们是两只可爱的拉布拉多猎犬——“多比”和“淘淘”。作为秦华燃气集团的“编外巡查员”，别看它们外表没什么特别，但名头却十分响亮，它们是燃气嗅探犬，嗅觉异常灵敏。

嗅探犬多比的日常工作是燃气管线的巡线和检测，区别于巡线工作人员使用燃气监测仪器检测的方式，嗅探犬的嗅觉灵敏度是人类的1万倍，级别高于PPM燃气检测仪1000倍，可以更快、更有效地发现燃气泄漏点。多比能够迅速捕捉到天然气中添加的四氢噻吩的味道，从而找到燃气管道的漏点。当嗅探犬发现有异常时会做出报警状，通常为卧下、坐下、站立、盯住或用爪子刨土等姿势，这时工作人员在周围打孔，再用仪器测量，就能准确地找到漏点，这样既避免了做无用功，又可以高效率地完成堵漏。

全运会期间，淘淘的工作也排得满满的。在大雁塔区域上岗时，每当进入草坪排查天然气管线时，淘淘不仅扇形前进，还在地形复杂的地方转圈多角度嗅探。围观的游客们不时发出赞叹的声音：“西安的天然气检查工作真是细致！一处也不落下。”“从来没见过这样的检查方式，很新奇，西安真是让人惊喜！”

（作者系西安秦华燃气集团有限公司督导员）

“十四运”，有我挥洒的汗水

〇朱佳欣

“十四运”作为国内水平最高、规模最大的综合性运动会之一，吸引了全国各地的顶尖运动员和观众。而在这样的大型运动会上，医疗保障是确保赛事顺利进行和保障参与者健康的重要环节。作为一名护士，我有幸参与了“十四运”的医疗保障工作。在医疗层面，建立完善的医疗保障体系、提供优质的医疗服务、推广健康生活方式，保障运动员的健康，是全运会至关重要的环节。

出发前，中心领导特意做了会前动员，强调全运会医疗保障工作已进入了关键冲刺阶段，希望参与医疗保障任务的医护人员全力以赴，做好本次医疗保障工作。会议特别指出，保障队中的共产党员要发挥先锋作用，带头勇敢向前，直面挑战；所有队员也要切实负责、当机立断、勇于奉献、协作配合。向全国人民展现西安市医护人员的良好素质和文明形象，圆满完成保障任务！

为了圆满完成这次医疗保障工作，我们做了充足的前期准备：核对药品，检查医疗物品以及设备的完善情况及性能，制定表格及病历的记录规范，与定点转运医院交大二附院做好点对点交接，规划绿色通道路线，保障需要就医人员能最快得到救治，医务室实施 24 小时值班制，确保患者及时就医。

保障期间，我们的工作十分忙碌。医务室每日要做好空气及物表消毒工作，对就诊患者做好登记随访，针对患者就医情况进行对症治疗，健康宣教。对于高血压、高血糖的患者进行饮食宣教及用药医嘱，处理一些常见疾病及外伤，如对受切割伤、蒸气烫伤的患者进行伤口消毒包扎。除此之外，还要处理突发状况。9 月 15 日，团部一位工作人员突发心绞痛，凌晨 4 点来到医务室就医。工作人员第一时间对其进行初步检查，对心电图、血压、血糖、血氧饱和度进行监测，让其吸氧，同时联系 120 进行转运，与定点医院进行沟通，护送患者前往医院做进一步检查，妥善处置。9 月 16 日，一位酒店员工突发胸闷，早晨 7 点医务室工作人员携带心电图监测仪器去宿舍开展急救，

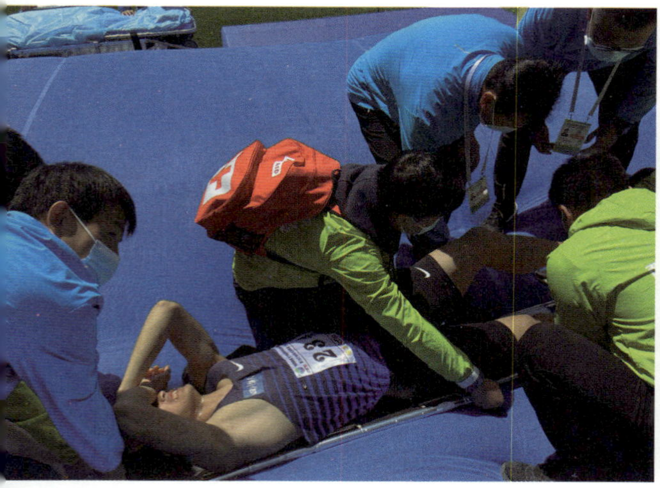

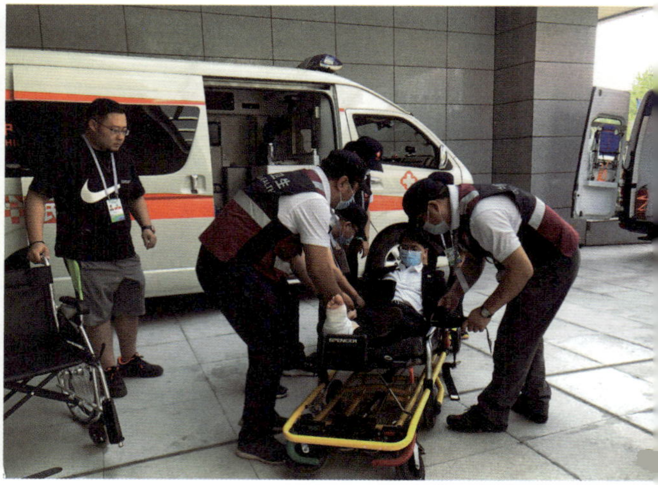

对其生命体征进行监测。在其病情稳定后，转运上级医院。全运会期间，医务室人员培训志愿者及酒店工作人员，学习紧急抢救，如心肺复苏术、简易AED的使用法、海姆立克急救法等。在封闭期间，部分工作人员因工作紧张、繁忙导致压力过大，不免有些焦虑抑郁的情绪，影响了身心健康。医务室主任带领大家做减压操，调节情绪缓解压力，同时对就医的患者进行心理疏导。

针对运动员健康保障这项特殊工作，我们充分了解医疗抢救工作预案，熟悉绿色通道线路图，悬挂就诊专用标识和引导牌，预留床位，以确保运动员受伤后能得到及时救治；在运动场外设置临时医务室，派驻临床经验丰富的内科、外科医生及专业护理人员全程值班，对前来就诊的人员做好详细问诊、诊疗、症状处置等工作，诊疗结束对物表、诊疗区域进行消杀。科学调配人员，保证医务室24小时有人值班；每日在赛场、驻地派驻抢救车值班，随车配备必需的急救药品及器械，保证运动员受伤后第一时间得到有效的救治；全部参加医疗卫生保障工作的相关人员都要信息互通，保证对突发事件

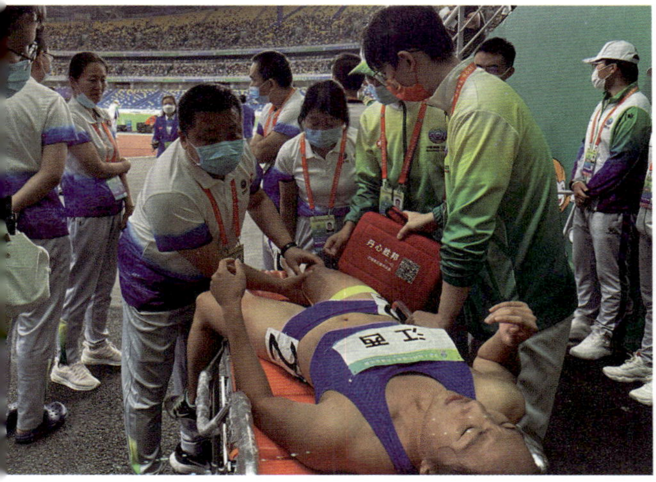

及时处置。

近一个月的医疗保障工作是一件非常富有挑战的工作，其间，医疗组 4 位医护人员 24 小时随时待命，共接诊患者 235 例，转运患者 9 例，急救处理心脏疾患 2 例，为“十四运”的顺利举办贡献出了自己的一份力量，圆满完成了工作任务。

（作者系西安市新城区胡家庙社区卫生服务中心注射室负责人）

全运会时期，奋斗无止境
后全运时代，回忆爱无疆

○赵　毅

我就职于西安浐灞生态区管理委员会，有幸参与了“十四运”的各项保障工作。作为“十四运”的“主战场”，西安浐灞生态区承担了“十四运”期间外围环境提升、周边服务保障、“双先”观摩点建设、火炬传递及马拉松赛等各项具体工作。全体工作人员精益求精、高效工作，以实际行动贯彻落实习近平总书记“办一届精彩圆满的体育盛会”重要指示。在此期间，我主要负责十四运会“双先”观摩点、火炬传递及马拉松赛的规划建设、组织实施及配套服务等保障工作。

“双先”观摩再创新奇迹

为做好十四运会“双先”观摩工作，自 2020 年底接到此项任务后，我积极对接市“十四运”组委会、执委会，省市体育局及浐灞管委会等多个职能部门寻求业务指导。在做了大量筹备工作的基础上集思广益，对“灞河右岸滨水景观带全民健身园区”进行了多次深入的实地勘察和研究。为充分展示西安浐灞生态区特有的生态环境水域、标志性建筑、“三河一山”绿色廊道建设成果，最终决定在西安国际会展中心片区（东三环以西、欧亚大道以东、灞河东路以北、会展一路以南）东西全长约 2.5 公里的范围内，增设近三成全民健身体育场地设施，打造了绿化率达 70% 以上、水域面积约占总面积 1/4 的灞河右岸滨水景观带全民健身园区，作为“十四运”“双先”观摩点。多少个日日夜夜，多少次走走停停，分不清的白天与黑夜，数不尽的变更修订，最终我们完成了不可能完成的任务，确保了健身园区在“五一”前完成建设，达到开放条件。

现在，每每路过这个园区，看到周边车水马龙、游客络绎不绝的景象，我的内心仍旧心潮澎湃，还经常会给同行的人炫耀“这是我当年规划设计，参与建设的健身园区”，还滔滔不绝地介绍整个园区：是将智慧健身的新理念与生态区特有的绿色生态环保规划布局相融合，健身园区与城市发展相融合，体育功能与文化、科教、卫健、旅游相融合，适合各类人群，覆盖全生命周期的全民健身园区。

火炬传递再现新精彩

火炬传递是体育盛会神圣而高尚的一种象征性的仪式，表达了和平、友谊、团结的理念，代表了对生命的崇敬和尊重。在火炬传递前一年，我就已经多次实地调研，参与传递线路勘察、传递线路周边环境提升、工作人员及车辆证件信息报备、观众组织等工作。准备工作事项繁多、内容繁杂，我利用节假日及工作时间外的休息机会，贯彻“早安排、早布置、早落实”的精神，对筹备工作充分进行预估和计划，并制定了多项详细的活动方案，对工作、任务、职责一一进行梳理，从而使各项筹备工作有一个较系统与严密的体系。火炬传递活动前期，相关电力、通信、疫情防控、配套活动、沿线氛围营造、车辆停放等多项工作均有待商榷，我主动请示相关领导，协调公安机关，对活动启动仪式现场进行全角度航拍，并利用 PS 软件工具，多次模拟现场设备摆放、传递演练、工作车辆停放摆渡等相关工作，并参照西安市实施方案和火炬传递工作指南要求，逐步开展了火炬传递末站启动仪式、议程、安保、疫情防控等方面的模拟演练工作。并协调对启动仪式的场地、酒店、观众及工作人员进行封闭管理的工作，保障各类人员的安全问题，确保了火炬传递活动的安全圆满。

马拉松赛再续高标准

“十四运”马拉松项目，是“十四运”的收官赛事，近1/3赛道归属浐灞辖区。为确保赛事顺利举办，充分展示浐灞生态形象，赢得良好声誉，赛前一个月，我几乎每日都要驾车对赛事沿线进行实地勘察，并联合相关部门进行无人机航拍，发现并记录存在的各方面问题，随后上报至管委会及市级部门。加快协调相关部门开展赛道沿线道路清扫、河道保洁、机动车停放秩序整治等工作，精心做好重要节点景观氛围营造，为马拉松比赛提供整洁、畅通、有序、优美的环境。赛事当天，天降大雨，凌晨4点，我就对赛事沿线进行了勘察，对容易形成道路积水的点位进行标记，及时协调有关部门，增派保洁车辆，半小时进行一次路面积水处置，并在下坡路滑积水处，设置了“前方下坡，注意安全”“前方路滑，注意安全”等标志警示牌，提醒运动员。确保运动员在恶劣天气条件下，依然能取得优异的成绩。

氛围营造再现如火如荼新景象

西安浐灞生态区自2019年起就已进入十四运会的倒计时阶段。为展现全民健身运动的蓬勃发展，浐灞生态区举办了多项重大赛事，为“十四运”营造良好氛围。其中，不乏国际铁人三项赛、灞河国际半程马拉松赛、陕乙足球联赛等高水平特色体育赛事；同时，还举办了多场线上与线下相结合的公开水域游泳，“雁鸣之路”“会展之路”路跑等“一区县一体育品牌”群众赛事活动。浐灞生态区将体育运动健身与绿地广场、林带河流有机联系起来，有效增强群众对于运动健身、智慧化科学健身的认识；提升了人民群众体质，

展示了浐灞风貌。让群众健身有场地、有设施、有组织、有活动、有服务，以达到宣传十四运会、宣传大西安、宣传浐灞生态区的作用。

“十四运”结束至今已有一年多的时间了，每次在接待全国各地市观摩人员、举办各类赛事活动时，看到眼前的生态环境和体育元素相融合的情景，我都有深刻的感触。之前夜以继日的辛勤付出，换回的是群众的称赞，是西北黄土高坡摇身一变成为“小江南”的美誉、是市民在自然环境中“有氧呼吸”的运动新场景。后全运时代，我们将以昂扬的姿态、优美的环境，盛装迎客，汇聚全国目光；乘全运东风，使道路畅达、河畅水清、岸绿景美，创新发展，继往开来。同时，作为团队的一分子，我也将不断努力，在自己的岗位上发光、发热，奉献自我！

（作者系西安浐灞生态区宣传文旅局体育部负责人，时任十四运会组委会浐灞生态区联络员）

护航“十四运” 忠诚我担当

○口述：杜战国 整理：陈 红

2021年第十四届全国运动会，是我国在全面建成小康社会、中国共产党成立100周年的重要历史节点，在中华文明重要发祥地陕西举办的一次重大活动，也是第一次在中西部地区举办的全国运动会。

西咸新区秦汉新城设有十四运会马术和小轮车两项比赛场地。作为中坚力量，秦汉分局全体民辅警承担了“十四运”期间的安保执勤工作，这既是无限的挑战，更是无上的光荣。“护航十四运”动员誓师大会和出征活动成功举办后，全局上下迅速行动，牢固树立“一盘棋”思想，以饱满的热情，在全局掀起全民齐心迎全运、共建共治保平安的浓厚氛围。

自从分局“十四运”安保工作启动以来，周陵派出所高度重视，忠诚履行维护一方社会治安秩序的职责，全力打击犯罪，化解社会矛盾，服务群众，为切实提高辖区内群众的幸福感、满意度，周陵派出所结合“百万警进千万家”活动和“迎‘十四运’创文明辖区”活动，全面动员，扎实开展全体社区民警“下社区、听民声、解民忧”大走访。通过在辖区入户走访，广泛听取群众意见建议，针对群众反映较多、较为严重的问题，及时与有关部门沟通。在治安防控方面，周陵派出所在分局统一领导下围绕平安建设目标，加大对重点区域和路段的巡逻防控力度，最大限度地降低发案率。对群众关注度高的侵财案件，力争做到露头就打，有案必破。同时，全面动员社会力量，打造一支“警民联动，效果明显”的群防群治队伍，形成小区域网络巡防工作模式。通过建立微信群，推出了人员密集场所管控七项工作机制、人员流量末端预警机制，动态实时对辖区人员密集场所实行动态化预警管理，在辖区密织防范网络。在分局统一安排下，配合天汉路派出所对比赛场周边村子开展安全隐患大排查，及时发现安全隐患，消除一切不安全因素。为达到使“十四运”“精彩圆满”的工作目标奠定了基础。

在分局统一领导下，在辖区开展“十四运”安保“大排查大整治大检查”专项行动。结合辖区工作实际，制定工作方案，根据“十四运”赛事和各项活动的工作安排，结合辖区社会治安形势，坚持清查清理和打击整治相结合，对大摸底、大排查阶段摸排出来的问题隐患，逐事逐项梳理研究，并制定整改，及时消除各类风险隐患，严厉打击各类违法犯罪行为，确保隐患整治到位、惩戒查处到位。

为确保执勤任务清楚、目标明确，我先后三次到“十四运”比赛场安保指挥部，主动与分局治安大队和保安部门负责人进行沟通协商，最大限度优化安保执勤力量，对我所执勤人员担负的每个点位进行现场勘察，定人定点。白天我带领所属人员站位演练，发现问题现场纠正。晚上回到单位加班在图上进行修改标注，并第一时间把建议反馈到分局“十四运”指挥部。多次对所里参与人员进行教育动员，让大家从思想上高度重视，充分做好思想准备。

2021 年 6 月 7 日至 10 日，第十四届全国运动会马术、小轮车项目测试赛在西咸新区秦汉新城马术场馆举行。为了保障测试赛安全顺利进行，和相关人员对测试赛现场中心场馆进行安保执勤。执勤期间，室外最高温度突破 37 摄氏度，执勤民警辅警不怕苦，不怕累，顶着酷暑，每天站立十几个小时，始终保持精神饱满、警容严整、车辆干净、装备齐全、执勤动作规范。全体人员坚守岗位，保持一流、务实、高效、担当的作风，千方百计完成好维护平安稳定的各项任务，全力以赴打赢“十四运”安全保卫战，共同筑起维护社会稳定的铜墙铁壁，确保体育盛会精彩圆满举办。全体执勤民警辅警连续奋战，有力地保障了“十四运”测试赛的顺利举行。测试赛安保工作，展现了秦汉铁军的良好形象，为“十四运”正式比赛安保工作打下坚实基础。

2021 年 9 月 15 日“十四运”比赛正式拉开了帷幕，比赛从 9 月 15 日至 27 日，共进行 13 天，我有幸被分局抽调到现场，负责马术赛场和小轮车比赛现场反恐点安保执勤任务，并担任小组长。反恐是安保维稳环节中不可缺少的重要一环，要求人员真枪实弹、全副武装，主要负责应急处突，要求人员 24 小时在岗在位。此时我又想起在部队全副武装演习的生活。从军人到警察，只是身份有所转变，对党忠诚、能打胜仗的使命始终深深刻在我的心里。在执勤的 13 天里，我和 12 名来自区局及其他分局的战友并肩作战，并协同武警官兵共同开展工作，共同努力完成所担负的任务。每天对武器弹药检查点验，严格武器操作规程，确保不发生任何问题。比赛期间天公不作美，断断续续地下了四五天雨，阴雨天对运动员的意志是一种考验，对我们执勤民警而言也是挑战，然而这些并没有影响到运动健儿奋勇拼搏的精神，更没有影响到我们执勤人员的工作标准。我们依旧坚持巡逻、检查，以最高的标准护航“十四运”。

13 天的安保工作虽短，但对我们来说是一笔精神财富，因为在建党 100 周年这个重要历史节点，此次精彩圆满的重大活动我们参与了、经历了。正是所有安保人员的辛勤付出，才换来了比赛期间的安全稳定，精彩圆满的成果中有我们的一份贡献。

（口述杜战国系秦汉分局周陵派出所民警；整理陈红系市委党史研究室干部）

“我们”的“十四运”

〇汪媛媛

9 月 27 日，随着陕西西安奥体中心火炬塔逐渐熄灭，以“全民全运，同心同行”为主题的第十四届全国运动会精彩落幕。此时，西安市气象局十四运会和残特奥会气象台爆发出热烈的掌声，盯着大屏幕的一群人齐声欢呼，胜利的喜悦洋溢在每个人的脸上。此刻，身在其中的我，也不禁流下了激动的泪水，我用上扬的嘴角尝了下，是甘甜的，因为这是幸福的泪花。冲刺阶段历经 48 个日日夜夜，我们圆满完成了重大赛事的气象保障服务工作，用实际行动向全国观众交上了一份满意的答卷。

据统计，“十四运”赛事的 13 天中 10 天有降雨、5 天有大雨，累计降雨量为历届之最。作为一名气象工作人员，如果要给这届全运会提炼关键词，我觉得应该是“晴雨难测”和“降雨”，复杂多变的天气和频繁的降雨给气象保障服务工作带来巨大挑战。我时常思索，什么是气象人精神，如何弘扬气象人精神？为民管天，观云测雨，这样一项看似简单却意义重大的工作，我们气象人要把它提升到怎样的境界呢？带着这个疑惑，让我们一起走进“十四运”气象服务保障团队，听听他们背后那些太多不为人知但又不得不说的故事。

最强“夫妻档”——他在我也在

在“十四运”气象保障团队中，有这样一对夫妻，丈夫潘留杰是“十四运”气象台副台长，妻子张宏芳是赛事指挥中心的气象服务首席。他们一个在台前一个在幕后，生活中同心工作上同行，不舍昼夜、忘我工作，只为共同服务保障好每一场赛事。开幕式当天，夫妻两人从凌晨 4 时一直工作到晚上 10 时。当提及 8 岁无人照看的儿子时，潘留杰忍不住红了眼睛。“十四运”结束以后，他们最大的愿望就是带孩子坐飞机出去玩一趟，因为一句“爸爸带你坐飞机”这个最简单的承诺，潘留杰说了快三年，但由于疫情和工作的原因，一直没能兑现。

我不知道像他们这样“夫妻搭档”的气象人还有多少，但是我知道云去风又起，未雨绸缪是每个气象人爱岗敬业、热忱服务、坚守初心、不忘使命的真实写照和日常缩影，从他们的身上我看到了气象人的奉献与担当。

最美“后厂人”——精细服务精彩

为了做好十四运会气象服务保障工作，陕西气象人已经奋战了 700 多天。在整个“十四运”气象保障服务工作中，陕西省气象局首创的“前店后厂”工作模式，让服务保障更精细、指挥调度更有力、整体运行更高效。

胡江波，自十四运会和残特奥会气象台组建以来，几乎每天坚守在岗，

为了能够更好地服务高尔夫球比赛，9 月 11 日作为气象专家进驻高尔夫球场，开展为期 15 天的相关气象服务，为比赛成功举办提供第一手气象监测数据。“工作虽然辛苦，但当看到每场赛事都顺利圆满结束的那一刻，成就感和满足感瞬间冲淡了疲惫，弥补了一切。”胡江波如是说。我知道这一切只因心中有梦，为了我们“监测精密、预报精准、服务精细”共同的目标。

两代“气象人”——在传承中发展

汪媛媛的父亲是一位老气象人，或许是因为耳濡目染，2011 年大学毕业后，她也选择了这个行业。作为省气象局服务中心的编导，她已经在气象局工作了 10 年，因为业务娴熟、认真负责，被抽调到十四运会和残特奥会气象台场馆服务中心，主要负责场馆服务产品制作、全省气象服务快报编写、现场大屏图片制作、每日工作复盘总结、向“十四运”执委会网站微信群发布各类气象服务专报、现场气象保障服务等工作。无论是凌晨深夜的工作平台，还是下着大雨的赛事场地，到处都有她忙碌的身影。

在汪媛媛看来，自己属于“承上启下”的那一代，几十年前，气象人缺技术、缺设备，依旧刻苦钻研，只为寻求突破。现如今，气象人则追求更准确、更精细，只为及时、准确预报。正是因为一代又一代的气象人数十年如一日对日月风云的守望，才有了全运精彩落幕，气象服务圆满收官。

除此之外，“精彩十四运，智慧新气象”的服务理念也融汇于开闭幕式和每场赛事活动，服务于城市安全运行和民众生活之中。智慧气象应运而生、应需而动，以十四运会和残特奥会天气 App、微型便携式智能自动气象站为代表的一系列科技创新和研发成果，在提升赛事服务智能化、个性化和精细

化的同时，不断提升了气象保障综合服务能力。

“十四运”已经圆满落幕，气象服务却从未停歇，我们“十四运”气象服务保障团队未雨绸缪、攻坚克难、用心服务，又一次在复杂天气条件下经受住了重大活动的检验，圆满完成了党和国家交给的任务。我想大家和我一样，已经从“我们”的身上找到了想要的答案，不是每个人都拥有轰轰烈烈的事业，也不是每个职业都处在光环的照耀之下，但是能用心热爱自己看似平凡的事业，坚持不懈将它做得尽善尽美，这就是一个气象人对社会的无私奉献。我们也将继续传承好的经验做法，始终把“准确、及时、创新、奉献”的气象精神融入血脉，转化成推动气象事业高质量发展的强大动力，在全面建设社会主义现代化国家和气象强国新征程上全速奔跑。

（作者系陕西省气象服务中心工程师，时任十四运会和残特奥会预报服务中心气象服务首席）

你好，十四运会

〇田忠亮

在建党一百周年、全面建成小康社会的重要历史节点，中华人民共和国第十四届运动会在陕西举行。本人有幸参与筹办十四运会，将个人滴水融入时代浪潮，翻出精彩浪花，向百年大党献礼，向盛世中华献礼。

全运会是国内规格最高、规模最大、影响最广的综合性运动会。“十四运”设置 34 个竞赛项目，分布在全省 53 个场馆。在每一位亲历者的心中，都有不一样的十四运会。

阳春三月，繁花簇拥的十四运会及残特奥会倒计时牌矗立在高新区都市之门广场上，笃定运行，无声催促大家加快脚步。高科集团大楼下，熙攘的人群中，一行 6 个年轻人围成圈，兴奋地发出誓言：作为第一批先行者代表集团参与“十四运”的筹备工作，誓把工作干好，注重形象，争取荣誉。

加入“十四运”高尔夫球项目竞委会团队之初，我有过兴奋也有过焦虑。踏上秦岭高尔夫球场，一排建筑掩映在苍翠的杉木林中。放眼望去，草坪依山势起伏，湖水荡漾。我的焦虑感源于自己未曾接触过高尔夫球运动，没有这方面的知识储备，因此感觉自己像热锅上的蚂蚁。

全运会倒计时200天之际，省委书记刘国中号召全体工作人员认真落实“简约、安全、精彩”的办赛要求，保持战斗姿态，进入冲刺状态……时不我待，只争朝夕。我通过各种渠道加紧学习陕西省、西安市办赛要求，对筹办“十四运”高尔夫球比赛工作的认识逐步加深。

我积极参加省、市培训，向文旅局体育部人员学习竞赛规则，向球场工作人员学习服务保障注意事项，向办过测试赛的其他竞委会学习筹办经验，不断提高综合协调能力和专业保障水平。努力将上传下达、办文办会、计划总结、进度协调、迎检督办等工作做得及时、准确、协调、完整。从陌生到熟悉，从输入到输出，有蜕变、有成长，每一天都充实，每一天更笃定。

在组委会、执委会的坚强领导，以及中高协、省高协的专业指导下，竞委会各项工作有序开展，场地验收、器材申领、功能用房及运行流线设置、车辆运输服务采购、志愿者培训、疫情防控、酒店接待等各项工作逐步统筹落实到位。6月14—20日，按照“全要素、全流程、全方位”工作要求，“十四运”高尔夫球项目测试赛及高新精英赛成功举办。新闻发布会上，工作人员欢迎全国高尔夫球运动爱好者前来观赛。现场交通枢纽处，志愿者和安保人员身着雨衣竭诚为观众服务。赛场中，运动健儿挥动球杆，挥洒激情。观众不时为爆出的“小鸟杆”成绩而欢呼鼓掌。其间，我见识了丁文一等全国顶尖高尔夫球运动员的高超球技，体会到了高尔夫球运动精神的真正魅力——诚信、自律、自我挑战、尊重他人。

“行百里者半九十。一切过往，皆为序章。总结经验，脚踏实地围绕正赛再出发、再努力。”高新区管委会副主任王海若这句话警醒了大家。测试赛后，我们共同经历了两次现场模拟演练，三次问题清单销号整改。各处室工作越来越有章法，协调更加顺畅。在各部门协助下，几经易稿，我编印了“十四运”高尔夫球项目总体工作方案以及应急预案。

时间来到了正式比赛阶段。恰逢秦岭汛期，山地气候不定，阴雨霏霏，连日不停。但是雨点浇不灭参赛运动员慷慨的激情，挡不住全体保障人员匆匆的脚步。比赛第三日小雨转成中雨，连续下了一昼夜。前三日运动员比赛成绩累计形成难分胜负的胶着局面，第四日（决赛日）的天气牵动着每位运动员的神经。

第四日早晨持续中雨。比赛能否继续？运动员、裁判员以及全体保障人员都想知道答案。

应急处置小组综合各种天气监测指标，在征求裁判长意见的基础上当机立断，决定上午 11 点开赛。上午 11 点雨霁，“道是无晴却有晴”。18 个洞同时发球。各处室全力保障赛事进行，抢抓当日 5 个小时比赛时间窗口。珍惜天时！运动员拼搏进取，全身心投入每一杆、每一洞。下午 4：30，比赛顺利结束，实事求是，灵活应对，措施完善，决策果断。我们做了正确的事，正确地做了事，才有了好的结果。

恰到比赛结束，“说好的雨”旋即下起来。运动员放松了心情，庆祝、合影，享受淅淅沥沥的山雨。我和同事们持续穿梭在雨中，协调运动员采访、兴奋剂检测和颁奖工作。

所有参赛运动员、嘉宾有序排列在露天颁奖台周围，灯光亮起音乐响起，现场气氛聚焦在颁奖台。此时的雨真是恰到好处，人气渐旺，小雨转中雨。随着主持人宣布颁奖仪式开始，大雨倾盆。国家体育总局副局长、中国高尔夫球协会主席等冒着滂沱大雨为运动员颁奖。现场掌声、欢呼声热烈，为运动员，也为我们自己。这一刻，团队每个人可以骄傲地说：我们胜利地、圆满地、高质量地完成了十四运会高尔夫球比赛保障工作！

回望共同走过的路，我倍感幸运、幸福、骄傲和值得。相聚十四运会，每一位伙伴都很真诚，每解决一个困难都是成长，每一滴汗水都有意义。收获了友谊、收获了快乐。回到岗位，我必将高尔夫球竞委会这种精诚团结、敢于担当、乐于奉献的精神传承发扬，为集团实现高质量发展贡献力量。

（作者系高科地产公司办公室主任助理）

“保电”十四运会　护航精彩赛事

〇口述：杨少波　整理：杜　娟

同心同行，全民全运。2021 年 9 月 15 日，备受全国人民关注的第十四届全国运动会和第八届特奥会在十三朝古都西安隆重开幕。这一晚，西安从可容纳 6 万人的主体育场长安花到千家万户电视机前，都沉浸在一片欢乐沸腾的氛围中。

在陕西国际体育之窗（十四运会赛事及新闻媒体指挥中心）的一个偏僻角落，有那么一群人却不能融入那场体育盛宴，只因他们要为转播中心提供 15 天的应急电力保障任务。他们要做足“功课”、全力以赴，确保“十四运”期间供电万无一失。

紧急筹备　与时间赛跑

2021 年 7 月下旬，接陕西国际体育之窗建设单位通知，“十四运”赛事及新闻媒体指挥中心在全运会开闭幕式及比赛期间需要应急电力保障。西安动之源机电设备有限公司积极与“十四运”组委会广播电视部对接，与建设单位、电力部门，以及有关单位等 50 余人商讨方案，精心修改，几易其稿，形成高标准、高质量的应急电力预案。

总经理杨少波回忆当时情况，感慨地说：“‘十四运’赛事标准高、规模大、范围广、时间长，我们心中有数，必须齐心协力，举全公司之力打赢这场电力保卫战。”全运会是我国国内规格最高、规模最大、竞技水平最高的综合性运动会，第十四届全国运动会在陕西举办，也是首次在我国中西部地区举办，意义重大。为确保全运会期间转播中心电网安全可靠运行，西安动之源机电设备有限公司确定采用并机并网机组，实现单台单控、互助互补但又互不影响的方案，先后投入300余万，分别从广东、河北定制当时最先进的、智能化程度最高、稳定性最好、噪音最小的发电机组及特制电缆线，因地制宜、完美契合本次保电任务。

面对时间紧、任务重及疫情防控常态化的情况，公司总经理兼“十四运”电力保障总指挥杨少波多次奔赴广东，督促生产，优化方案，在保质保量的前提下确保设备按时交付。设备终于在 2021 年 8 月 16 日按时运抵。在赛事举办期间的 13 个日日夜夜里，公司先后投入应急柴油发电机组 4 台共计 2000 千瓦，电缆 1600 余米，人工 200 人次，车辆及各种机械 100 余台次。

交叉施工　奔跑作战

公司如临大考，抽调精兵强将，成立了以杨少波总经理为现场总指挥的保供电临时指挥部，以及以赵广强为队长的共产党员突击队，以最有效的组织保障、最先进的电力设备、最可靠的技术措施、最严明的工作纪律，确保赛事期间电力供应零故障、零闪动、零差错。

高压室
高压室

2021年8月15日，1600余米全新电缆到达赛事及新闻媒体指挥中心。现场环境复杂，面临交叉施工、电缆敷设、机组布置等各种状况和问题。电缆布置需要经过地下车库，车库车辆需要通行，有的部分需要靠边敷设，有的地方需要架空，需要桥架及支撑……临时保电指挥部积极协调，对于方案反复论证、精细实施，多方协调、克服困难，职工众志成城、万众一心，至8月16日10时仅仅用27小时就将电缆敷设完成，以最短时间保质保量完成了任务。

8月16日一大早，一阵急促的电话铃声响起，杨少波接到电话，得知从广东过来的4台共计2000千瓦柴油发电机组马上到达现场。他立即安排部署，电缆敷设和设备就位工作同时开展，交叉施工。整个团队与时间赛跑，团结一致、争分夺秒。发扬“秦人”能吃苦的精神，饿了就吃点面包、方便面，累了就躺在地上或者车里休息一会儿，至8月16日15时已全部安装完成，历时仅40小时左右。团队上下一盘棋，不畏艰辛、连续奋战，一心只为按时间、按节点完成与各部门配合联动调试及实战演练工作，检验应急预案，提升应急能力，确保了开闭幕式及赛事期间电力安全平稳运行。

万无一失　不辱使命

9月15日17时，接赛事组委会广播电视部通知，第十四届全国运动会开幕式将于20时整正式开始，要向全国乃至全球进行实时转播，必须确保电力供给万无一失。

公司按照既定方案与电力部门、施工单位通力配合，确保每台设备、每个关键点都有人值守，于19时整正式开机运行。对讲机中“电压正常”“频率正常”“1号机组正常”“2号机组正常”“电缆线接口良好”“可以和市电

并网”“并网成功”等声音不绝于耳，每一次发声都是前一个任务完成、下一个任务开启的号令，都是为了一个共同的目标——确保开幕式转播圆满成功。

开幕式举行的 3 个小时，是大家精神高度紧张的 3 个小时，每个同事的心都提到了嗓子眼。各个部门、各个岗位，通力协作、团结奋战，每 10 分钟汇报一次运行情况，做到精益求精、不出闪失。在听到对讲机里说出“本次开幕式圆满成功！”时，现场一片欢呼，不少同事喜极而泣。

“这么重要的赛事，电力供应不容有任何差错，万无一失是死命令。我们做到了不负重托、不辱使命，一切努力都没有白费，那一刻，悬着的心可算是落了地！”杨少波激动地说。

精心服务　全程保障

在9月15日至9月27日整个全运会比赛的13个日日夜夜中，我们一直坚守一线，不惧艰辛吃住在现场，实行三班倒，严格执行24小时值班和交接班制度，严格遵守保供电值守预案，规范交接班，全面落实值班纪律。每次交接班时对所有线路，所有连接点及关键部位都进行逐一检查、交接，轮换吃饭，就连上卫生间都要进行报备，并由专人替换，确保时刻有人值守，真正实现了无缝衔接。从每天赛事开始到每晚赛事结束，一切工作严格按照预案执行，值班班长每个小时进行巡视并记录情况分析上报，确保保电工作责任到人、具体细节到点，真正将保电工作做得不出差错。

闭幕式结束时，在场的许多保供电人员都流下了激动的泪水，被“十四运”所牵动着的心绪终于放松下来，保供电任务圆满完成就像把肩头的一副重担卸了下来。他们感慨地说：“能有幸参与‘十四运’的保供电任务，为这么大的体育赛事尽一点力，所有的辛苦都值了！”

他们是背后默默付出的一群人，他们是起得最早睡得最晚的人，从60后到90后、从共产党员到共青团员，他们每天兢兢业业，一丝不苟严谨细致的专业作风受到了“十四运”广播电视部的肯定，并发来感谢信。

48天的坚守，“保电人”科学谋划、合理部署、周密执行，提供了一流的保障。2021年9月27日“十四运”精彩落幕，保供电任务完美收官，同时也为公司发展留下一笔宝贵的财富，为公司今后的发展打下良好基础。“十四运”是助推陕西省经济社会和体育事业发展的重要平台，做好赛事及新闻媒体指挥中心供电保障工作意义重大。

“千磨万击还坚劲，任尔东西南北风”，西安动之源机电设备有限公司确保赛事期间电网安全稳定运行和电力可靠供应，展现了如同运动员一样拼搏向前的风采，保电任务的圆满完成就是对公司所有员工辛苦付出的最高肯定。“十四运”后，员工们离开陕西国际体育之窗，新的任务已经在等着他们。杨少波说：“‘十四运’保供电服务是对公司全员的一次大检阅、大练兵，我们以此为新的起点，认真总结经验、查找短板，力争为今后的大型活动及大型赛事保供电提供更加完美、细致、周到的服务。”

（口述杨少波系鄠邑区政协委员、西安动之源机电设备有限公司总经理；整理杜娟系鄠邑区政协干部）

一块肉一粒米如何端上运动员的餐桌？

○张　端　南江远

广东湛江的龙虾、陕北榆林的羊肉、江苏镇江的陈醋、贵州的老干妈、山东的鸡柳……100 多种营养丰富的可口餐食，每天出现在“十四运”运动员村的餐桌上。

可不要只顾对着菜单流口水，你知道这些品种丰富的美食是如何端上运动员餐桌的吗？每一粒米、每一块肉，既要做到色香味俱全营养充足，又要健康安全，严防食源性兴奋剂侵袭，经过层层把关，才能“赢”得资格，再由厨师的巧手烹饪化身饕餮盛宴，让运动员尽享舌尖美味。

第一关：采购
专圈饲养专线生产　从源头保障食材安全可靠

作为全运村的“营养补给站”和食材“集散中心”，位于西安市一南一北的省、市食品总仓存放、“保护”着从全国各地采集而来的各种食材。位于高新区的陕西省食品总仓内存放着猪牛羊肉、禽类、蛋奶、水产品、香料调料等五类专供运动员食用的高风险食材，由西安市市场监管局高新分局牵头担负保障任务；位于港务区的西安市食品总仓内存放着米、面、饮品等非五类食材及媒体记者餐厅、技术官员餐厅的食材，由西安市市场监管局港务浐灞分局牵头担负保障任务。入库前，这些食材均经过严格精心的筛选。

在陕西省食品总仓监控中心的电子屏幕上，可以看到上游基地的实时养殖情况。省总仓保障团队工作人员肖江波告诉记者，为保障“十四运”期间食品安全，陕西省市场监管局确定了 14 家养殖企业（基地）、加工企业作为运动员食材供应商。食品总仓指挥部向基地发出养殖需求，基地收到养殖任务后将按需求从幼崽开始饲养，从源头实行“专场专供、专圈饲养、专人看管、专线生产、专库存放、专车运输”六专保障模式，确保食材来源安全、稳定、可靠。从采购、验收、存放到配送，每批食材都被 24 小时“监控”。

第二关：入仓
入仓前逢进必检　确保食材全部检验合格

9 月 18 日上午，在陕西省食品总仓内，工作人员正忙着搬运刚送来的低温奶。总仓验收组负责人黄昱和同事们也穿梭在各种货物之间，检查货品、核对材料。

“车辆从基地或供货商处出发时，会加封一个十四运会专用的钢丝封签，每个封签都有自己的专属编号。我们要对基地提供的各类合格证明、食源性兴奋剂检测报告等随车交接材料再次确认，核对无误后，才下达卸货指令。”

黄昱告诉记者，货物先在暂存区经层层查验，到达待检区后，再由第三方检测人员进行食源性兴奋剂抽检，合格后才能正式入库储存。按照十四运会和残特奥会组委会安全保障方案有关标准，一共有 56 类食源性兴奋剂检测参数，一旦检测出兴奋剂超标，这批食材就会被拒收。所有的食材在入仓前逢进必检，而后由专车、专人全程护送入仓。

第三关：配送
专车专人“四锁三封签”全程“监控”

随着食材顺利入库，巡查、抽检、防疫等便成了“守仓人”的日常工作。每批食材入仓后会贴上一个二维码，扫描二维码，该批食材的生产日期、保质期、入仓时间、抽检信息等便一目了然。

每天，根据各比赛酒店及全运村下达的订单，由专人专车安全运送至目的地。食材装车后，会加挂“四锁三封签”，在全程“监控”之下配送。食材到达目的地后，由配送司机及押车人员与酒店监管人员及酒店工作人员三方核对，签收无误后，车辆挂锁加封返回总仓，至此，整个保障环节完成。实现了统一采购、统一验收、统一检验、统一存储、统一配送的全链条闭环式管理模式。

截至 9 月 21 日，陕西省食品总仓已陆续向全运村及各地市酒店配送 533 车次，称重商品共 298 吨、调料 5756 箱、油 2587 箱、乳制品 42186 箱。西安市食品总仓累计向运动员餐厅配送 5126 只单品、39767 箱商品。

第四关：烹饪
每道菜品都有食谱卡　留样 48 小时确保安全

9 月 18 日 21：30，运动员村餐厅操作间内繁忙有序。炒锅在厨师的手中不断翻腾，火舌像龙在跳跃。不到 10 分钟，一盘令人垂涎欲滴的粤菜——滑蛋虾仁出锅。

“这是为运动员村夜餐准备的一道菜。”曾荣获全国药膳大赛菜品特金奖的行政副总厨刘建其告诉记者。全运村餐饮服务工作借鉴了国际大赛模式，采取了不间断供餐方式。从 6 点到 24 点，每天供应 18 小时，每餐都超过 100 个品种。其中 4 个时段供应全菜品，其他时段供应简餐。当晚 10 时，运动员村餐厅内，一道道色香味俱全的菜品已摆进餐盘。

运动员餐厅里的每道菜都要做营养分析，每百克菜品所含的脂肪、热量、蛋白质等相关信息被标注在餐卡上。同时，有些美食是不宜出现在运动员的餐桌上的，比如莲藕。因为莲藕中可能含有去甲乌药碱，属于运动员禁用物质，为控制去甲乌药碱阳性风险，运动员餐桌上不仅没有莲藕，也没有莲子。

运动员餐食食材选择受限较多，要在菜品上出花样，格外考验厨师的创意与功力。全运村菜谱由国家体育总局的运动专家、餐饮专家及营养专家共同制定。菜品结合中国八大菜系和陕西饮食特色，包括肉类、禽类、蔬菜类、水果类、奶制品类，不仅涵盖了运动员所需的营养，还为每道菜品设立食谱卡，明确烹饪方法、营养数据、过敏源信息等内容。所有的蔬菜确保没有农药残留，肉类、禽类瘦肉精也要达到“零检出”。

开餐之前，包括主食、汤、甜点在内的每一种食物都被取样封存在专用冰箱，留样 48 小时，以供追根溯源。除了确保饭菜丰富、可口、营养、安

全，还要考虑用餐量科学供应，减少浪费。全运村餐饮服务中心副主任刘海滨说：“我们根据村内居民入住信息分析就餐人数，向食材供应链上游提出采购申请，不能浪费，也不能断供。”

第五关：监管
环环相扣　严格实行食材监管“三不”政策

“杜绝任何一种问题食材入村，绝不允许任何问题食材上餐桌，环环相扣确保食品安全。”全运村食品安全监督管理中心副主任苏峰告诉记者。全运村严格实行食材监督管理“三不”政策：不合格不入库，不合格不出库，不合格不使用。

全运村食品安全监督管理中心共有 158 人，这支庞大的队伍主要以从西安市市场监督管理局全系统抽调的 139 人为核心，并汇集了市交通运输局、市水务局、市卫健委、市民宗委等多个部门的精兵强将。

“‘食品快检小组’就像是‘哨兵’，每天对蔬菜、水果、食用菌、水产品等 400 多个品种进行抽样检验；负责餐厅饮用水安全的保障人员对水质进行现场快速检测，确保水质达标；餐厅负责后厨加工的保障人员，从监测加工准备直接入口食品使用的刀具、容器和操作人员手部表面洁净度，到监测菜品出品后的中心温度等，全程监管，并且对每个餐次、每个菜品均进行食品留样。清真餐厅由民宗委和餐厅保障人员共同进行全程监管。”苏峰说。

（作者均系西安报业传媒集团记者）

高质量服务保障“十四运”开闭幕式

〇李 勇

办好“十四运”是全国人民的共同心愿。作为距离开幕式主场馆最近的高等院校，能够助力“十四运”，为“十四运”开闭幕式7300名演职人员提供后勤保障服务，这对西安铁路职业技术学院而言，不仅仅是一项光荣的政治任务，更是对全院教职工综合素质的挑战和考验。西铁院人在院领导班子的带领下，苦干实干、无私奉献，为全运会演出人员提供了高质量的服务保障，圆满完成了上级下达的各项任务，生动践行了本届运动会“全民全运，同心同行”的主题，彰显了西铁院担当责任、真诚奉献社会、真情回报国家的使命。

站高怀远，科学决策，确保各项任务落实

“十四运”是国家的体育盛会，是陕西人多年的梦想。因疫

情期情况特殊，10000 余名开闭幕式演职人员被安排在西安的四所高校，而仅西铁院一所高校就承担了一半人员的封闭管理、服务保障任务，人数之多、时间之长，在全市、全省乃至全国也是少有的。艰巨的任务考验的不仅仅是站位和勇气，更是西铁院人的责任和担当。7 月底，西安铁路职业技术学院接到“十四运”开幕式演职人员入住学院进行封闭管理的任务后，学院领导班子，提出了以最高的标准、最佳的状态、最优的服务完成工作任务，以苦干实干、精益求精、真诚奉献的精神为全运会演职人员提供高质量服务保障的总体工作思路，为学院做好十四运会保障工作提供了思想保证。

入住西铁院的有 20 多个单位、5209 名开幕式演职人员、2091 名闭幕式演职人员，人数众多。包括专业院团的音乐家、在校大学生、演艺公司演员、在家务农的农民等，人员结构复杂、身份多样，而保障任务又无现成经验可借鉴，且只能成功不许失败，压力可想而知。为了确保在疫情防控常态化条件下，安置好 7300 名全运会开闭幕式演职人员，保障好其饮食、卫生和安全，西铁院打响了一场历时 60 天的全运服务保障攻坚战。在仅有的 10 天准备时间里，学院领导班子及时召开动员部署会，动员全体师生把“十四运”开闭幕式演出人员服务保障工作当作一项重大的政治任务和社会责任来完成。学院党委的高站位、快决策确保师生的高标准和快落实。按照学院的统一安排，各二级学院教职工顾全大局，舍小家为大家，牢固树立“一盘棋”思想，拧成一股绳，合成一个拍，以细致、精致、极致的工作标准，全力以赴投入到准备工作中。

8 月初的港务区校园里，不论是临近退休的教授，还是刚刚入职的青年教职工，大家丢下平日里文质彬彬的形象，卷起裤腿、俯下身子，刷便池、擦台面、铺床铺、清杂物，冒着酷热挥汗如雨地奋战，仅用 10 天时间，腾空清扫学生宿舍 900 多间，搬运学生被褥 5 万多件，布置卧具备品 5000 余套。与此同时，学院的电力增容、空调电视安装、网络施工、搭设隔离围墙、布设防控设备、宿舍设施维修六项工程也在紧锣密鼓地进行。400多人的施工队伍分成两班，24小时连续战斗，到8月18日，全部准备工作就绪。辛勤的努力换来的是一间间光亮整洁、设施完备的宿舍，以及演职人员入住后一声声由衷的惊叹和感谢。8月20日，5000余名演职人员正式入住。为了更好地开展封闭区各项工作，为广大演职人员提供更加优质的服务，学院成立了由副院长赵六杰牵头的工作专班，下设综合协调、餐饮保障、疫情防控、住宿保障、安全保卫和后勤服务等工作组，由部分处科级干部担任工作人员，开始了长达38天的封闭生活。服务保障“十四运”开闭幕式的大幕正式拉开。

不辱使命，直面挑战，提供高质量餐食

由于演出排练大都在夜间进行，演职人员白天休息晚上排练成为常态，就餐情况和正常情况不同。一般早餐和午餐时段，就餐人数不固定；晚餐和凌晨的夜餐时段，餐厅人山人海。无法准确预估用餐人数，给餐饮服务保障工作带来了挑战。关键时刻，餐饮工作组开启了38天不眠不休的工作模式。

餐饮工作组是一个有着强烈使命感和政治自觉的群体，由后勤基建处、自强综合管理处、临潼校区、龙首校区负责餐饮的人员和组织部、纪检监察室、工会的相关人员组成。接到紧急进入封闭区的工作命令后，所有人立刻放弃休假，奔赴工作岗位。从原料进货质量的验收、食品粗加工、清洗切配、烹调，到餐具洗刷消毒、食品留样、食品供应，实行一日三餐全过程无缝隙卫生监督。他们每天凌晨2点之前到达食堂，一直要工作到晚上8点以后，有时甚至日工作时长达16个小时以上。特别是在演职人员后期彩排阶段，工

作组要等着演职人员从奥体中心回来吃完夜餐才能休息，这时往往已是凌晨两三点钟，而第二天 5 点又要起床开始新一轮的工作，每天仅有两三个小时的睡眠时间。在封闭区里，每天至少有近 2 万人次的就餐量。凌晨 4 点，经过一夜排练，饥肠辘辘的演职人员蜂拥至餐厅，瞬时暴涨的巨大人流量给饭菜供应速度带来巨大考验。每当这时，工作组的人员立即化身为传菜员、服务员，端着一托盘米饭，拎着一大桶菜汤，从后厨不间断地向前台供应，直至早晨 7 点左右，人潮渐疏，他们才匆匆吃上几口冷饭冷菜，赶忙回去补觉，因为早上 10 点，午饭前的准备工作又要开始了……

然而，生物钟早已紊乱，哪能很快入睡，他们还要马上总结这一餐存在的问题，并研究下一餐的开餐时间和注意事项。每天的“一餐一会”制度，使餐饮服务工作更加细致、到位，演职人员更加满意。陕西师范大学演职人员感叹道：“封闭期间，我们收获了来自西铁院一次又一次的温暖……感动于凌晨排练结束后食堂亮起的灯火和热气腾腾的消夜饭香……”

勇于担当，用心用情，提供高标准住宿条件

住宿保障是非常细致复杂的一项工作。党委学生工作部部长郭小莉带领着一支特别能吃苦、特别能战斗的宿管员队伍，在长达一个多月的住宿保障工作中为学院赢得了入住各单位的广泛好评。

在前期的准备过程中，党委学生工作部周密计划，加快推进，广泛合理调动各二级学院学生管理人员，对港务校区的 900 多间宿舍逐一检查，提前将 5209 名开幕式演职人员按照男女划分宿舍，制作门牌，整理床铺，分发生活用品。详细的入住工作方案，确保了 8 月 20 日所有人员顺利有序入住。

全体演职人员入住后，郭小莉带头入住封闭区，主动深入各个宿舍，调

查咨询并协调解决20多个入住单位的住宿需求。面对众多入住单位对学院的住宿条件提出的各式各样的意见和建议，甚至质疑、责难，郭小莉从不退缩，总是从保证“十四运”开幕式顺利进行的大局出发，设身处地为演职人员着想，尽可能地解决他们的困难，回应和满足他们的诉求。郭小莉用心用情、无微不至的工作态度感动了入住单位的领导和演职人员，大家见到她时都会情不自禁地喊一声“郭大姐”。

9月16日下午，开幕式演职人员圆满完成任务全部撤离。党委学生工作部顾不上喘一口气，立即安排布置闭幕式演职人员的入住工作，组织二级学院200余名教职员工，仅用了一天时间，就完成了宿舍清理、垃圾清运、备品布置、宿舍划分、门牌制作等所有工作。9月18日，闭幕式2000余名演职人员顺利入住，他们纷纷为学院高效高质量的保障工作点赞。

牢记责任，尽职尽责，构筑全方位屏障

疫情防控，重如泰山。疫情防控组积极协调上级部门，引入西安大兴医院的医护人员入住我院，以三甲医院的医护力量为我院封闭区构筑起了一道安全屏障。

昼夜巡查，确保安全。安保组毛卫军处长带领校卫队成员搭建起了西铁院校园安全的铜墙铁壁。烈日下、大雨中，他们不分昼夜地巡查校园、检查消防设施、24小时紧盯安防系统，确保封闭期间校园没有发生一起治安事件。毛卫军在工作中脚部粉碎性骨折，在住院期间还不忘每天发消息叮嘱安防重点工作，他对工作的责任心使专班成员无不为之感动。

维护设备，保障运行。后勤基建处总务科全体人员接到任务后，就一直坚守在工作岗位上，检修遍布校内的水电气管网，各楼的照明、空调、上下

水系统，确保正常运行。上屋顶、下管道，他们顶风冒雨、勤勤恳恳地完成着每一项看似简单，却又极其耗费精力的修缮工作。三班倒、连轴转已是工作常态，遇到紧急情况时，他们更是在一夜之间搭起了十几间安检雨棚，连起了几十台设备的电源线路，使上级部门对学院的后勤保障工作赞不绝口。

主动负责，细致缜密，架起沟通服务桥梁

综合协调组在工作中时刻牢记用心用情服务的理念，以演职人员的需求为工作导向，为入驻单位提供优质服务。为了密切保持与组委会大型活动部、市执委会驻点专班和各参演单位的联系，综合协调组主动公开联系电话，做到 24 小时全天候联系畅通，每日凌晨 0 点至 6 点平均回复电话 15 个以上，回复 10 多个工作群信息，确保各类意见、建议得到快速有效处置。其间，接待各级领导专项检查、督导、慰问 10 余次。为精准对接各单位服务需求，综合协调组主动上门与各单位领队、负责人深度交流 20 余次，使各入驻单位与我院形成相互理解、亲密无间的良好氛围。同时，为了加强与学院专班各工作组的紧密联系，综合协调组及时召开工作碰头会、专项工作会，参与各工作组会议，充分利用工作信息群，确保各工作组思想统一、步调一致、攻坚克难、高效运转。

为了丰富封闭区演职人员的业余文化生活，缓解演职人员的心理压力，综合协调组按照学院领导的要求，积极协调、组织演职人员适时开展了健康向上、形式多样的小型文体活动，如陕北民歌快闪、青春集体舞、陕北说书表演、艺术家才艺展示、中秋节晚会、球类比赛等。这些活动的举办，融洽了学院和入驻单位的关系，鼓舞了演职人员的士气，缓解了演职人员的焦虑。在演职人员参加开闭幕式前，综合协调组还组织全体专班工作人员和餐

饮、保洁、维修人员代表，打起横幅标语，挥动彩旗为他们壮行助威；演出结束返回封闭区时，冒雨敲锣打鼓，夹道欢迎他们归来。入驻单位和演职人员被深深感动，纷纷为学院送来锦旗和感谢信。据统计，在开闭幕式期间，学院共收到来自 15 家单位的 6 面锦旗和 7 封感谢信，有一封感谢信中这样写道："在西铁院，我们感受到了家的温暖。你们的责任与担当，值得我们钦佩，值得我们学习，西铁院人勤勤恳恳、任劳任怨的工作态度让我们感动。正是你们的悉心安排和付出，使我们能在'十四运'的舞台上展现出最佳的风采……"

甘于奉献，舍小为大，谱写西铁院群英谱

回望"十四运"开幕式、闭幕式的文艺展演，上万名演职人员用他们近乎完美的精彩演出，向世人展示了陕西这片沃土的厚重精彩与磅礴大气，为世人打开了一扇瞭望华夏古老文明的窗口。西铁院承接的"十四运"开闭幕式演职人员生活保障工作，自 7 月底接受任务至 9 月 28 日闭幕式结束演职人员全部撤离，历时 60 天。在那些精彩画面的背后，是每一个西铁院人默默付出的日日夜夜！

接到任务的人毫无畏难情绪，更没有一个人临阵退缩，他们在接到任务的第一时间，回答的几乎是同一句话——"保证准时赶到！"他们都抱着同一个信念——为了西铁院的荣誉！

就是这每一个人的一次次闪光，汇集成了西铁院服务"十四运"的群英谱，展现了西铁院人"不辱使命、勇挑重担、迎难而上、担当奉献"的新时代新作为！

60 天，400 名干部职工，在疫情防控特殊时期保障服务了 7300 名十四

运会演职人员的生活和安全。

责任重大，使命光荣！

这是一次机遇与挑战共存的大考，一次执行力和战斗力的考验，一次党史学习教育成果的最直接的检验！而无论哪一份试卷，西铁院人都用使命、责任、担当、奉献书写了完美的答案！

（作者系西安铁路职业技术学院自强综合管理处副处长，时任十四运会开闭幕式演职人员封闭管理西安铁路职业技术学院封闭点管理专班综合协调组工作人员）

HUAXU
PIAN

花絮篇

长安十二时辰——我的开幕式

〇查骥远

6：00　记录仪、对讲机、工作证……我逐项清点今天将要使用的所有物品，作为一名开幕式集结点的交通联络员，今天我将迎来十四运会交通保障工作大考。“远端集结、团进团出、错时抵离、上下定点”，这是疫情防控背景下，保证开幕式各类群体安全有序抵离的重要环节，27个集结点均有我们交通保障联络员，做好各项服务和沟通协调工作至关重要。我的开幕式马上就要开始了。

7：00　在餐厅吃早餐，所谓餐厅其实是酒店的电梯走廊，摆上桌子、微波炉，便成了我们115名交通保障人员的临时餐厅。在我们用餐的时候，对讲机里还时时传来语音播报的声音。开幕式主要创作人员车队已经到达奥体中心并完成落客，接着应急保障中心的应急拖车也在对讲机中汇报到达奥体中心，开幕式的交通保障，早已开始进行。

兵马俑

8：00　乘坐摆渡车前往停车场。我们在这里每日都要做到闭环管理、核酸检测、体温测量等工作，除公务外出外，所有工作、生活均在酒店内完成。酒店像是一部不停运转的机器，0点开会是常态。有人调侃这样的生活是“沉浸式加班”，每一个来到这里的人，都全身心扑在了保障工作上。

8：30　到达停车场，我迅速找到我们集结点的车辆调度员，与他核对今天的工作流程。停车场是开幕式保障车辆的大本营，参与开幕式的车辆大多停放于此，所有车辆的驾驶员也早早从酒店集结于此，准备他们“十四运”期间最重要的一次行程。所有的工作都在14日的现场布置会上进行了再部署与再要求，为了今天的交通保障工作，我们已经进行了3次全流程演练，3次复盘会议。今天，需要抵离奥体中心的人员将达到4万人，这样的大规模交通保障工作现场，就像一个战场，而在战场上，纪律是第一原则，我们要听从命令，不计代价，不达目标誓不罢休。

10：00　车辆标识、消杀记录、车容车貌，我和调度员对每辆车的这几个方面进行检查，在此之前，驾驶员已经将车辆储物箱的一切物品清空。待车辆到达集结点后，还将有专业安保人员对车辆进行安全检查，所有工作都是为了达到安全保障要求。

11：00　天气预报说今日将有降雨，指挥中心要求各车队做好雨中行车准备，我们对灯光、制动、雨刮器等车辆器件，又进行了一轮全面检查。我们为驾驶员发放晚上的餐包，所有车队都是在晚上11点后才返回停车场的，因此大家的晚餐需要在车上解决。虽然是餐包，但是后勤保障团队准备得十分充分，水果、牛奶、面包一应俱全。

12：00　检查工作全部完成，我和调度员与7名驾驶员一起，坐在大巴车底部的储物箱上，吃起了盒饭。这是战斗前的轻松时刻，大巴车底部的储物空间很大，既遮阳、又通风，司机师傅们平时的用餐、休息大都在这里解决。

12：40　完成最后的离场检查，7 辆大巴车按顺序排成车队，准时出发，为了避免意外情况，我们比演练时又提前了 10 分钟出发。演练的工夫没有白费，一路顺利，我们在 13 点整准时到达集结点，提前接受车辆安检。除了车辆检查，所有登车人员也将通过安检——“进点即进场”。与此同时，我与车长、车辆安全员等再次核对退场时间、停车点，确保 8 个小时后的退场工作万无一失。

14：35　所有人员登车完毕，车队准时出发前往奥体中心，登车和安检的全过程都已经储存在我的记录仪中，无论后续出现任何异常情况，都有迹可循。远端集结的出发时间与抵达时间均精确到“分钟”。只有每个集结点车队不差分毫地执行命令，才能保证整个抵离工作的有序进行。

14：55　“指挥中心、指挥中心，执委会保障车队已到达奥体中心东广场落客。”对讲机里也传出了我的声音，指挥部监测中心的监控画面上，也出现了车队落客的画面。2 分钟之内，已经完成落客，车队驶离奥体中心，前往停车点。这看似简单的动作，也是整个集结点全体互动观众演练多次后的成果。

15：30　车队到达临时停车点，保障工作完成了 50%，司机师傅可以在这里休整一番。今天天空的云彩很帮忙，遮住了阳光。之前演练时，烈日可让大家吃了苦头，大巴车在太阳下就像一个蒸笼，熄火之后很快就热得无法乘坐，大家只能各自寻找路边的阴凉处休息，绿化带里的蚊子倒是有福，饱餐了不知多少顿。

17：00　大家打开餐包，迅速解决了晚餐，接着所有驾驶员对车辆进行再次检查，一旦发现问题，2 公里内的应急团队将会马上处置，替换备用车辆，确保车队能够正常行驶。

20：30　车队转移到退场停车点，做最后等待。这是我在空间上距离开幕式会场最近的地方。感谢网络帮我消除了这最后的距离，我和司机孟师傅一起在车上用手机观看开幕式盛况。随着全运圣火点燃，最后的交通保障工作又要开始了。

21：40　我与车长通话确定他们的离场情况。我们所在的乘车点是距离体育场最远的乘车点，但是，观众必须在20分钟内全部上车，否则车队到点发车，错过乘车时间的人员只能乘坐0点30分发出的备用车。我站在路边的台阶上，向奥体中心东门张望，急切等待退场观众出现。

21：50　天空下起细雨，退场观众终于出现。“1到4号车在南侧，5、6号车在北侧！”我和其他部门的工作人员一起挥舞着引导牌，在路口指引大家上车，观众们也互相招呼。有的女观众虽然脚踩高跟鞋，速度却一点没慢下。已经登车的人员，由随车安全员和车长确认信息，人员全部到位后迅速关闭车门，21点59分，最后一辆车的车门关闭。

22：00　车队准时出发。跟随着引导车，车队终于行驶在返回集结点的路线上。

22：20　大雨中，车队准时到达集结点落客。

23：00　车队返回停车场，我所在集结点的开幕式保障工作圆满完成，我跟调度员一起回收开幕式工作证件，又协助驾驶员将白天清空的随车用品搬回到车厢。

24：00　返回酒店。退场时最后一刻的紧张还留在我脑海中，各个集结点的车队陆续返回，最晚的车队将在凌晨3点后到达，也就是说，在我回到酒店休息的时候，还有交通人在第一线战斗着，想到这里，我既心疼，又心安！

这就是我的全运开幕式。

（作者系西安交通职业培训中心教培科副科长，时任十四运会执委会安保组交通保障部联络员）

全身心投入　只为“精彩圆满”

○王　冠

全运会结束已有一年半，但回想起自己在第十四届全运会西安市执委会竞赛组群众体育部的经历，每个瞬间仍历历在目。为全运会奋斗的日子令人难忘，回味起来满是幸福。

2020 年 7 月，我来到群众体育部，面对新环境新同事新任务，心里是有些发怵，毕竟大家都是第一次从事全运会工作。报到后，群体部部长找我谈了一次话，让我主要负责群体活动和竞赛组织方面的工作。两周过去，我还是有些蒙，不知从何入手，领导似乎看出了我的困惑，又找我谈了一次话，鼓励我“要借鉴共青团工作经验策划活动，要跳出共青团工作组织竞赛”，并建议我从“十三运”群众体育竞赛规程着手。我恍然大悟，于是先自己学习了各项目的竞赛规程，后带领处室一起学习，还通过看视频、听解说、做对比等方式研究竞赛组织的相关知识，这不仅让我个人找到了工作突破口，更使部门业务能力大幅度提升，也起到了良好的示范带动作用。自此，我真正踏上全运会之旅。

一天早晨，我如往常一样在7点30分到达奥体中心。去水房的路上，在偌大的办公区域外，看到一位执委会工作人员，他双手扶着立柱，慢慢滑倒，最终倚靠立柱蜷缩。时间尚早四下无人，我赶忙跑过去，询问他身体是否还好。他额头上豆大的汗珠止不住地掉下来，人也疼痛得说不清话。见此，我赶忙联系医疗卫生部，在跳水馆参加演练的急救车很快到达，我便陪着他前往西安市第三人民医院，他被诊断为肾结石掉落输尿管内引起梗阻，随即接受了碎石治疗。医生说，肯定是最近工作太累导致的。我们彼此本不认识，经过交谈得知上周都参加了同一个活动，也算有了交集，经过此事，我们成了好朋友。我在市执委会认识了很多不同岗位、不同战线的领导和同事，工作上有配合、有争论、有包容、有理解、有支持，只因我们都为了同一个目标、同一场赛事的“精彩圆满”，市执委会就是这样一个融洽的大家庭。

我负责的第一个工作是“迎全运　惠民生　我要上全运”西安市全民健身系列活动。我们到各区县、开发区、重点社区、各运动协会充分调研，反复研讨，修改方案，最终策划了“我要上全运　运动达人秀”抖音大赛、社区乒乓赛、社区羽毛球赛、社区篮球赛等10项群众体育活动。共吸引3.64万名市民参与，获得210万人次的关注，被50余家媒体用近170余篇的新闻报道宣传，将“全民全运”氛围推向新高潮。从前期活动策划、沟通对接，中期现场执行，到后期资料归档总结，我都全身心投入其中。我们“被褥不离车”，晚了、累了就在奥体中心办公室沙发上过夜，整个团队融为一体，我也深切感受到我们部门的战斗力。

我们多次深入基层，鄠邑、灞桥、阎良、临潼、蓝田等区县、开发区都有我们的足迹，调研群体竞赛活动70余次。在市执委会工作是没有周末的，除了日常工作以外，大部分体育比赛等活动都是在周末举办。我们利用周末

行动
主办单位：
会和残特奥会陕西筹委会群众体育部、新闻宣传部
承办单位：
网、风火轮滑俱乐部

时间前往阎良区调研毽球公开赛，奔赴商洛市洛南县现场考察垂钓大赛，远赴贵州观摩地掷球项目预赛等。掌握了第一手数据，最终形成真实可靠的群体竞赛项目调查报告，做好承接项目和筹办比赛准备，为最终群体比赛精彩圆满举办夯实了基础。

全运会开幕前三个月，我下沉到群众比赛地掷球项目竞委会，和竞委会的同仁们一起生活、一起战斗。从疫情防控、经费编制、景观布置到车辆人员流线规划、功能房设置，我都深入参与。正式比赛前一个半月，西安开始阴雨不断。有一天我在三楼发现大理石地面有水，经过仔细检查，发现水流原来是透过墙缝流出来的，楼体可能存在重大隐患，我立刻找到竞委会领导，大家都非常重视，第二天就安排好检测单位。经过检查，确认楼体是安全的，积水是楼顶防水层老化脱落、排水管道堵塞造成的。第三天对防水排水系统进行改造施工，三楼以上的墙面被重新粉刷，通过验收，我们的心才放下。正式比赛当天大雨倾盆，我们庆幸早早解决了漏水问题，因为“细节决定成败”。

在全力办好地掷球项目比赛的同时，我还尽力协助办好群众展演项目，大家在一起只为同一个目标“精彩圆满”。在此期间，我和碑林区、曲江新区及西安体育学院的干部结下了深厚的友谊，大家开玩笑说：“王冠属于我们每一人。”最终，地掷球项目顺利安全完赛，得到了国家体育总局、“十四运”组委会、参赛运动员和技术官员的高度肯定。群众比赛地掷球项目创造了全运史上“三个首次”：首次进入全运会、运动队和技术官员首次入住全运村、首次将赛事活动与运动体验相结合。陕西还在此项目中斩获一枚金牌。

一滴水只有放进大海里才永远不会干涸，一个人只有把自己和集体事业融合在一起的时候才最有力量，到现在我都很庆幸能同一群人一起为了一个目标而努力奋斗，我是幸福的，我的全运之旅也是“精彩圆满”的。

“潮起海天阔，扬帆正当时”，在“十四运”西安市执委会工作期间，我一直在团结、快乐、融洽、奋斗的氛围中工作，这也是“十四运”西安市执委会留给我的精神财富。在后来的工作和生活中，这份精神财富一直伴随着我、鼓舞着我。

（作者系西安市精英职业技能培训学校校长，时任十四运会西安市执委会竞赛组群众体育部竞赛活动处工作人员）

隧道尽头　亮光重现

○彭　飞

我是在西安成长起来的一名古典式摔跤运动员，第十四届全国运动会对我来说，犹如隧道尽头的亮光。2021 年 9 月 26 日下午，在延安举行的“十四运”摔跤男子古典式 87 公斤级决赛中，我获得了冠军。这个冠军，是省、市体育局和教练团队共同努力的成果，也让我走出了东京奥运会征战不利的阴影。

参加“十四运”之前，对我来说最重要的任务便是备战东京奥运会。2019 年下半年，我因故未能参加国家队的集训，失去了当年世界锦标赛的参赛资格。那次比赛是东京奥运会的选拔赛，直接决定着东京奥运会的参赛人选，因此这也意味着我失去了参加东京奥运会的机会。但有时候命运似乎在冥冥之中已有了安排，当年代表国家参加世锦赛的队友失利，并未取得奥运会的入场券。而彼时 2020 年新冠疫情暴发，东京奥运会被迫推迟一年举办，2021 年 4 月份的亚锦赛成为奥运会选拔赛，我经过此次比赛，成功取得了东京奥运会的参赛资格。

由于在里约奥运会没能获得理想成绩，因此我特别想在东京奥运会上突破自己。可能是心理负担过重，我在奥运赛场上呈现了有史以来最差的表现。此时已经是 2021 年 8 月底了，距离“十四运”只剩不到一个月的时间。如果我不尽快从奥运会失利的阴影中走出来，势必会影响到在“十四运”中的发挥。好在教练和家人是我最坚强的后盾，他们一直在支持我、鼓励我。

因为新冠疫情的原因，所有从东京回来的运动员均在天津的训练基地隔离，隔离期间不能集中训练，我的教练想了各种办法，给我提供杠铃片，视频安排训练内容、监督我的训练，为的就是让我维持训练强度，保持体能，为“十四运”的比赛做最后的准备。在天津隔离结束，来不及回西安和妻子见上一面，我就直接奔赴延安，以提前适应环境。我的团队早已在延安协调好了训练场地以供我们训练。所以说，一个冠军的产生真的不是一两个人的成绩，而是一个团队共同努力的结果。

“十四运”摔跤比赛于 9 月底在陕西省延安市举行，古典式摔跤的比赛日在 9 月 25—26 日，我的比赛在 26 日。摔跤比赛的称重在清晨，一般要空腹称重，比赛在称完体重大约三个小时之后正式开始。因此，这三个小时便是补充能量的时间，如何在这三小时的时间里快速补充能量至关重要。我在称完体重后，吃了少量容易消化的食物，准备好比赛要用的运动饮料等补剂，休息片刻便前往赛场。我的家人也于 26 日一大早就从西安出发，开车前往延安为我加油。

第一场比赛的对手是来自西藏的运动员，因为本身实力相差较大，因此最终我以 8 ∶ 0 轻松拿下比赛。第二场对战山西选手，因为实力同样有差距，所以我有了些许松懈，让对手抓住机会先得了 4 分。这是我并未想到的，台下的观众也为我捏了一把汗。我清楚自己的实力应该是在对手之上的，暂时的落后局面是我自身疏忽造成的。于是在接下来的时间里，我集中精神，追上了比分，最终以8：4战胜对手。也正是这场比赛让我明白，任何时候，不管你的对手实力怎样，都不应该有任何的懈怠，要敬畏每一位对手。第三场比赛是半决赛，我恰好碰到了自己的队友。作为常年在一起训练的队友，彼此之间非常了解，也清楚对方的技战术特点。这场比赛我以8：0的大比分赢了队友，顺利进入了决赛。至此，本次比赛的五强已产生，其中有3名来自陕西队。

经过了中午的休息调整，26日下午进行了铜牌赛和决赛。我在决赛中碰到了昔日国家队的队友，来自山西的钱海涛。因为是曾经的队友，在以前备战国际赛事的时候，他经常作为我的陪练，帮助我在赛前提升能力，所以都非常了解对方的技战术特点以及实力。比赛开始的十几秒内，我将对方推出界外得到1分，紧接着经过一分多钟的僵持，对方被判罚消极，我得到1分。后来对方被判罚跪撑，这对我来说是一个机会，我抓住了这次跪撑的机会，拿到了2分。此时我以4：0的比分领先，最终这场比赛以6：1结束，我获得了第十四届全国运动会摔跤男子古典式87公斤级冠军，成为全运会摔跤项目的卫冕冠军。

比赛结束后，我接受了各方媒体的采访，他们向我表示祝贺，我清楚所有的荣誉都是对过去的肯定，只有展望未来才能走得更远，所以在采访中，我明确表示期待在接下来的巴黎奥运会上圆自己的奥运梦。

我虽然参加过两届奥运会，但成绩均不理想，尤其是在东京奥运会上的表现，堪称我在国际赛场上的最差表现。但在教练的鼓励和家人的关心下，我重拾信心，隧道尽头终有光，最终顺利拿下全运会冠军。如今“十四运”已经成为过去，现在我已经投入到“十五运”的备战中，希望通过努力实现全运会摔跤项目三连冠，同时也希望自己能如愿参加巴黎奥运会，用理想的名次为国争光。

（作者系西安市运动员、十四运会摔跤男子古典式项目87公斤级冠军）

四种角色　四点感受：我的“十四运”记忆

〇刘　楠

中华人民共和国第十四届运动会于 2021 年 9 月成功举办。作为一名以形象大使、火炬手、裁判员、竞赛信息主管四种角色参与其中的体育人，“十四运”的经历让我收获颇多，毕生难忘。四种角色带来的四种感受，让我对西安的城市发展、社会进步有了多角度的认识，也让我更加热爱这片古老而年轻的土地。

形象大使：添一抹彩，衬托古都西安美好形象

2020 年夏天的一个周末，工作单位联系我，动员我参加第十四届全国运动会、全国第十一届残运会暨第八届特奥会“形象大使”评选。得知最终要选出的形象大使只有五位，且女性代表只有两位时，我的第一反应是竞争太激烈了——这可是面向全国

的重要评选。考虑到入选的可能性很小，我下意识就想放弃。但当我认真阅读了评选办法，并和家人、同事进行了交流后，我改变了想法：身为体育人，就要有奋勇拼搏、不惧挑战的精神，贵在参与，即使落选也无所谓；再者，“十四运”是在家门口举办的体育盛会，我能够代表教练员、裁判员群体参选，本身就是一件非常光荣的事情。于是，我决定参加评选，并积极认真投入到准备工作中。从6月到9月，我通过海选入围参加审议选手的前50名，再晋级到评选环节的前30名，最终经过公众评议和现场评选，进入最终审定的5人名单中。9月15日，在“十四运”倒计时一周年之际，包括我在内的5位形象大使正式亮相。

得知被评选为形象大使，我非常激动且开心，第一时间和父母分享了自己喜悦的心情，也马上向单位做了汇报，感谢组织的培养和推荐。同时，我也很清醒，能够当选形象大使，不仅是一份荣誉，更意味着要承担起沉甸甸的责任，要肩负起讲好陕西故事、弘扬陕西文化、传播陕西声音的光荣使命。

作为形象大使，我积极参与了“十四运”的几十项宣传活动，在多个场合向社会推介传播全运文化和奥林匹克精神，也宣传陕西省、西安市的文化风貌、城市发展。与此同时，我也收获很多，既见证了“十四运”的精彩圆满，也看到十三朝古都因体育“焕新”，看到西安抓住全运会这一重大发展机遇开展全面建设取得的丰硕成果和打造形成的新品牌、新形象。这不仅体现在西安传统的古都风貌和陕西孕育出的延安精神的强化上，也体现在进入新时代、迈步新征程的西安所展现出的更美丽的城市面貌、更美好的城市氛围与市民更高的幸福感上。我为自己能够作为形象大使为这美好形象添一抹色彩而深深感到自豪。

火炬手：持一束光，共燃全民健身高昂热情

火炬传递是运动会的重要内容，而我有幸成为“十四运”火炬传递活动的第 62 号火炬手。作为一名基层的体育工作者，能够参与“十四运”的火炬传递，每次回想起来，内心都充满激动和自豪。

火炬正式传递前，我参加了两次培训和演练，除了理论知识培训以外，还参加了现场演练。在与前后两棒搭档 61 号、63 号火炬手演练交接棒时，我感受到，无论是火炬手，还是工作人员，所有参与者都对火炬传递这一神圣任务非常重视，对每一个环节都考虑得非常细致，大家相互配合的过程也充满欢声笑语。

2021 年 8 月 16 日是火炬传递首站开跑的日子。想到即将穿上“荣耀红”服装参加传递火炬，我激动又兴奋，一大早就醒了。在乘坐大巴车去传递点的途中，我在脑海里反复回忆演练过程和细节，心中的紧张就如同运动员即将登上赛场一般。还好，看到沿途的美景和热闹的人群后，我紧张的心情逐渐放松了下来。

到达指定地点安远门后，交接火炬的时间一分一秒临近，我手里牢牢握着火炬，努力保持镇定。远远地，我看到前一棒 61 号火炬手举着火炬向我跑来，越来越近，终于到了我的面前。当两支火炬相对，我手中的火炬被圣火点燃的刹那，我突然感觉到一种力量，感觉到自己被笼罩在一片光芒之中，神圣感、自豪感、幸福感更加强烈。在这种奇妙感觉的笼罩下，我手持火炬，跑完了自己的传递路线。

手持火炬的我，强烈感受到的还有身边群众的热情。在我跑步传递火炬的过程中，道路两边聚集围观的群众都在热情地为我加油助威，这让我更加

深刻体会到“全民全运，同心同行”的意义。我想，这样高的全民参与度，源于西安全民健身热情的高涨。筹办全运会让西安每天都在发生变化，体育配套设施方面的变化尤其明显。身边的体育公园越来越多，健身设施越来越完善，“15 分钟健身圈”让百姓与健身场所更贴近，健身步道、多功能健身场让百姓参与健身活动更加便捷和舒适。正是在“十四运”的带动下，古都西安越来越多的百姓开始参与体育健身活动，在运动中享受健康和美好生活。我为自己能同大家共同点燃全民健身这把火而感到格外喜悦。

裁判员：做一把尺，见证城市建设辉煌成果

“十四运”现代五项比赛于 2021 年 9 月 12 日至 14 日在陕西省体育训练中心举行。作为陕西籍的现代五项国际级裁判，能在家门口执裁全运会比赛，我感到特别激动，也无比荣幸。作为比赛的裁判员、体育比赛规则的执行者，我努力为每一名运动员提供公平、公正的竞赛环境，助力“十四运”现代五项比赛圆满顺利举行。

在裁判比赛的同时，我对比赛场地有了深入的了解。为适应现代五项国际联盟规则调整，“十四运”现代五项采用“五赛合一”的形式比赛，这就需要一个“五合一”的场地。“十四运”现代五项场地即专门为此打造。作为一名从事现代五项运动的运动员、裁判员，我从专业的角度持续观察这个场地。发现它规划科学，比赛区域布置合理，实现了五个项目比赛场地的拼装，且彼此完美融合，不仅能够让运动员节省转场时间，全身心地投入比赛，激发潜力，也能让观众观看整场比赛，更加直观地感受现代五项运动的魅力。

事实上，我在参与“十四运”工作的过程中逐渐了解到，为保障“十四运”的精彩圆满举办，一大批高标准的体育场馆在西安拔地而起，各类基础

中华人民共和国第十四届运动会现代五项比赛
SAMSUNG

运动员

设施日益完善。这是西安城市建设的辉煌成果，不仅为西安全民健身提供了好去处，也为西安未来的经济社会发展奠定了坚实的物质基础。我为自己能够近距离触摸到、感受到西安城市的辉煌建设成果而感到格外幸运。

竞赛信息主管：聚一泓水，映射城市品质优化提升

临近“十四运”开幕时，游泳、跳水、花游三个项目的竞赛委员会相继成立。有着赛事组织经验的我，受单位派遣，又投入竞赛筹备这项新的工作中。多样角色、多种职责并行，确实让我感到很大压力，这是一种不同以往的考验。

十四运会和残特奥会进行期间，国家游泳队、跳水队和花样游泳队以及残疾人游泳队的诸多世界名将齐聚“长安鼎”，共决出 312 枚金牌。我积极践行“服务‘十四运’ 奉献我的城”理念，在累计 282 天里，服务保障测试赛与正式比赛共计 8 场。作为竞赛组织处的竞赛信息主管，我负责对赛前筹备、竞赛编排、组织训练、比赛进程等进行策划，参与编制竞赛出版物 2800 余套，为“十四运”游泳、跳水、花样游泳项目以及残特奥会游泳项目的竞赛组织提供了优质的服务保障。基于自己作为运动员和教练员的经验，我在严格遵守相关工作纪律及疫情防控要求的基础上，根据赛程安排，与竞赛组织团队成员一起合理有序组织运动队赛前训练 73 场，参训人数达 12260 人次，并实现了运动队“零投诉”的佳绩。

我深深地体会到，高质量地服务，离不开西安市各方面的参与和支持，我也从中观察到西安众多政府部门、公共服务机构积极的服务态度、上佳的服务水平。在筹办“十四运”的过程中，正是基于西安市的体育、卫健、交通、广电、文旅、市场监管、教育、公安等部门不断优化提升政务服务意识

和能力，医疗、媒体、安保、餐饮、酒店等领域的单位和企业不断提高服务水平，才保障了“十四运”的圆满成功举办。这也让体育发挥了城市发展“催化剂”和社会发展“润滑剂”的作用，让体育赛事成为提升城市品质和满足人民群众对美好生活需求的有力抓手，促进西安市各项事业实现了看得到、摸得着的发展。我为自己能够见证这些令人欣喜的进步，为西安城市品质的优化提升而兴奋和满足。

“十四运”盛会已经闭幕一年多。曾集形象大使、火炬手、裁判员、竞赛信息主管四个角色于一身的我，时常会回想起自己当时的付出、感受和思考。那些日子里，有多少同仁不舍昼夜为之付出，点点滴滴的辛勤终于凝聚成一朵鲜艳美丽的石榴花，盛大绽放，吐露芬芳。未来的日子里，我也将珍视这段记忆，珍惜这段时间的收获，立足岗位，奋发作为，努力为西安市和陕西省体育事业的高质量发展再立新功！

（作者系西安市游泳运动管理中心副主任兼总教练，时任十四运会形象大使、火炬手、现代五项裁判员，游泳、跳水、花游竞委会竞赛信息主管）

十四运会，我的“圆梦之旅”！

〇李　强

我叫李强，曾经是一名夺得过全国男子篮球乙级联赛季军的专业球员，退役后转型成为基层篮球教练员。“将一生奉献给家乡的体育事业，成为陕西篮球运动振兴、发展的见证者和参与者”是我从年轻时便有的梦想。随着 2021 年“十四运”在家乡陕西举办，本届精彩圆满的全运会也成为我至今难忘的“圆梦之旅”！

夺得全国季军之时　梦想在心中升腾！

说起我梦想的起点，要追溯到 30 多年前，由于身体条件突出，我光荣地入选了西安市男篮少年队。从穿上胸口印有“西安”字样队服的那一刻起，我与篮球运动的不解之缘也就此结下。

1991 年，我进入陕西省体育运动技术学院接受专业训练，在

1997年的全国男子篮球乙级联赛上，我和队友们顽强拼搏，为陕西男篮夺得全国第三名的好成绩，那也是我篮球运动生涯中的高光时刻。然而，站在季军领奖台上的我，看着满场沸腾的观众把掌声和欢呼送给冠军球队时，一个梦想在我心中升腾起来——如果将来能在古城西安、在三秦父老面前，赢得更大的荣誉，那将是我一生最美妙的圆梦时刻！

扎根基层育人才　追梦的脚步不停歇！

2003年退役后，我成为西安市青少年体育学校的一名篮球教练员，虽然以运动员身份圆梦的可能性已经没有了，但我追逐梦想的脚步却并未停歇。在执教的过程中，我敏锐地觉察到，三对三篮球项目将会是中国篮球运动未来的发展方向和突破口，于是，我特意学习了三对三篮球项目的赛制规则，经常研究国内外高水平运动员的先进打法。与此同时，我在全市范围内选拔了一批优秀的篮球后备人才，从狠抓年轻球员身体素质和技战术基本功入手，将自己对三人篮球的研究心得融入日常训练当中。

机会总是留给有准备的人。2014年，我作为教练员带队参加全国首届三人制篮球锦标赛并夺得冠军。看着队员们站上了最高领奖台，我露出了欣慰的笑容，这次率队夺冠的经历，也为我2016年被评为篮球高级教练员奠定了坚实的基础。这些年来，我始终扎根基层、努力付出，以为陕西培养一批又一批优秀的青年篮球才俊为己任。我在2018年入选了三人制篮球国家集训队教练组，这次成为“国字号”教练的经历，让我有了向国内其他高水平教练员学习的机会，也让我对全国大赛的各项组织工作有了更全面、更直观的了解。

家乡筹备体坛盛会　为竞赛组织工作贡献力量！

2020年，我有幸来到了“十四运”执委会竞赛组，成为竞赛组织部竞赛组织与信息编排处负责人。当时，我除了兴奋，还深深感到肩头的担子不轻、责任很大，因为2021年的全运会，在我的家乡陕西西安举办，这是陕西人民渴盼已久、古都西安百年难遇的体坛盛会！

按照“十四运”组委会的要求，西安市执委会负责组建全运会10个项目竞委会和残特奥会4个项目竞委会。2021年初，在没有任何赛事方案出台的情况下，我和同事们克服各种困难，主动对接组委会，多次邀请国家体育总局专家、组委会专家团队，围绕竞委会的机构设置、组织运行等工作进行培训。提早入手、积极备战，制定并上报了西安市各单项竞委会筹备组组建方案，制定完善了《十四运会和十一届残运会西安赛区各竞赛委员会成立指导意见》和《十四运项目竞委会业务对接工作方案》，为各单项竞委会的组建打下了坚实的基础。

2020年11月至2021年1月，我和同事们又利用节假日多次赴港务区、阎良区、经开区、高新区、曲江新区等相关区县与行业主管部门对接，对单项竞委会组建工作进行指导。随后10个全运会项目竞委会和4个残特奥会项目竞委会相继成立。作为赛事承办工作的责任主体，我所在部门的816名主要工作人员，于2021年2月前全部到岗并进入“战时状态”。紧接着，我们又协调市执委会各工作组从医疗、公安、城建、市场监管等市级部门抽调业务骨干充实到各项目竞委会和全运村工作当中，进一步充实了各竞委会的工作力量。在市执委会的统一领导下，各项目竞委会高度重视、科学管理、作风务实、积极高效地做好各项筹备工作，并在人力、物力、财力上给予了

四届运动会篮球女子五
廣 東
17
奥运组合
9
李 缘
4

全力保障，保证了“十四运”各项赛事的顺利进行。

随着“十四运”的日益临近，我和同事们的工作更加繁忙了。为了确保与各竞委会联系沟通顺畅，我们派专人负责对接联系各项目竞委会，坚持每周赴各竞委会检查场地、指导工作，每周与竞委会进行工作对接，及时发现、协调并解决问题。

为了准确、高质量完成各项比赛筹办任务，我们共召开了50余次业务工作会议和专题工作会议，听取竞委会工作进展情况的汇报，协调解决竞委会相关问题。

此外，我们还指导各项目竞委会按照测试赛和正赛要求制定了20余项总体工作方案和150个专项工作方案，以及赛时工作“五图两表”等。我们还邀请竞赛组织领域专家到各项目竞委会开展了50余次业务指导和培训，开展了50次桌面推演，30次赛前实战模拟演练，进一步提高了各竞委会的整体工作水平，保证了“十四运”测试赛和正赛各项筹备工作顺利进行。

全运赛场率队获佳绩　“圆梦之旅”终生难忘!

作为“十四运”执委会竞赛组织与信息编排处负责人，我和同事们保质保量按时完成了各项筹备工作，有力地保障了单项竞委会组建成功和顺利运行。不过，作为一名多年在一线执教的篮球教练员，我心底始终还是渴望能在全运会的赛场边运筹帷幄，为家乡篮球事业的发展贡献一份力量。于是，当筹委会工作安排妥当后，我便转战“十四运”篮球赛场，被陕西省篮球排球运动管理中心聘为U18组陕西男篮教练员和三对三男子篮球项目陕西队总教练。

为确保中心工作和“十四运”篮球教练工作两不误，我科学统筹工作安排，全力以赴解决工作中的重点和难点问题。对于篮球运动而言，团队的力量不容小觑，但能力突出的球员也是各支球队依靠的建队基石。在组建三人制陕西男篮队伍的时候，我及时和在西安体院任教的屈洋进行沟通，坚定他为家乡球队效力的决心。通过大量的思想工作，最终，小伙子决定披上了陕西队的战袍。

之后的全运备战过程中，我勤奋钻研、科学施教，倾囊相授，在总结以往优秀教学经验的同时，结合运动员个人特点，摸索出一套切实可行、行之有效的训练方法，大大提高了运动员的运动能力和技术水平。在运动员管理工作中，我与运动员同吃、同睡、同训练。

当发现队员训练场地、经费以及后勤物资等严重不足时，我在不违反疫情防控原则的基础上，积极联系西安市篮球协会，商议协调训练场地专门用来让备战全运的队伍使用。在解决参赛队员的衣食住行问题时，我多次联系西安市体育局，为陕西省女篮争取“十四运”专项经费，为参赛队员解了后顾之忧。在参赛队员们训练时，我又及时联系有关单位，解决了矿泉水、运动饮料、医药用品、防疫物质等后勤保障物资，全力保障了各参赛队伍备战和参赛工作的顺利进行。

2021 年 9 月，激动人心的时刻到了，第十四届全运会三对三篮球项目正式开赛，我作为总教练带领从西安市各个行业挑选出来的业余选手，一路过关斩将、突出重围。在女子青年组比赛中，陕西队的姑娘们在决赛中以微弱的分差负于国家联合队，我和队员们虽心有不甘，但也赢得了国家队教练员和运动员的尊重，全运会银牌的分量同样是沉甸甸的。此外，男子成年组和青年组也均在本届全运会三对三篮球比赛中闯入了全国前八，同时，还有四名运动员通过本届全运会，获得了“运动健将”的称号。

“十四运”圆满落幕了，越来越多家乡的篮球才俊成长起来，走上了更大的舞台并取得骄人的成绩，我觉得自己的“圆梦之旅”很美妙，而这段美妙的回忆也将伴随我一生。在接下来的工作中，我将不忘初心，以一名教练员的身份，为家乡培养出更多优秀的篮球人才。

梦无止境，有梦想，谁都了不起！

（作者系西安市篮球排球网球运动管理中心副主任）

看双胞胎如何铸就陕西“首金”

○王　瑞

7月12日晚上，在西安奥体中心游泳跳水馆举行的“十四运”跳水U14组比赛现场，来自榆林的双胞胎兄弟白钰豪、白钰鸣表现抢眼，从预赛到决赛一路领先，最终以441.27分的成绩夺得冠军，这也是陕西代表团“十四运”竞技项目的“首金”。双胞胎如何铸就陕西“首金”？稳定发挥、高难度动作、刻苦训练无疑是圆梦冠军的三大要素。

靠稳定发挥

“十四运”期间，国家体育总局共增加4个青年组项目，跳水就是其中之一，此次比赛设置了男子跳台、双人跳台和女子跳台、双人跳台项目，共有来自全国17个省、市、区代表队的74名运动员参赛。与成年组赛事相比，青少年组的孩子们往往缺少大赛历练，经验不足，因此拥有平和心态，稳定发挥就显得尤为重要。

陕西队领队张挺赛前就曾坦言：“青少年比赛能否取得好成绩要看临场状态和对手发挥，特别是队员的稳定性很重要。”

2019 年，白钰豪、白钰鸣在第二届全国青年运动会（简称“二青会”）上脱颖而出，夺得男子双人 10 米跳台（体校乙组）金牌，可二青会并非全运会。到了“十四运”青年组跳台比赛赛场，兄弟俩明显更加紧张了。“第一次参加全运会有些紧张，就怕自己跳不好，尤其这次是在家门口比赛，要拿金牌，而且家人都在看台上观看。相比之下，预赛更紧张，有些放不开，到了决赛逐渐适应，还好没有大的失误，拿到金牌挺开心。”白钰豪赛后说道。

事实上，从整场比赛来看，无论预赛还是决赛，白钰豪、白钰鸣的稳定性都是所有选手中最好的，预赛从首轮开始，他们就牢牢占据第一名的位置，到了决赛依然是一骑绝尘，最终以领先第二名 60 多分的巨大优势夺冠。

靠动作难度

此次男子双人跳台总共要跳六轮，包括两轮规定动作和四轮自选动作，自选动作各个组合根据自身情况选择的难度有所不同。白钰豪、白钰鸣在决赛第五轮跳了 307C，难度系数达到 3.4，与山东选手刘宇轩、杨栩东的动作并列全场难度第一。不过白钰豪、白钰鸣的动作几近完美，得到 90.78 分的高分，而对手只拿到 60.18 分。跳完第五轮，陕西组合就基本锁定了冠军。从所有动作来看，白钰豪、白钰鸣四个自选动作难度系数分别是 3.2、3.3、3.4、3.2，在难度上超过了除山东队以外的所有队伍。虽然难度上去了，但更关键的是要高质量完成，榆林两兄弟也确实没有让三秦父老失望，他们用出色的表现赢得了高分，也获得现场观众的阵阵掌声，最终以非常明显的优

势夺冠。裁判长董莹在赛后盛赞：“这两位陕西选手表现得实在太出色了，能够夺金可以说是实至名归！恭喜他们！”

靠刻苦训练

“台上一分钟，台下十年功”，白钰豪和白钰鸣夺得冠军的背后是汗水、泪水，甚至还有伤痛的折磨。据了解，这对双胞胎来自陕西榆林，6 岁从体操项目转为跳水，7 岁多就进入省队。“当时榆林那边没有跳水场地，就是陆上训练，平时两人训练非常刻苦，动作难度差不多，白钰鸣稳定性更好一些。这两年兄弟俩变化比较大，尤其是从去年到今年，白钰鸣身高长了半个头。

身高体重长了，能力要求就高了。他们起步早，教练又抓得紧，所以技术能力提升很快，能够和成年运动员比拼。参加成年赛经常能打进全国前六，今年冠军赛还拿到季军。”陕西队领队张挺说道。

对于队员吃了多少苦，陕西队教练张森有着更直观的感受：“我是2017年年底接手担任他们的教练直到今天，平时训练很枯燥，坚持、生病、再坚持，就是这样反复的过程。孩子们还小，想回家，想家人，有时候甚至都不想练了，但既然选择这条路就要坚持走下去。他们确实经历了太多磨难，为了这次全运会，两人之前备战时每周要训练6天，一天甚至能够练10个小时。有付出才会有回报，才有这次拿到金牌的结果。当然比赛还有小失误，但孩子们还小，接下来我们会一一解决技术难题，未来争取更好的成绩。”

平时刻苦训练，如今终于换来了全运会金牌，14岁的白钰豪、白钰鸣赛后如释重负，甚至眼含泪花。白钰豪动情地说：“感谢领导，感谢教练，感谢家人，过去训练太苦，是他们让我们兄弟俩坚持了下来，我们会继续努力！”

（作者系陕西日报社记者）

马康博:“泳”往直前

○张江舟

随着出发哨声响起，位于第4泳道的马康博双臂伸直向前用力跃起，入水后使用腰部力量带动双腿有力摆动，整个人像鱼一般在水下快速向前游动，领先第二名半个身位、1个身位、2个身位……

2021年10月26日10时许，残特奥会特奥游泳项目男子22—29岁组200米自由泳第一组的决赛中，实力强劲的陕西特奥运动员马康博牢牢守住场上优势，并不断拉开与其他选手之间的距离，最终以2分49秒52毫秒的成绩，为陕西摘下了本届残特奥会特奥游泳项目的第一块金牌。

“我爱游泳。游泳改变了我的人生，我会一直游下去。”赛后，马康博在接受采访时认真地说。

本届特奥会中，大多数受访的智力残疾人说话时多少都有一点儿磕巴，甚至口齿不清。马康博流畅的语言表达和清晰的逻辑思维给记者留下了深刻的印象。“多年坚持游泳训练，极大地改善了他的身体素质，也确实促进了他的智力发育。他从刚到队时基本听不懂、不会说，到现在基本能够与人正常交流，游泳真的改变了他的人生。”残特奥会陕西一团特奥游泳队教练徐杨感慨道。

马康博是云南人，出生时因为难产缺氧导致智力发育迟缓，这也极大地影响了他的身体健康。2004 年，家人将当时只有 9 岁的他送到云之南游泳俱乐部学习游泳，希望提升他的身体素质。没想到的是，在那里，马康博结识了长期在云南训练的陕西残特奥游泳队的教练和队员。一起学习、一起训练、一起生活的经历让他们结下了深厚的情谊。随着游泳技术越来越好，马康博如愿注册成为一名陕西特奥游泳运动员。十几年来，马康博

代表陕西参加国内外各类特奥游泳赛事，获得了近 40 枚奖牌，其中有近一半是金牌。

“我住在队上，一周回家一天，训练日每天都要游 2000 米，早上 1000 米、下午 1000 米。”因为长期坚持长距离自由泳训练，马康博在自由泳项目上的实力非常强，他说：“今天游下来没感觉累，算是正常发挥。我自由泳 200 米的最好成绩是 2 分 40 秒。”

在上届残特奥会中，马康博连续为陕西斩获了特奥游泳项目男子 22—29 岁组 100 米自由泳、200 米自由泳、100 米蛙泳 3 块金牌。教练徐杨说：“马康博属于天赋很好又能耐下性子坚持的运动员。虽然训练枯燥又辛苦，他却始终很享受这个过程。他是真的喜欢游泳运动。”

谈到未来时，马康博说：“我会一直游下去，成为一名特奥游泳教练是我的目标。游泳帮了我，我想帮更多的人。”

（作者系陕西日报社记者）

王峥："四朝元老"终夺金 泪洒赛场念恩情

○田　涯

"太紧张了，心都快提到嗓子眼了。这是我内心波动最大的一场比赛，像坐过山车一样刺激。"2021 年 9 月 20 日，在"十四运"田径项目女子链球决赛中，陕西选手王峥在最后一轮没有成绩的情况下，凭借第五轮掷出的 74.65 米，超过江西队选手李江燕的最高成绩 74.47 米，如愿获得金牌。

王峥的这枚金牌，是陕西体育代表团在本届全运会上斩获的第 15 枚竞技体育项目金牌，也是陕西田径队时隔 20 年后再次获得全运会该项目金牌，更是王峥这名全运会"四朝元老"送给父母的一份最好的中秋礼物。

一掷定乾坤

本届全运会田径项目女子链球决赛，因为有东京奥运会选手王峥和罗娜的参赛而备受关注。

第一轮中，倒数第二个出场的王峥掷出了 71.97 米。这一成绩虽然超过了黑龙江选手罗娜的 70.69 米，却被江西选手李江燕的 71.98 米所压制。从第二轮开始，李江燕发挥稳定，在第五轮比赛前依旧领先王峥排在首位。第二轮至第四轮，王峥始终排在第二位，无法反超李江燕，甚至在第三轮出现犯规，浪费了一次投掷机会。第四轮比赛结束时，王峥的成绩为 72.90 米，李江燕为 73.92 米。看着王峥迟迟无法进入状态，教练员叶奎刚冲王峥大声喊了几句话。比赛仅剩两轮，王峥的状态还是不温不火，看台上的观众也开始有些紧张了。第五轮比赛，罗娜成绩有所反弹，掷出 73.72 米，李江燕则出现失误。王峥把握住机会，按照叶教练的指导，启动、加速，身体高速旋转，借助惯性狠狠地把链球掷了出去。当链球落地时，王峥右手重重地挥舞了一下。胜券在握！果然，成绩公布时，王峥以 74.65 米的成绩升至第一名。最后一轮，虽然王峥未获得成绩，但罗娜也未掷出 70 米以上的成绩。李江燕虽然掷出了个人最好成绩 74.47 米，但已于事无补。王峥最终如愿摘得金牌。

“最后一轮我没有成绩，而李江燕又在我后面出场。当时我看她掷球，比我自己掷球还紧张。参加了四届全运会，终于圆满了。”王峥赛后说。

厚积薄发实现逆转

王峥的全运会“初体验”，要从2009年的“十一运”说起，初次登上全运会赛场的王峥便获得铜牌。虽然成绩不俗，但王峥对自己的表现并不满意：“第一次参加全运会，要是发挥好点儿的话能拿块银牌。”

王峥的银牌愿望在“十二运”上顺利实现。成绩的稳步提升，让王峥对

2017 年的“十三运”充满期待，她渴望再次提高奖牌的成色。

从当时的竞技水平来看，王峥有实力向稳坐国内女子链球“头把交椅”的张文秀发起挑战。就在“十三运”女子链球项目开赛前不到一个月，王峥在 2017 年伦敦田径世锦赛女子链球决赛中获得银牌，为中国军团赢得那一届世锦赛的第一枚奖牌。9 次参加世锦赛的张文秀则获得第四名。

理想很丰满，现实很骨感。“十三运”上，处于竞技状态上升期的王峥，在赛场上却出人意料地大失水准：6 次试投仅 2 次有效，最终排在第四名。王峥前三次全运之旅，刚好是张文秀实现全运会“三连冠”的阶段。“十三运”结束后，张文秀宣布退役，王峥成绩迎来爆发。从 2019 年开始，王峥跟随国内知名教练员叶奎刚训练。在叶奎刚的指导下，王峥在 2019 年参加的 8 场国际大赛中，有 6 场比赛的成绩突破了 75 米大关。

9 月 20 日的“十四运”女子链球决赛中，叶奎刚究竟对王峥说了什么，让她在关键时刻实现大逆转？赛后在混合采访区，王峥的回答解开了记者心中的疑惑：“因为状态慢热，自己心里有些着急。叶教练说我的技术动作没有任何问题，把投掷的动作节奏再加快，就能掷出好成绩。”

这枚金牌陕西等了 20 年

2001 年，陕西选手顾原在“九运会”上摘得女子链球金牌。这一年，王峥还在宝鸡市体育运动学校，跟随教练员李多绪练习铅球技术。两年之后，顾原在世界田径锦标赛女子链球决赛中获得第四名。

顾原的恩师欧喜元在宝鸡见到了当时不满 15 岁的王峥。就是这一次相遇，欧喜元物色到了日后扛起陕西乃至全国女子链球大旗的好苗子。

进入省队后，王峥跟随欧喜元教练改练链球项目。性格开朗、不怕吃苦的王峥进步很快。2013 年，首次参加田径世锦赛的王峥获得第四名。紧接着，王峥在 2014 年的全国田径投掷项目公开赛上，创造了更为出色的成绩：77.68 米。凭借这一成绩，王峥打破了张文秀保持的女子链球亚洲纪录。然而与国内赛场成绩相比，王峥的奥运会征程并不是一帆风顺的。

2008 年北京奥运会王峥无缘决赛，里约奥运会上她遗憾出局泪洒赛场。到了东京奥运会，王峥充分吸取经验教训，在决赛最后一掷中拼尽全力，以 77.03 米的成绩摘得陕西田径史上首枚奥运会银牌。如今，王峥用一枚全运会女子链球金牌，让陕西田径人在该项目上再次品尝到胜利的滋味。谈到接下来的打算，王峥表示自己会休息一段时间，好好陪陪父母，带他们四处走走，其他的事暂时还没有考虑。本届全运会恰逢中秋佳节，王峥打算把这枚金牌当成礼物送给父母。“这么多年，因为训练比赛，经常不在家，陪在父母身边的时间实在太少了。”王峥面对记者镜头流下了泪水，“现在好了，我马上就能回家陪父母过中秋节了。”

（作者系陕西日报社记者）

一口咸菜香

○史　坤

2021年的全运会，是一届与众不同的全运会。

9月2日，竞委会工作人员整体入住全运村，并执行团进团出政策。在此之前，竞委会召开了动员会议，苏国峰副主任要求大家提高政治站位，从办好赛事的工作大局出发，克服一切困难，坚决服从组织安排。作为综合协调处副处长，我提前协调了全运村、相关处室和部门，安排了入住期间的住宿、通勤、用餐、紧急就医等工作，立志做好后勤保障。大家都干劲十足，怀着冲刺的心态，为全运会的顺利举办做好了准备。

虽然我们事先对人员管理和生活保障方面的困难做了充分的估计和准备，但是在此期间的工作强度、组织难度还是超出了我们的预期。尤其是开幕式前的观众演练，每次排练时间都超过4个小时，演赛转换期间，接收器材、安装比赛设备、调试演练等工作环环相扣，忙起来根本顾不上吃饭。大家往往都是在保温箱

全运村欢迎您
WELCOME TO NATIONAL GAMES VILLAGE

里拿剩下的盒饭吃，经常正吃着饭就被电话紧急叫走，时间紧的时候就拎个冷餐包对付一下又继续走上工作岗位。场馆保障人员甚至不能离开工作岗位，只能由各处室安排专人到各个点位上送饭，想吃顿热乎饭几乎是一种奢望。为了不耽搁比赛筹备和保障工作，我们在体育场南侧设置了两个临时用餐点，全体人员的一日三餐都在用餐点集中领用盒饭。

刚开始的几天，大家迅速适应了这种单调的用餐，但是随着时间的推移，都不同程度地出现了食欲不振的情况，开始吃泡面、粉丝等方便食品调剂胃口。

9月18日中午，我参加完执委会调度会回来，大家刚领完盒饭准备吃，我从指挥室柜子里把家人给我准备的一罐咸菜拿出来，放到小会议桌上让大家吃。当时苏国峰副主任、综合协调处王伟强、场地环境处孟志远、体育展示处杨晓东、志愿者服务处孙春宁等都在场，大家刚开始都有点拘谨，不好意思消耗我的“私物”。旁边的李艳和崔文博两位却已经等不及，直接唤我赶紧打开，让大家尝个新鲜，同时纷纷开玩笑吐槽长期吃盒饭引起的味觉不适。罐子打开后，里面有橙的胡萝卜丁、白的蒜头、青的小尖椒、浅棕的芥菜疙瘩、黑黢黢的甜菜，当然还有棕色的汁液。大家围坐在小会议桌旁，每人夹了一块小心翼翼地尝了起来，那种钻心引人的味道，就像是20世纪五六十年代家里开荤的滋味。

按照正常的“剧情”发展，我们应该快速将这罐咸菜下肚，但出人意料的是，大家看着咸菜舍不得吃，表现得异常内敛拘谨，完全没了平时谈笑风生的快意洒脱，彼此谦让着，赞叹咸菜的美味可口，像是在召开一场忆苦思甜的现场会议。饭毕，我们争相收拾餐桌，当看到一罐小小的咸菜竟只吃了不到五分之一时，大家都异口同声用“细水长流”来解释，原来这是大家的一致选择。

之后的几天里，果然不出所料，不管是统一用餐还是单独用餐，大家都很有默契地去柜子里取出咸菜罐，加一两块打个牙祭。直到赛事收尾那天，我们再一次坐到一起夹完最后一块萝卜后，大家一边憧憬着全运会结束后如何纵情吃喝，一边一勺又一勺地舀出罐子里最后的汁液解馋。一罐咸菜竟然吃了十几天。

2021 年的全运会，是一届与众不同的全运会。

20 多天以后，我们又在场馆门口相约前往全运村，开启残特奥会之旅。每个人的包里都多了一罐咸菜，那是一段平淡的琐碎过往，也是奋斗岁月里的希望。

（作者系西安国际港务区城市管理和综合执法局督察长，时任十四运会田径竞委会综合协调处副处长）

杨同喜和他的“九连环”

〇张凌雁

“说起‘九连环’，想必大家都不陌生。它有9个圆环连接在一起，中间有连接杆，下端有约束板，上下贯穿在一个圈形杆的手柄上，需历经上下256回、341环次才能将九连环拆解开来，难度在于‘九连环’环环相扣，相辅相成，拆解没有任何捷径，只能一步一步地去完成，一上一下，一拆一装，前面的努力都是为了后面的成功。这里面凝结着中国传统文化，具有很强的趣味性……”2021年9月12日下午，在全运村非遗展览厅，陕西非遗传承人杨同喜站在自己制作的长1.7米、高1.2米的金属材质的“九连环”前如是说。

一位来自吉林省、曾被授予国家级运动健将称号的国家射箭队23岁运动员魏绍轩正在听杨同喜介绍“九连环”，平时喜欢钻研、善动脑筋的他，第一次瞧见这器物，就被这独特的玩法所吸引。他一边摆弄操持，一边向技艺传承人请教，兴趣所在，虽累不嫌，情之所钟，久玩不烦。就这样，魏绍轩成了非遗展览厅的常客，给非遗展览厅讲解员杨同喜留下了深刻的印象。

“九连环是一种通过动手游戏来开发智力的器物，自古迄今在我国民间流传，传说是商朝末年周文王被囚禁于羑里时所创，《战国策》《史记》等史书中曾有零星的记载。到了西汉时期，文人们才对九连环有了比较详尽的文字记述，九连环甚至出现在一些通俗文学作品里。比如，在卓文君与司马相如的爱情故事里，就有‘七连环无心弹，八连环无可传，九连环从中折断’的记载。《红楼梦》第七回也描写了林黛玉巧解九连环的故事。可见其流传之广、影响之大。

九连环最早的样式还不那么完备，后经过民间艺人的不断创新，逐步完善，最后定格成今天的样式。关于它的文字记载在流传过程中出现了缺失，一些重要的创新、完善者并未留下姓名，然而与此游戏相关的器物和技艺却流传至今。”杨同喜介绍说，“明朝末年，九连环被传播到了域外。1658年，英国有一幅油画作品，画面中一位少年手拿九连环，似乎在向人们展示。1902年，一位名为李·约瑟的英国博士、皇家协会会员对九连环的性质、技巧进行了系统的分析和独到的研究，发现九连环技艺中蕴含着二进制原理，与雷格马理论类似。由此看来，近代人类重大科技发明——计算机原理‘二进制’与九连环的思维逻辑具有异曲同工之妙，中国古人对数术的研究比国外早了两千多年。”

“十四运”期间，因为疫情的原因，整个全运村实行了封闭式管理，运动员、技术官员和媒体记者活动的区域相对有限，而全运村中处于不同区域的三个非遗展览厅就成了他们休闲娱乐的好去处。这也为4000多名运动员、技术官员了解陕西传统文化尤其是非遗文化提供了最佳的场所。

说起与九连环的渊源，杨同喜追溯到了20世纪70年代自己的一些生活经历。

杨同喜回忆说：“我出生于西安，很小的时候，全家到宝鸡某县安家落户。我12岁那一年，在县城大街看见一位卖艺的老人在摆弄九连环，它看起来很简单，玩起来却讲究技巧。渐渐地我产生了兴趣，于是形影不离地跟随师傅练习手艺。师傅靠此手艺谋生，附带魔术、杂耍，总喜欢亮出一些独门绝技吸引大街上的行人前来围观。在师傅众多的谋生手艺中，恰恰就是九连环让我沉醉其中，不可自拔。在后来的岁月中，师傅上了年纪，不再以此谋生，他没有把全部手艺传授给自己的子女，而是传授给了我，使我对九连环有了更为丰富的认识，也坚定了我这一生所追求的目标。经过几十年的磨砺和钻研，我在理论上对九连环有了比较专业的认识和见解，也经常参加政府文化部门组织的非物质文化遗产展览活动，对青少年朋友进行传统文化教育。”

九连环是一门独特的需要动手操作的智力玩具，在“十四运”期间吸引了许多运动健儿、技术官员与记者，他们想要更多地了解、体验陕西非遗文化，展示一下动手能力，于是纷纷来这里体验，给非遗展览厅增添了不少人气。

杨同喜属于全运会宣传文化中心非物质文化遗产展厅志愿者，他和队友们坚守岗位，团结协作，热情服务每一位进入非遗展厅的参观者。全运会期间，三个展厅日均接待200余人，前后共计接待4000多人次，接待50余家媒体采访。他们以专业的非遗知识讲好陕西故事，以饱满的热情服务每一位全运村民，得到了“十四运”人事组织部门的肯定，杨同喜本人获得了“每日之星”荣誉证书，他的事迹也被省内外的新闻媒体所报道。

杨同喜通过观察，总结出了一个规律：凡是在体育竞技中成绩突出的，其理解能力和操作能力也强。那些在国家或国际赛事中获得优异成绩的运动员，他们对九连环也有着较好的探索能力。获得“十四运”射箭男子反曲弓个人冠军的魏绍轩就是最好的例证。

（作者系西安市新城区地方志办公室编辑、新城区政协文史资料撰稿员）

FULU

附　录

第十四届全国运动会、第十一届残运会暨第八届特奥会西安市执委会大事记

（2020 年 1 月至 2021 年 10 月）

2020 年

1 月

1 月 19 日下午，第十四届全国运动会西安市执委会在国际港务区中西部陆港金融小镇举行了首批抽调人员集中办公动员培训会，陕西省体育局副局长张王平对参会人员做了培训，西安市执委会副秘书长、市体育局局长马锐，市执委会各部室及市体育局各直属单位的近百名人员参加了此次动员培训会。

2 月

2 月，市执委会积极开展防疫工作，每日对办公区域消毒，对进出人员测体温，安排工作人员 24 小时留守值班，协调“一场两馆”复工复产，指导、协调区县加强场馆建设。

2 月 6 日，新型冠状病毒性肺炎疫情防控阻击战打响以来，“十四运”市执委会

积极组织开展疫情防控工作。在疫情防控工作中，市体育局成立了局疫情防控工作专班，开展专项督查。直属各训练单位均成立了本单位的疫情防控领导小组，落实防控责任和措施。

2月，为确保“十四运”场馆建设，灞桥生态区园办在保持疫情防控战斗姿态的同时，持续化解段家村征地拆迁尾留户及遗留问题。通过电话、微信、面谈等方式耐心向尾留户解读政策，反复协商，逐一击破。截至2月7日18时，与8户尾留户签订协议并拆除房屋，完成比例99.1%。

2月24日，长安区辖区内，全国第十四届运动会西北大学长安校区体育馆、长安常宁生态体育训练比赛基地两个项目施工现场秩序井然，确保项目顺利推进。

3月

3月25—31日，中共陕西省纪委监委和筹委会联合督查组对市执委会承办的“十四运”筹备工作进行督查。此次督查工作的重点包括市执委会组织机构运转情况、场馆复工及疫情防控情况、市本级场馆建设进展情况、场馆配套设施及环境综合整治建设情况、体育建筑工艺达标情况、残特奥会设施完善情况、场馆信息化建设情况、现场施工安全管理情况、审计查出问题整改情况、执行专项纪律情况等10个方面。

4月

4月1日，西安市副市长徐明非前往城市运动公园体育馆、西安奥体中心、全运村、西安市体育训练中心和“十四运”市执委会进行调研。

4月13—16日，市执委会邀请全国知名的大型综合运动会运作管理专家、上海体育学院教授刘清早为市执委会进行全运会筹备工作业务培训和技术指导。

4月20日上午，省纪委监委与省“十四运”筹委会协调议事机构办公室田国胜一行3人，对西安奥体中心等场馆建设主体责任及监督责任落实情况进行专项监督检查。

4 月 21 日下午，市执委会副主任、秘书长徐明非主持召开了秘书长办公会议。会议听取了 11 个部室落实刘清早教授培训建议和下一步工作计划的汇报，现场解决了部分问题，并对工作中遇到的问题进行了分析梳理。

5月

5 月 12 日，第十四届全运会西安市执委会信息技术部部长（市大数据局党组书记、局长）刘军赴国际港务区调研西安奥体中心“一场两馆”信息化建设进展情况。港务区经发局、市执委会办公室、信息技术部相关人员一同参加。

5 月 18 日，信息技术部召集中国铁塔西安分公司、华润集团西安奥体中心控股有限公司在陆港金融小镇“十四运”西安市执委会会议室召开会议，研讨“十四运”场馆 5G 建设问题。

5 月 22 日，中共西安市委宣传部、市委文明办、市委秦保委办、市生态环境局、团市委等部门在蓝田县葛牌镇红色广场联合举办“迎接绿色十四运，当好秦岭生态卫士”西安 · 国际生物多样性日主题活动，共计 200 余名青年志愿者和行业代表参与。

5 月 25—28 日，市执委会再次邀请全国知名的大型综合运动会运作管理专家、上海体育学院教授刘清早为市执委会进行全运会筹备工作业务培训和技术指导。

5 月 29 日下午，市执委会召开 2020 年党风廉政建设暨反腐败工作会议。市执委会临时党委书记、副秘书长马锐，市执委会临时党委副书记、组织人事部驻会副部长何明亮，驻会全体工作人员，以及市纪委监委“十四运”监督办公室一级调研员李海琦共计 67 人参加了会议。

6月

6 月 1 日下午，“十四运”市执委会副秘书长马锐对西安城市运动公园体育馆改造项目进行督导检查，经开区管委会副主任刘明利和项目承建单位负责人陪同。

6月5日上午，市人大常委会副主任李宁君带队视察西安奥体中心体育场馆建设情况，并召开专题座谈会。“十四运”市执委会副秘书长张峰虎、马锐等陪同视察。视察组实地察看了西安奥体中心体育场馆建设进展情况，随后到市执委会驻地详细了解筹备工作和办公情况，并与工作人员亲切交谈，为他们加油鼓劲。

6月8日，信息技术部在陆港金融小镇“十四运”西安市执委会会议室召开西安奥体中心和全运村信息化建设协调会。港务区经发局、规划局、园林局和中国铁塔西安分公司相关人员参会。会议主要讨论决定了西安奥体中心和全运村的5G基站建设选址及媒体村、运动员村、技术官员村“三村”网络互联互通问题。

6月15日，“十四运”市执委会信息技术部赴秦岭国际高尔夫球场督查场馆信息化建设进展情况，并召开座谈会。高新区管委会文体健康局、秦岭国际高尔夫俱乐部等相关单位参会。

6月18日上午，陕西省筹委会副秘书长、省政府副秘书长王山稳赴全运村调研建设运行工作，并于19日上午与市执委会秘书长、西安市副市长徐明非进行座谈。会议讨论研究了全运村及其配套建设、“村委会”组织架构及运行机制、各时间节点目标任务和改造残运村有关问题，明确了下一步工作任务。

7月

7月1日，“十四运”市执委会临时党委召开扩大会议，深入学习贯彻习近平总书记来陕考察重要讲话精神，传达学习十三届全国人大三次会议、全国政协十三届三次会议精神、省委以案促改工作会议和市委常委会研究部署抓好常态化疫情防控和经济社会，做好以案促改工作会议精神，组织学习中共西安市委《关于深入贯彻落实中央“两个通报”的实施方案》，并对市执委会以案促改工作进行部署。

7月3日下午，西安市执委会副主任、秘书长徐明非主持召开了市执委会秘书长办公会议。会议听取和审议了财务部《关于第十四届全国运动会西安市执委会国有资产管理办法》、组织人事部《关于第十四届全国运动会西安市执委会目标责任考核暨工作人员考核评价实施办法》、审计监察部《关于第十四届全国运动会西安市执行委员会临时纪律检查委员会监督执纪实施办法》、群众体育部《“我要上全运、运动达人秀”抖音大赛实施方案》、信息技术部《关于西安奥体中心项目智慧场馆及5G应用提升方案的请示》、残运工作部《关于印发〈全国第十一届残疾人运动会暨第八届特殊奥林匹克运动会西安市工作方案〉的请示》。

7月7日下午，为践行西安共青团“三到三服务”理念，推进“十四运”志愿服务工作，团市委、市执委会志愿服务部、市青联、市青企协走进国际港务区奥体中心及向东路下穿灞河隧道项目一线开展调研，看望慰问奋战在高温下的一线工作者。当天下午，团市委副书记、市执委会志愿服务部副部长徐辉一行赴地铁14号线西安奥体中心站调研，并慰问了一线工作人员。

7月17日上午，市执委会邀请全国资深大型运动会运作专家，奥运会、亚运会组委会高级顾问徐达老师进行专题业务培训。高新区、经开区、国际港务区管委会负责人，各区县文体局长，“十四运”西安市执委会全体工作人员参加了培训。

7月19日上午，中共西安市委文明办、共青团西安市委、“十四运”西安市执委会志愿服务部等单位，在南稍门十字共同开展“青春迎全运 文明我先行”——“周末哪里去，一起做公益”主题活动。50多位市民骑着自行车从大雁塔北广场出发，行至大唐芙蓉园御苑门，旨在通过绿色骑行的方式，为迎接“十四运”，助力文明城市建设营造浓厚社会氛围。

7月20—22日，市执委会第三次邀请全国知名的大型综合运动会运作管理专家、上海体育学院教授刘清早来我市进行业务培训及技术指导。刘清早教授实地调研了奥体中心“一场两馆”、全运村、城市运动公园、秦岭国际高尔夫俱乐部、石川河极限运动中心等所有西安承办项目场馆，并召开现场会研究讨论单项竞委会、功能用房布局、交通流线等问题。

7月21日下午，市执委会副主任、秘书长徐明非主持召开了市执委会秘书长办公会议。会议研究审议了全运村赛时规划建设方案、村委会建设及运行方案、西安奥体中心主新闻中心装饰装修方案。

7月22日，群体部临时党支部开展了以“牢记嘱托创一流·只争朝夕抓落实”为主题的党日活动。全体党员干部来到西安市红色体育博物馆，观看了五个篇章的展览和纪录片，通过一张张图片、一件件物品、一幅幅题词，大家感受到在战争年代艰苦的环境下，军队乐观向上勇于拼搏的精神面貌、军民同心鱼水情深的光荣传统。

7月27日，西安奥体中心志愿服务队上岗仪式在西安奥体中心举行。志愿者们用最真诚、最响亮的青春之声表达了践行志愿精神、全心奉献全运的信心与决心。西安奥体中心首支志愿服务队的15名志愿者，是西安铁路职业技术学院团委从2000余名学生中层层选拔出来的。接下来，他们将接受通用知识培训、岗前演练和实训，并进行为期一个多月的志愿服务活动。

7月28日，“十四运”西安市执委会志愿服务部临时党支部全体党员及干部赴蓝田县开展“青春迎全运　文明我先行”主题党日暨秦岭环保志愿服务活动。志愿服务部临时党支部书记、驻会副部长徐辉参加活动。

7月29日下午，由共青团西安市委，西安市体育局和“十四运”西安市执委会志愿服务部、群众体育部共同举办的“全民助力全运会，志愿服务青春行”社区运动会首场活动在未央区联合社区开展，青年志愿者、社区居民代表100余人参与活动。

8月

8月4日上午，市执委会副主任、秘书长徐明非主持召开了市执委会秘书长办公会议。会议研究审议了西安赛区志愿服务培训方案、“大篷车进高校”志愿服务宣传实施方案、承接全运会群众组比赛项目、各项目竞赛委员会组建方案、全运会马拉松项目线路、《西安体育史》编撰方案等工作。

8月6—13日，“全民助力全运会，志愿服务青春行”社区运动会先后在莲湖区远东西社区、丰园社区，雁塔区千户社区，长安区樱花社区，雁塔区馨苑社区，大雁塔街道办事处等6个社区密集开展，获得了热烈反响。

8月6日，审计监察部组织市执委会驻会工作人员学习并签订《廉洁从业承诺书》，督促和引导大家进一步增强纪律意识、规矩意识和责任意识，严格用党的纪律约束和规范行为，在廉洁自律上自觉追求高标准、远离高压线，从思想源头上杜绝违规违纪事件的发生。

8月7日上午，省政府副秘书长、筹委会副秘书长王山稳赴西安奥体中心调研场馆建设并现场研究火炬塔建设方案。国际港务区、市执委会场馆建设部、秦华天然气有限公司、恒浦体育科技公司分别做了工作汇报。

8月18日下午，市执委会副主任、秘书长徐明非主持召开了市执委会秘书长办公会议。会议研究审议了落实“十四运”倒计时一周年启动仪式工作任务、市执委会国有资产管理办法、西安赛区城市志愿者总体运行方案、市执委会办公自动化系统建设、市执委会官网建设等工作。市执委会副秘书长张峰虎、马锐，市执委会各部室驻会副部长，国际港务区分管领导参加了会议。

8月19—21日，“全民助力全运会，志愿服务青春行”社区运动会在灞桥区汽配社区、六棉社区，长安区广场社区，莲湖区纸坊南社区，碑林区文南社区，高陵区上林社区6个社区顺利开展，活动受到各团区委、街道、社区的大力支持，参与人数达800余人。

8月19日上午，西安市副市长肖西亮深入“十四运”奥体中心，检查“一场两馆”建设及安全保卫工作进展情况，并就安全监管工作提出明确要求。市公安局相关部门及灞桥分局、港务区管委会、“十四运”执委会安保部主要负责人参加检查。

8月21日上午，市执委会安全保卫部召开安保工作推进会，9个成员单位副部长和联络员、国际港务区领导等40人参加会议。安保部驻会副部长孟琨琪通报了近期工作开展情况，各成员单位汇报了各自工作开展情况及下一步工作打算，安保部部长高威对下一步工作做了安排部署。

8月25日上午，市执委会临时纪委召开纪委委员会议，安排部署相关监督工作。会议根据市执委会临时党委关于“以案促案”和“四个查一查”工作方案及相关通知精神，对临时纪委督促各支部抓好“以案促改”相关工作进行了安排部署。

8月26日，市执委会群众体育部全体工作人员会同西安市体育局领导班子及机关、直属单位主要负责人，赴丝路国际体育文化交流培训基地（西安市体育训练中心）开展“集中党日暨慰问一线建设者”活动。群众体育部全体人员进一步提高了办好全运会的思想认识，一致表示要全力以赴，为“十四运”竞赛训练和组织筹备工作做出积极贡献。

8月26—28日，“全民助力全运会，志愿服务青春行”社区运动会在未央区君逸社区、延长石油社区，雁塔区沈家桥社区，碑林区安东街社区4个社区顺利开展，活动吸引了社区居民的热情参与，累计参与人数400余人。

8月27日上午，市执委会办公室组织开展了档案业务培训，各部室档案管理人员20余人参加了培训。本次培训系统全面、操作性强，增强了大家对“十四运”档案工作重要性的认识，提高了档案业务知识水平，为今后执委会档案工作规范有序开展奠定了基础。

8月27日，审计监察部临时党支部召开全体党员大会。会议学习传达了市执委会临时党委“以案促改”有关文件精神，重温《中国共产党第十九届中央纪律检查委员会第四次全体会议公报》，学习《审计法》、《审计法实施条例》、审计工作流程等相关法规制度。

8月27日，为期一个月的西安奥体中心暑期志愿服务活动圆满结束。西安奥体中心青年志愿服务队由15名青年志愿者组成，累计服务时长约1035小时，服务参观者约2200人，他们的专业素养与服务意识得到各个参观团队的肯定与好评。

8月27日，市执委会人事部组织各内设部室，对今年上半年各自工作完成情况、思想政治建设、自身建设等认真梳理自查，总结经验做法，查找问题不足，制定下一步工作措施，并形成高质量的工作总结报告。同时，各部室按照考核办法要求，根据个人工作表现、任务完成、出勤考勤等情况对工作人员量化打分，为年终个人综合考核评定提供了依据。

9月

9月1日，省长赵一德在西安市调研“十四运”筹办和重大项目建设工作。他强调，要深入贯彻落实习近平总书记来陕考察重要讲话，按照省委、省政府部署要求，全力以赴推进“十四运”筹办工作，全面提升城市规划建设管理水平。省委常委、西安市委书记王浩一同调研，西安市市长李明远、省政府秘书长方玮峰参加活动。

由“十四运”市执委会群众体育部联合西安全媒合作体共同举办的“我要上全运，运动达人秀”抖音大赛自7月15日启动以来，广大群众热情高涨，积极参与。截至9月3日，共征集线上话题视频58件，浏览量22.1万人次。

“十四运”和残特奥会倒计时一周年启动仪式即将盛大举行，市执委会气象保障部联合市气象局，从协调联络、气象预测、应急保障、气象宣传、后勤保障等方面做好充分准备，全力以赴做好气象保障服务工作。9月4日正式启动气象保障服务，目前已发布第一期倒计时一周年启动仪式气象服务专题预报。

同日，市执委会与组委会和各区县沟通对接，研究成立14个单项竞赛委员会；规划4条全运会马拉松线路，制定2020城马、西马工作方案；邀请专家为竞赛组和相关人员专题辅导；市属训练单位游泳、体操、射击等10个运动队约200名运动员，双节期间坚持备战训练。

同日，西安市副市长、市执委会副主任、城建组组长和文全带队对太华路沿线基础设施建设及周边环境整治提升情况进行调研，安排部署迎“十四运”城市规划建设管理相关工作。市执委会城建组、市住建局、市城管局、未央区、曲江新区、西安城投集团相关负责人参加调研。

9月7日下午，第十四届全运会西安市执委会召开会议，安排部署相关任务，全面加快“十四运”各项筹办工作。省委常委、市委书记、第十四届全运会西安市执委会主任王浩主持并讲话。会上，宣读了《第十四届全运会西安市执委会工作机构》，市执委会各工作组汇报了工作开展情况。市领导玉苏甫江·麦麦提、杨晓东、张琳、王晓林、徐明非、肖西亮、和文全，市执委会各成员单位主要负责人参加。

同日，西安市委印发《中共西安市委关于调整第十四届全运会西安市执委会工作机构的通知》（市字〔2020〕82号），将第十四届全运会西安市执委会与西安市第十七届运动会执委会合署办公，设立综合组、文化宣传组、城建组、竞赛组、安保组、现场保障组6个组。

9月10日，为配合第十四届全运会倒计时一周年活动，根据市委有关安排，由市文化旅游局牵头，围绕“迎‘十四运’”主题，于2020年9月11日举办迎“十四运”“相约西安　筑梦全运”全民广场舞活动；于2020年9月15日开展“相约西安　筑梦全运”第十四届全国运动会倒计时一周年全城欢乐跑活动。

9月14日上午，第十四届全运会西安市执委会召开全体会议暨誓师大会，以全运会倒计时一周年为契机，进一步统一思想凝心聚力，全面安排部署重点工作任务。省委常委、市委书记、第十四届全运会西安市执委会主任王浩讲话，6名市执委会工作组组长、承担筹备任务的相关部门负责人，以及3名开发区主要负责人作表态发言。市执委会主任、副主任和有关市级领导，有关实际部门和区县、开发区负责人，市执委会工作人员等300余人参会。

9月15日，由西安市“十四运”执委会主办，市委宣传部、市文化和旅游局、市体育局、西安曲江新区管委会承办的“相约西安　筑梦全运”第十四届全国运动会倒计时一周年全城欢乐跑主会场活动在永宁门拉开帷幕，1000多名来自西安各区县、开发区的长跑爱好者共同参与全城欢乐跑活动。

同日，和文全召开城建组专题会议，传达誓师大会会议精神，研究城建组工作职责，安排重要迎宾线路城市环境提升等重点工作。

9月15日晚，执委会主任王浩、李明远出席在西安奥体中心举行的十四运会和残特奥会倒计时一周年活动。王浩代表执委会致辞。

9月16日上午，执委会常务副主任、执委会办公室（综合组）主任（组长）、现场保障组组长玉苏甫江・麦麦提，赴奥体中心检查调研场馆建设，对灞河西岸周边亮化工作进行安排部署，并检查执委会办公、餐饮区工作情况。执委会副主任、城建组组长和文全，办公室（综合组）常务副主任（副组长）郝生旺，文化宣传组副组长王文华，现场保障组副组长孙艺民、门轩等参加调研。

9月16日下午，李明远听取安保组组长肖西亮关于“十四运”安保信息化系统建设有关情况专题汇报，研究解决办公用房及安防系统建设等问题。

9月17日，徐明非主持召开竞赛组各部室负责人专题会议，传达学习执委会专题调度会议精神，研究安排部署相关工作。

9月17日上午，肖西亮主持召开安保组第一次工作会议，传达学习王浩在誓师大会上的讲话精神，对下一步工作进行安排部署。

9月17日下午，第十四届全运会西安市执委会召开主任办公会议，省委常委、市委书记、第十四届全运会西安市执委会主任王浩主持并讲话。会议听取了执委会综合组、文化宣传组、城建组、竞赛组、安保组、现场保障组工作进展情况汇报，安排部署下一阶段工作。市执委会常务副主任、副主任和各工作组组长参加会议。

9月18日，徐明非赴西安高铁站督导检查迎“十四运”疫情防控工作。

9月18日上午，和全文带队赴组委会场馆部、环境部汇报对接工作。

9月18日下午，召集安保组人员，传达王浩在市执委会专题调度会上的讲话精神，安排调查研究、工作方案制定、挂图作战等工作。

9月19日上午，王浩主持召开迎“十四运”城市规划建设管理工作推进调度会，通报迎“十四运”等重点工作情况，并安排部署工作。

9月21—25日，市执委会气象组组织17名气象业务骨干，参加“十四运”和残特奥会气象台第一次集结培训。完成西安电子科技大学、省体育训练中心和省体育学院（鄠邑校区）3套8要素自动气象站安装调试工作。

9月22日，徐明非召开竞赛组第二次组长办公会议，审议竞赛组职责分工，研究“我要上全运”百场马拉松赛活动等3个活动方案。工作组重新拟定关于西安市承办项目竞委领导成员名单。

9月22日下午，省政府副秘书长、组委会执行副秘书长王山稳带领组委会办公室、新闻宣传部、大型活动部等相关部门和省公安厅特勤局一行17人，赴西安奥体中心场馆调研建设情况。市执委会办公室（综合组）常务副主任（副组长）郝生旺等市执委会相关负责人参加。

9月23日，肖西亮主持召开“十四运”安保指挥部专题会议，研究场馆安保指挥部建设工作。工作组细化完善《安保工作方案》，起草“十四运”维稳工作方案，就做好相关工作做出总体安排部署。

9月24日下午，市执委会常务副主任、综合组和现场保障组组长玉苏甫江·麦麦提在市执委会奥体中心集中办公地听取部分工作组汇报，审查组长办公会议议题，并对入驻后办公区域硬件建设以及人员就餐、制度规范等提出要求。

为加快推进奥体中心周边亮化和“三中心”场馆导视及艺术品陈列两项工作，执委会副主任、文化宣传组组长张琳先后于9月17日、18日、27日三次召开专题会议，与城建组、浐灞生态区、国际港务区和相关设计单位负责人及专家进行研讨。

9月25日下午，玉苏甫江·麦麦提主持召开办公室（综合组）组长办公会议，听取周工作汇报，审议开展马拉松赛事活动等6个议题，要求各工作组认真履职尽责，抓好议定事项落实，确保执委会各项工作高效有序开展，取得新进展。

9月26日，执委会主任王浩带队检查雁塔区、新城区、莲湖区、碑林区、未央区、经开区、浐灞生态区“十四运”重要交通配套设施建设、道路改造提升、景观绿化等工作，现场研究解决城市建设管理和道路改造的具体问题。

9月27日，张琳主持召开专题会议，研究讨论奥体中心场馆和周边亮化及光影设计方案。工作组组织专家于23—25日到“三中心”实地调研，现场研究导视系统、艺术品陈列设计方案。

9月21日、23日和27日，和文全先后3次召开会议，专题研究奥体中心及周边亮化提升等事项，安排近期重点任务。工作组专题研究“蓝、红色彩钢屋顶”专项整治问题。

9月29日，张琳主持召开专题会议，研究“相约西安　筑梦全运”主题系列活动相关新闻宣传、舆论引导、新闻采访等工作。

9月，市执委会落实工作人员到岗到位情况。第一批抽调的人员58名及保留原执委会人员54名，共计112名，均已向各组报到。对不再留用的原执委会34人，办理了退回手续。

9月，为加强市执委会管理，市执委会建立完善规章制度，建立了市执委会运行“四会一联席”工作机制，即执委会全体会议、主任办公会议、办公室（综合组）主任（组长）办公会议、组务会议及各工作组联络员联席会等会议制度。

9月，“十四运”西安赛区赛会志愿者场（馆）校对接方案明确18所高校招募4189名赛会志愿者，各高校启动西安赛区赛会志愿者招募工作。

10月

10月1日下午，由第十四届全国运动会西安市执委会主办的助力“十四运”系列活动首场“相约西安　筑梦全运——2020西安白鹿原 · 白鹿仓第四届热气球嘉年华”活动在西安白鹿仓景区航空飞行营地盛大启幕。第十四届全运会西安市执委会有关领导，西安市文旅局，西安市体育局，灞桥区委、区政府，曲江新区以及白鹿仓景区等机构负责人共同见证了这一隆重时刻。“双节”期间，市执委会策划举办“2020西安白鹿原 · 白鹿仓第四届热气球嘉年华”“迎全运 · 长安韵 · 丝路情——电影音乐嘉年华”等6项假日文化旅游活动，推出240多篇重点图文和短视频作品，被央广网、中国网、陕西广播电视台等40多家媒体宣传报道。“双节”期间，组织开展“2020　we are one冰舞全运　炫彩陆港”冰上艺术公益演出和“迎全运惠民生、我要上全运”等主题群众体育赛事活动50余场次，参与群众4万余人。“双节”期间，每天出动安保警力10119人次，完成“相约西安 筑梦全运”等6项大型活动和双节安保工作。“双节”过后，市执委会副主任、竞赛组组长徐明非到市执委会奥体中心竞赛组办公区督导检查、安排工作。竞赛组副组长马锐一同参加。并就加快“全运会马拉松线路规划工作”和“2020西安马拉松”“2020西安城墙国际马拉松”筹办工作提出明确要求。

10月6日晚，西安奥体中心体育馆迎来交付使用后的首场世界级演出。中国顶尖花样滑冰运动员庞清、佟健在现场演绎冰上芭蕾，用冰雪盛宴点燃全运激情。本次活动是该场馆实现48小时冰篮转换的一次实践。活动以冰雪运动为切入点，让西安的市民能够走进冰场，感受冰雪运动的魅力。

10月7日下午，省委常委、市委书记、市执委会主任王浩到国际港务区实地督导检查“十四运”重点项目建设进展情况，看望慰问节假日期间坚守项目建设一线的工作人员。

10月8日，玉苏甫江·麦麦提到奥体中心检查节日值班和集中办公保障情况，安排部署节后工作。执委会办公室下发各工作组《关于做好执委会近期重点工作的通知》，对夜景提升及主干道整治等7项工作提出要求；对西安体育学院（鄠邑校区）“一场四馆”、省体育场改造、高新区“赛事指挥媒体中心”等三个建设项目手续办理等工作持续跟进督办，协调14个单项竞赛委员会组建相关事宜。

10月9日上午，省委常委、市委书记、市执委会主任王浩主持召开第十四届全运会西安市执委会第三次主任办公会议，听取市执委会各工作组工作进展情况汇报，研究全运会马拉松、2020西安马拉松、2020城墙国际马拉松赛事组织和全运村村委会组建方案等事项，对下一步工作安排部署。市执委会常务副主任、副主任和各工作组负责人参加会议。

10月10日上午，省政府副秘书长、组委会执行副秘书长王山稳带领组委会各部（室）负责人，到西安市执委会集中办公区调研指导。王山稳一行实地察看了西安市执委会各工作组办公场地和工作情况，随后召开组委会部（室）和西安市执委会工作组工作对接座谈会。市执委会各工作组及内设各部（室）负责人参加交流座谈。

10月13日，王浩主持召开第四次主任专题会议，研究部署加快推进奥体中心周边亮化和灞河两岸绿化等工作，并对“长安味 · 运动+美食”活动、按图索“迹”长安文化旅游地图、“唱响大秦之腔 · 喜迎全运盛会”西安秦腔展演月等重点文旅活动进行策划。

10月14日下午，副市长、市执委会副主任、城建组组长和文全组织召开城建组专题会议，传达学习近期市执委会会议精神。会议听取了灞河西岸保障房、北辰小区外立面改造设计方案和“十四运”主新闻中心改造设计方案汇报，并安排部署近期工作。

10月16日下午，执委会副主任、文化宣传组组长张琳主持召开奥体中心周边亮化工作专题会议，传达落实市委主要领导有关要求，研究部署加快推进奥体中心亮化工作。文化宣传组、城建组、现场保障组以及浐灞生态区管委会、清华同衡公司有关负责人参加会议。

10月17日，市执委会主任王浩检查城市主干道沿线环境整治提升情况，并主持召开调度会，安排部署迎“十四运”城市规划建设管理相关工作。

10月17—22日，临潼区、长安区、高陵区分别举办“我要上全运”百场马拉松赛暨第三届“中海杯”彩虹跑、全民健身3×3社区篮球赛和“我要上残运”乒乓球、羽毛球比赛。

10月19日下午，省委常委、市委书记、市执委会主任王浩主持召开“十四运”执委会第五次主任办公会议，传达学习省委专题会议精神和刘国中书记的重要讲话，研究我市贯彻落实工作，安排部署相关任务，加快推进“十四运”各项筹办工作。市长、市执委会主任李明远参加会议。

10月19—21日，城建组对全运村运动员村、向东路下穿灞河隧道等6个项目进展情况开展现场检查。

10 月 20 日，徐明非副组长实地踏勘“2020 城马”“2020 西马”比赛线路，听取工作汇报，提出工作要求。竞赛组多次实地踏勘“十四运”马拉松线路，制作线路视频，持续梳理路线问题，优化赛事环节。

同日，肖西亮听取安保组工作汇报，研究部署相关工作。14 日至 21 日，安保组检查奥体中心、省体育场等 9 处 12 个场馆场地消防安全工作。

10 月 21 日，和文全赴国际港务区检查调研“一带一路”城市展示中心（长安云）和文化交流中心（长安乐）项目建设情况。

10 月 22 日，玉苏甫江·麦麦提召开第三次执委会常务副主任办公会议，听取各组工作汇报，研究审议关于执委会决策运行管理 10 项制度、西马美食节、西安秦腔展演、金牌导游评选等有关事项，安排部署下一步工作。

10 月 22—23 日，郝生旺随组委会赴商洛调研“十四运”场馆及筹办工作；协调城建组、华润置地研究体育场主席台设计等有关工作；协调安保组、竞赛组分别参加组委会安保指挥部建设对接会、竞委会成立大会对接预备会等工作。

10 月 26 日上午，市委常委、市执委会副主任、文化宣传组组长张琳带领市执委会文化宣传组全体人员赴组委会对接工作，与组委会办公室、新闻宣传部、大型活动部、广播电视部、残运工作部等部门驻会副部长和相关处室负责人进行座谈交流。

10 月 27 日下午，市执委会常务副主任玉苏甫江·麦麦提带队全线勘察 2020 西安马拉松赛道设置，并主持召开赛事筹备工作专题会议，先后听取市体育局、曲江新区管委会、市公安局、市卫健委等相关单位筹备情况汇报，研究解决具体问题，部署下一步工作。竞赛组组长徐明非、安保组组长肖西亮及相关单位负责人全程参加。

10 月 28 日上午，执委会副主任、文化宣传组组长张琳主持召开奥体中心周边夜景提升工作专题会议，研究推进相关工作。文化宣传组、城建组、浐灞生态区管委会、国际港务区管委会、西安中国画院等有关单位负责人参加会议。

10月29日至11月3日，组织专家对参加“西马”保障的25家医疗单位和500多名医护人员进行理论讲座培训和急救技能操作考核，为“西马”赛事做好医疗服务保障。10月30日，组织医务专业人员到全运村开展实地调研。

10月30日，副市长、市执委会竞赛组组长徐明非主持召开竞赛组第三次组长办公会议，传达学习市执委会有关会议精神，听取各部近期工作开展情况以及下一步工作安排，研究审议有关事项。竞赛组副组长、各部部长、联络员参加会议。

11月

11月1日，张琳召开会议，专题研究国际会议中心、国际会展中心场馆导视系统和文化布置方案及奥体中心周边夜景提升方案，并对方案提升完善提出意见建议和初稿完成时限。

11月4日上午，副省长、组委会副主任兼秘书长方光华在西安奥体中心调研指导“十四运”和残特奥会开闭幕式筹备工作。省政府副秘书长、组委会执行副秘书长王山稳、高阳，组委会相关部室负责人，市执委会副主任和文全，市执委会有关工作组负责人一同参加。

11月4日上午，省政府副秘书长、组委会执行副秘书长王山稳带组委会各部（室）负责人到西安市“十四运”执委会召开第二次工作对接座谈会。市委副秘书长、市执委会办公室（综合组）常务副主任（副组长）郝生旺，市执委会各工作组副组长及内设各部（室）负责人参加交流座谈。

11月4日下午，常务副市长、市执委会常务副主任、办公室（综合组）主任（组长）王苏甫江·麦麦提调研“十四运”场馆及配套设施建设等有关工作情况。市执委会办公室常务副主任郝生旺、有关工作组负责人和国际港务区管委会及项目建设方有关负责人一同参加。

11月6日上午，郝生旺主持召开办公室（综合组）月度工作点评会，对办公室（综合组）各处、部月度工作情况现场点评，总结经验，查找短板，分析原因，研究改进措施。办公室（综合组）各处、部及工作专班负责人参加会议。各工作组联络员应邀参会点评。

11 月 7 日，市执委会主任王浩主持召开迎“十四运”城市规划建设管理工作推进调度会暨生态环境保护工作调度会，通报迎“十四运”重点工作和 10 月份大气污染防治工作情况，安排部署下一步工作。

11 月 8 日下午，市执委会主任王浩主持召开“十四运”执委会专题会议，研究西安奥体中心周边夜景提升工作。市领导玉苏甫江・麦麦提、杨晓东、和文全，执委会工作组相关负责人参加会议。王浩听取了关于西安奥体中心周边夜景设计方案和工作汇报，认真研究了设计思路、主题样式、关键节点及技术展示等方案。

11 月 9 日下午，市执委会常务副主任、办公室（综合组）主任（组长）玉苏甫江・麦麦提到浐灞生态区、国际港务区调研西安东北部 330 千伏架空输电线路落地迁改工作。市执委会办公室（综合组）常务副主任（副组长）郝生旺，市执委会城建组、现场保障组、浐灞生态区、国际港务区和项目建设方负责人一同参加。

11 月 10 日下午，市执委会办公室（综合组）常务副主任（副组长）郝生旺主持召开“十四运”开闭幕式要素保障工作座谈会，听取华润置地关于西安奥体中心“一场两馆”情况介绍，研究做好开闭幕式要素保障工作有关事项。执委会各工作组相关部（处）负责人、华润置地奥体中心项目部相关负责人参加会议。

11 月 13 日下午，市执委会常务副主任、办公室（综合组）主任（组长）玉苏甫江・麦麦提主持召开市执委会第五次常务副主任办公会议，听取各工作组近期工作进展情况汇报，研究审议志愿服务相关工作、奥体中心场馆改造提升以及运动员村安装隔音板等有关事宜，安排部署下一步工作。市执委会各工作组负责人参加会议。

11 月 14 日，王浩主持召开迎“十四运”城市规划建设管理工作推进调度会，研究城市主干道和全运会马拉松赛事沿线环境整治提升工作，安排部署下一阶段任务。市执委会主任李明远安排相关工作。

11 月 17 日，市执委会副主任、安保组组长肖西亮到市公安局交警支队，调研

“十四运”信号灯智能化改造和交通环境提升等工作开展情况，对进一步推进各项重点工作提出明确要求。市执委会安保组和市公安局相关处室的负责人参加调研活动。

11 月 17 日，郝生旺主持召开第五次工作组联络员联席会议，传达学习中共十九届五中全会精神，落实执委会领导有关工作要求，加快组委会交办事项对账销号，安排部署 2021 年重点工作方案细化及财务计划等工作。

11 月 17 日，接受省纪委监委“十四运”招投标工作专项检查。

11 月 18 日上午，和文全召开专题会议听取全运湖景观桥规划设计方案；下午，召开城建组专题会议研究近期重点工作。

11 月 19 日，郝生旺带队参加组委会“十四运”倒计时 300 天工作推进会并作交流发言。会后，分别走访组委会有关领导和部室负责人，就重点工作推进情况加强沟通联系。

11 月 19 日，在“十四运”式倒计时 300 天之际，奥体中心体育馆成功举办西安金牌导游大赛决赛；第十九届西安国际音乐节，邀请 438 位艺术家开展近 30 场演出活动；市执委会持续做好“唱响大秦之腔 · 喜迎全运盛会”西安秦腔展演月等系列文化宣传活动。

11 月 20 日，市纪委监委对市执委会机构调整后运行情况和“十四运”筹办工作开展情况专项检查。

11 月 20 日，“十四运”和残特奥会 14 首宣传歌曲向社会发布。以“喜迎十四运 开启新征程 这里是西安”为主题，中央、省、市媒体通过短视频、主题海报和媒体集中采访活动的形式，向社会传递“十四运”倒计时 300 天的概念，掀起“大使有约 300 天”的宣传热潮。

11 月 23 日上午，市执委会副主任、文化宣传组组长张琳主持召开奥体中心周边夜景提升工作专题会议，研究推进相关工作。文化宣传组、城建组、浐灞生态区管委会、国际港务区管委会等有关负责人参加会议。会议听取了奥体中心周边夜景提升及开幕式水秀方案汇报，与参会人员就两个方案进行了研讨。

11月23日，组织召开西安市承办项目竞委会成立工作推进会，传达近期执委会各项工作要求，明确竞委会各处室职能和人员配备，安排部署各竞委会下一阶段工作。

11月24日，执委会组织党员干部50余人，赴西安市警示教育基地参观学习，并组织重温入党誓词宣誓活动。

11月25日下午，市执委会根据“十四运”倒计时300天“迎全运 促筹办”系列活动安排，召开全运会筹办工作专家报告会，邀请全国知名大型综合运动会运作管理专家、上海体育学院教授、“十四运”全运村首席专家刘清早以《打赢全运三大攻坚战 向全国展示西安精彩》为题做辅导报告。市执委会常务副主任玉苏甫江·麦麦提、市执委会办公室（综合组）常务副主任（副组长）郝生旺和各工作组负责人、十四运会组委会相关部室负责人，以及执委会全体工作人员逾150人参会。

11月25日，市公安局组织相关部门召开二、三级场馆安保指挥部建设推进会，就对接沟通、方案移交、资金保障等有关事宜安排部署。

11月26日上午，市执委会召开相关区（县）、开发区“十四运”筹备工作汇报会，执委会常务副主任玉苏甫江·麦麦提出席并讲话，执委会办公室常务副主任郝生旺主持，会议听取了国际港务区、阎良区、高新区等10个区（县）、开发区关于“十四运”筹办任务进展情况汇报，对下一步工作做出安排部署。市执委会各工作组负责人，相关区（县）、开发区分管领导参加会议。

11月26日，市执委会陪同国家体育总局和组委会相关专家实地检查场馆功能用房、临建设施及运行流线，并就竞赛组织、场馆器材、综合保障等工作进行座谈。

11月26日，阎良区户外运动中心攀岩场地、滑板场地消防验收工作完成。至此，所有市级场馆竣工验收工作均已完成。

11月27日，与西安广播电视台对接研究工作。

11月28日，市执委会主任王浩主持召开迎“十四运”城市规划建设管理工作推进调度会，通报全市围栏围挡整治工作情况，安排部署“三改一通一落地”验收、围栏围挡整治、大气污染防治等相关工作。

11 月 28 日，受玉苏甫江・麦麦提委托，郝生旺主持召开财务工作专题会议，研究讨论财务支出的原则、范围、要求等有关事宜，市财政局局长李西宁和相关处室负责人参加。

11 月 29 日，王浩、李明远在西安奥体中心接待来我市观摩重点项目建设工作的宝鸡市考察团。

12 月

2020 年 12 月 1 日下午，市执委会主任王浩在西安奥体中心主持召开专题会议，研究“三中心”片区夜景提升等工作。市执委会主任李明远，市领导杨晓东、张琳、马鲜萍、和文全，以及执委会各工作组有关负责人参加。会议听取了“三中心”片区夜景提升方案的汇报，集中观看了设计效果展示短片，对方案做了深入研究讨论。

12 月 2 日下午，玉苏甫江・麦麦提召开组（室）务会，对市场开发、医疗卫生机构组建、食品安全保障等工作进行研究，安排确定常务副主任办公会议议题。

12 月 3 日、5 日，张琳两次召开专题会议，研究 2021 年春节期间“中国年・看西安”系列文旅活动启动仪式暨“筑梦全运　常来长安”全民全运新年音乐会活动总体思路和方案，听取筹备情况汇报。

12 月 3 日上午，办公室（综合组）召开《刘清早教授专题讲课提纲》学习讨论会议，各处部负责人及下设各专班有关人员围绕提高思想认识，珍惜工作机遇，提升工作能力等方面交流发言。市执委会办公室常务副主任郝生旺出席并讲话，全体工作人员参加会议。

12 月 4 日，郝生旺主持召开第六次执委会工作组联络员联席会议，传达学习省委书记专题会议精神和“十四运”倒计时 300 天工作推进会有关要求，安排部署督查督办事项、2021 年预算编制等有关工作。

12 月 7 日，李明远主持召开市政府常务会议，审议并原则同意西安市建设世界赛事名城、加快发展体育产业、促进体育消费的实施意见。

12月7日上午，市执委会常务副主任玉苏甫江·麦麦提主持召开第六次执委会常务副主任办公会议，研究执委会市场开发、医疗卫生、食品安全、交通安保、新媒体宣传及重点项目等工作。各组副组长、联络员和办公室（综合组）各处（部）负责人参会。

12月8—9日，郝生旺随组委会赴铜川、延安调研“十四运”场馆建设及筹办工作，学习借鉴兄弟城市好的经验做法。

12月11日下午，执委会办公室常务副主任郝生旺带领各工作组副组长、各部（处）负责人一行36人，赴组委会省体育场办公地参加第三次工作联络对接会。省政府副秘书长、组委会执行副秘书长王山稳主持会议，组委会各部驻会副部长以上人员参加。

12月12日上午，王浩主持召开迎“十四运”城市规划建设管理工作推进调度会，通报迎“十四运”重点工作推进情况，安排部署冬春季疫情防控、城市环境提升等工作。李明远出席。

12月14日上午，肖西亮督导检查南稍门十字早高峰期间缓堵保畅工作，对做好“十四运”交通安全保障工作提出要求；16日，召开专题会议，审议安保工作相关方案，对全市安全生产和“十四运”各项安全工作提出具体要求。

12月15日下午，郝生旺主持召开督办落实工作专题会议，安排部署相关工作；16日，主持召开月度工作点评会，全面总结督办落实工作，改进方式方法，提升工作水平；17日，主持召开考核领导小组成员会议，安排部署执委会2020年度考核工作。

12月15日下午，市执委会副主任、文化宣传组组长张琳主持召开奥体中心光影水秀和西安城市形象宣传片创作专题会议，研究推进相关工作。市执委会文化宣传组、城建组及市委宣传部、国际港务区管委会、西安广播电视台有关负责人参加会议。

12月16日上午，玉苏甫江·麦麦提召开火炬传递初步路线规划方案讨论会，徐明非组长参会，安排赴各火炬传递站点有关人员再次勘察传递线路，并形成报告。

12月16日，执委会办公室常务副主任郝生旺主持召开办公室11月份工作点评会，各工作组联络员应邀参加点评并对办公室各处部工作进行综合考评打分。

12月17日，徐明非主持召开《西安体育发展史》编撰工作专题会议，安排《西安体育发展史》编写大纲方案制定、史料收集等工作。

12月17日上午，王庆华副组长与组委会新闻宣传部相关负责人召开专题对接会，对接主新闻中心、媒体村保障工作。

12月18日，省委常委、西安市委书记、“十四运”和残特奥会组委会副主任、市执委会主任王浩到长安、鄠邑、经开、临潼和碑林等区（开发区）实地督导检查“十四运”场馆建设及周边环境提升工作。组委会执行副秘书长王山稳、王勇，组委会执行副秘书长、市执委会常务副主任玉苏甫江·麦麦提，市委常委、市委秘书长杨晓东，市执委会各工作组有关负责人参加。

12月19日，主持召开专题会议研究西安东北部330千伏架空输电线路迁改落地项目。

12月19日下午，王浩主持召开迎“十四运”城市规划建设管理工作推进调度会，通报迎“十四运”重点工作、今冬明春大气污染防治和近期疫情防控相关情况，安排部署城市规划建设管理、大气污染防治、疫情防控等工作。李明远出席。

12月26日，王浩、李明远陪同省长、“十四运”组委会执行主任赵一德督导调研我市“十四运”筹办重点工作。

12月27日，王浩主持召开迎“十四运”城市规划建设管理工作推进调度会，通报2020年专题片曝光问题整改情况、重点任务落实和今冬明春大气污染防治、围挡拆除整治等工作，研究“十四运”火炬传递西安市路线方案，安排两节期间疫情防控和市级领导包抓迎“十四运”重点路线相关工作。李明远出席。

12月28日，赴组委会群体部对接火炬传递相关工作，沟通我市调整火炬传递站点情况和增加火炬手数量，了解火炬传递路线、网络火炬传递方式等有关情况。

12 月 29 日下午，召开西安市承办项目竞委会工作对接会，与相关区、开发区负责人研究竞委会机构组建工作。安排各竞委会扎实做好刘清早教授关于“五图两表”编制和业务指导培训筹备工作。

12 月 28—31 日，市执委会主任王浩、李明远参加四季度重点项目观摩测评暨重点工程竣工活动，集中检阅奥体中心、全运村、跨浐灞河五桥二隧等项目。

12 月，市执委会持续开展文化活动。继续实施“千年古都 · 常来长安——游十三朝古都，看‘十四运’盛会”文化旅游路演推介，在经开区、浐灞生态区启动“唱响大秦之韵　喜迎全运盛会”和“相约西安　筑梦全运——丹青染古城共绘新西安”系列主题文旅活动。

2021 年

1 月

1 月 2 日，央视《新闻联播》播出我市迎接新年和全运会灯光秀的新闻报道。元旦期间，协调陕西广播电视台，围绕“十四运”场馆建设、基础设施建设等内容进行专题报道。

1 月 2 日，和文全督导检查包抓的迎“十四运”“17+25”重点线路以及二环路全线和北辰大道整治提升工作，现场交办发现问题。

1 月 2 日，肖西亮陪同副省长、省公安厅党委书记徐大彤督导检查全市元旦节日安保工作

1 月 3 日，对部分重点部位节日安保工作进行安防检查，并就相关问题提出要求。

1 月 3 日，玉苏甫江 · 麦麦提赴未央路、长安路等地检查迎“十四运”“17+25”重点线路环境治理提升工作。

1 月 4 日下午，玉苏甫江・麦麦提召开专题会议，研究市场开发、执委会经费预算等工作。

1 月 5—7 日，市执委会邀请全国知名大型综合运动会运作管理专家、上海体育学院教授刘清早开展业务知识系列辅导培训。常务副主任玉苏甫江・麦麦提、各工作组副组长以及全组委有关部处负责人参加了有关辅导培训。

1 月 7 日下午，市执委会召开专题会议，传达学习市委十三届十二次全会精神，研究安排学习贯彻工作。市委副秘书长、市执委会办公室（综合组）常务副主任（副组长）郝生旺及各工作组有关负责人、联络员参加会议。

1 月 8 日上午，玉苏甫江・麦麦提主持召开专题会议，听取现场保障组近期工作情况汇报，研究组内任务分工等事宜，安排部署当前重点工作。现场保障组各副组长、各部负责人参加会议；综合组常务副组长应邀参加。

1 月 9 日，王浩主持召开迎“十四运”城市规划建设管理工作推进调度会，研究部署 2021 年迎“十四运”城市规划建设管理任务，安排我市近期疫情防控工作。

1 月 9 日上午，郝生旺参加组委会“十四运”开闭幕式工作第二次联席会议；同日下午，主持召开第九次执委会联络员联席会议，传达组委会联席会议精神，安排部署财务、市场开发、重点任务分解等工作，当晚，召集各工作组联络员、办公室处部负责人对重点工作及任务分解一览表逐条审议。

1 月 11 日，肖西亮赴雁塔区、灞桥区、浐灞生态区和国际港务区调研“十四运”重点线路整治情况，并就相关工作提出明确要求。

1 月 11 日下午，张琳主持召开文化宣传组组长办公会议，听取近期工作情况汇报，就下一步做好重点项目协调对接、加强新闻宣传和活动策划等工作进行安排部署。

1 月 12 日，和文全赴碑林区督导检查“三改一通一落地”项目评估验收工作情况；同日，陪同方光华副省长赴阎良区调研“十四运”场馆建设和文物保护工作。13 日、14 日，分别召开专题会议研究 2021 年全市迎“十四运”城市规划建设管理相关工作。

1 月 12 日，玉苏甫江·麦麦提赴鄠邑区走访党建联系点并督导检查“17+25”重点线路环境治理提升工作。

1 月 12 日上午，徐明非组长召开“十四运”和残运会西安市项目竞委会第一次工作会议，对下一阶段竞赛组织工作进行安排部署，推动各项筹办工作全面展开；同日下午，召开“双先”观摩点建设工作推进会，明确责任主体及任务完成时限，提出具体要求。

1 月 13 日上午，王浩在抓基层党建述职评议考核会议上强调，今年是“十四五”开局年，也是全运年，聚焦办好“十四运”工作抓党建，充分发挥基层党组织战斗堡垒和党员先锋模范作用。

1 月 13 日上午，省政府副秘书长、组委会执行副秘书长王山稳带领组委会各部（室）负责人到“十四运”西安市执委会召开第四次省市工作对接座谈会。市委副秘书长、市执委会办公室（综合组）常务副主任（副组长）郝生旺，市执委会各工作组副组长及各部（处）负责人参加会议。

1 月 14 日上午，张琳召开“十四运”文化宣传重点工作推进会。文化宣传组副组长王庆华及执委会城建组、浐灞生态区管委会、国际港务区管委会有关负责人参加会议。会议听取了浐灞生态区和国际港务区关于“三中心”片区夜景提升工作进展情况和开幕式水秀设计方案汇报，文化宣传组关于火炬传递、马拉松比赛线路转播镜头素材挖掘准备情况和文化加油站设置方案汇报，与会人员对方案逐一进行了研讨。

1 月 15 日，在第十四届全运会倒计时 8 个月之际，全市召开迎“十四运”城市规划建设管理工作会议，深入学习贯彻习近平总书记来陕考察重要讲话精神，全面总结 2020 年城市规划建设管理工作，安排部署 2021 年重点任务。王浩到会讲话，李明远主持会议。

1 月 16 日，王浩主持召开迎“十四运”城市规划建设管理工作推进调度会，通报重点线路整治提升和疫情防控工作情况，安排部署下一步工作。李明远安排有关工作。

1 月 17 日，王浩到浐灞生态区、国际港务区实地督导检查迎“十四运”重点项目建设工作，并召开专题会议。玉苏甫江・麦麦提、马鲜萍、和文全，市执委会各工作组副组长参加会议。王浩一行先后实地察看了“长安书院”项目选址地周边环境，检查了跨灞河“两桥两隧”建设、岸线整治、绿化提升、景观塑造和“长安乐”项目外立面设计及工程进度等工作，对河心岛建设等项目提出具体要求。

1 月 17 日上午，玉苏甫江・麦麦提主持召开第八次常务副主任办公会议，研究执委会重点工作及责任分解、市场开发等 5 个具体事宜。

1 月 17 日下午，玉苏甫江・麦麦提主持召开第八次执委会常务副主任办公会议，研究审议执委会近期有关工作事项，对下一步工作提出明确要求。各组副组长、联络员和办公室（综合组）各处（部）负责人参会。会议审议了《西安市执委会重点工作及责任分解一览表》和《十四运会和残特奥会环境保障实施方案》等 2 个工作方案，研究了市场开发若干规定、成立全运会资源开发有限责任公司、全运村食材基地遴选等 3 个具体事宜。

1 月 18 日，玉苏甫江・麦麦提赴曲江、雁塔、碑林、莲湖、经开等区和开发区督导检查“17+25”重点线路环境治理提升工作；下午，召开考核委员会工作会议，听取 2020 年度目标考核情况汇报。

1 月 18 日、19 日，玉苏甫江・麦麦提分别主持召开现场保障组周工作调度会议和现场办公会议，听取各部工作情况汇报，协调解决存在问题，研究讨论项目管控工作事宜，安排部署下一步工作。

1月20日，王庆华主持召开组务会，听取工作汇报，就做好重点项目协调对接、加强新闻宣传和活动策划等安排部署，对下一步重点工作提出要求。

1 月 20 日，和文全检查包抓的北辰大道、二环路沿线整治提升工作，对发现的 23 个问题交办督办。

1月21日，和文全赴未央区郑家寺村、灞桥区三殿村、雁塔区西等驾坡村和沙浮沱村，现场调研征收拆迁、片区规划及安置房建设情况；同日，召开我市2020—2021年秋冬季大气污染防治强化督查调度会议。

1月21日上午，郝生旺召开第十一次联络员联席会议，研究讨论经费保障和政府采购管理办法两项制度。

1月22日上午，市执委会办公室邀请上海体育学院教授刘清早，为工作人员做“十四运”交通运输保障工作业务专题辅导。各工作组副组长、各部处和相关成员单位负责人及市交通运输部门、企业代表200余人参加，组委会相关负责人应邀参加。

1月22日下午，郝生旺召开办公室务虚会，研究改进提升工作措施；23日，参加组委会开闭幕式对接会；同日，召开办公室周工作例会，听取各部处周工作完成情况，安排部署下周工作。

1月23日，马锐组织召开群众比赛工作专题会议，听取我市群众比赛项目汇报，研究群众比赛项目承接等相关工作。会同城建组、安保组及交通部门，研究“双先”观摩路线设置情况，并对路线方案进行及时调整。

1月25日，张琳安排部署全市社会氛围营造工作，启动“迎‘十四运’创文明城”社会氛围公益广告整体设计工作。

1月25日，王庆华带队参加组委会省市专项问题对接会，就开闭幕式场地改造、功能用房事宜与相关部处进行对接讨论。26日，配合组委会对主新闻中心、媒体村的建设情况进行实地调研，承接了调研组提出的有关保障工作要求和下一步任务清单。

1月25日，组织召开迎“十四运”西安重大项目推进情况新闻发布会，《人民日报》、《中国日报》、华商网、西部网、西安发布等多家主流媒体进行了报道，推出《740个！3950亿元！2021西安重点建设项目这样干》等30余篇重点稿件。

1月26日，玉苏甫江·麦麦提全天在奥体集中办公，并带队督导检查全运村工作。市执委会办公室、城建组、竞赛组、现场保障组驻会副组长及项目建设单位负责人参加。玉苏甫江·麦麦提实地察看了运动员村、村委会及文化广场、全运村周边的环境提升工作，现场听取了项目负责人汇报，详细了解工程进度、建筑工人思想状况、疫情防控、建材物资运输等工作。

1月26日，肖西亮与西安交通大学教授刘跃文针对公安智慧信息化建设开展座谈交流，就“十四运”安保信息化建设相关工作进行交流沟通。组织与市大数据局对接“十四运”交通组织保障调度指挥系统建设，准备专家评审方案。

1月26—29日，组织召开市本级篮球、田径、马拉松、攀岩、滑板、高尔夫球、残运田径、残运田径马拉松等8个竞委会与省项目中心（协会）召开4场业务对接会，汇报筹备工作情况和场馆场地改造进度，接受省项目中心（协会）专家解答指导并反馈至组委会。

1月27日，刘清早教授从构建赛事指挥体系，全运会倒计时100天、30天活动安排，几个重要时间节点标志性的事件，落实工作责任制等4个方面为办公室（综合组）全体人员授课辅导，郝生旺主持培训会，并就全体工作人员认真学习消化培训内容提出要求。

1月28日上午，王庆华召开组务会，研究讨论2021年文宣组任务分解落实工作，安排部署春节及“十四运”倒计时200天文化活动和新闻宣传工作。

1月28日下午，玉苏甫江·麦麦提主持召开第九次执委会常务副主任办公会议。各组副组长、联络员和办公室（综合组）各处（部）负责人参会。会议听取了各工作组近期工作进展情况及下一步工作安排的汇报，审议了《第十七届市运会工作方案》《第十四届全国运动会西安市执委会安全保卫工作总体方案》，研究了举办“相约西安　筑梦全运”系列文旅活动、拍摄制作西安赛区城市志愿者招募动员视频和宣传海报、发布供给“十四运”和残特奥会食品质量安全标准体系、开展西安赛区志愿者培训等具体事宜。

1月30日，西安市召开全市迎“十四运”城市规划建设管理工作推进调度会，通报加强城市管理和疫情防控工作情况，安排部署下一步工作。王浩主持会议并讲话，李明远安排有关工作。

1 月 30 日上午，郝生旺主持召开周例会，听取各处（部）本周工作汇报，安排部署下周工作，组织观看《正风反腐就在身边》专题片；下午，召开第十一次室（组）务会，传达学习习近平总书记在北京河北考察及在北京 2022 年冬奥会和冬残奥会筹办工作汇报会上的重要讲话精神，研究调整办公室（综合组）有关工作分工，修订完善执委会政府采购管理制度和保密工作制度。

1 月 30 日，和文全参加奥体中心总部经济片区超高层项目首栋主体钢结构合龙仪式并慰问项目建设人员；31 日，调研火车站站改项目工程建设情况。

1 月，市执委会邀请组委会广播电视部、西安日报社、西安广播电视台对全运马拉松线路、火炬传递主线路进行实地踏勘。对接市政府新闻办、市发改委等部门，筹备 1 月份新闻发布会事项；对接省电视台《今日点击》栏目采访西安奥体中心电力保障工作；组织西安电视台直播团队采访我市运动员备战情况。

完善城市交通标识建设。对城市道路交通标志版面内容进行深化设计，确保各路段交通标志统一合规。对 8 条重点线路的 190 余面交通指示标志进行更新。近期，将有序推进 17 条迎宾线路和 25 条涉赛线路的道路交通标志更新工作。

信息化建设方面，奥体中心“一场两馆”智慧场馆 +5G 应用提升项目建设完成 65%；电力保障方面，持续推进开闭幕式 22 条问题整改；行政接待方面，通过摸底，统计完成 120 余家酒店客房数、床位数、餐厅数、标间数、无障碍设施情况和负责人信息。

孙艺民调研灞河岸线建设和重点道路整治及铁路集装箱中心站周边环境提升情况，研究全运村、奥体中心周边重点项目及市政建设工作；门轩调研 330 千伏架空线落地迁改项目浐灞段电力隧道、香槐六路跨灞河桥等“十四运”配套项目施工建设情况，检查环境整治提升工作，召开奥体西轴线绿化方案设计汇报会。

2月

2 月 1 日，和文全召开市迎“十四运”指挥部办公室主任办公会议，研究 2021 年目标责任考核办法。

2 月 2 日，李明远在市第十六届人民代表大会第六次会议做政府工作报告时指出，推动十项重点工作实现新突破，全力办好第十四届全运会，加快国家中心城市建设步伐，奋力谱写西安新时代追赶超越新篇章，以优异成绩庆祝建党 100 周年。

2 月 3 日，玉苏甫江・麦麦提参加“十四运”组委会主任办公会议。

2 月 4 日，王浩在市第十六届人民代表大会第六次会议闭幕时强调，要把办好全运会作为今年头等大事，提高政治站位、强化使命担当、坚定必胜信心，举全市之力办一届精彩圆满的体育盛会。

2 月 4 日，徐明非到省游泳中心调研我市全运会跳水备战情况并看望参训运动员，郝生旺、马锐一同调研。召开跳水项目测试赛工作推进座谈会，对跳水项目测试赛工作方案进行解读，要求竞委会对照跳水项目测试赛方案内容，制定跳水竞委会总体工作进度表和工作流程图，指导跳水项目竞委会各处室制定工作方案、优化竞委会人员配置，全力做好筹办任务。

2 月 5 日，张琳召开“迎‘十四运’创文明城”社会氛围公益广告整体设计专题会议，就做好相关工作提出 4 点要求；组织研讨组委会《“十四运”开闭幕式总体方案（讨论稿）》，提出修改意见建议。

2 月 7 日，玉苏甫江・麦麦提主持召开专题会议，研究市执委会经费保障原则、范围和 2021 年度预算编制等相关事宜。完成省委主要领导调研“十四运”和残特奥会筹办相关保障工作。组织协调各工作组参加刘清早教授业务培训，完成全体工作人员核酸检测工作。

2 月 7 日，省委书记刘国中到西安市调研“十四运”和残特奥会筹办工作，向运动员，教练员和参与筹办的建设者、管理者、工作人员表示新春问候。王浩、方光华等参加调研。

2 月 8 日，王浩在十三届市纪委六次全会上强调，要强化服务保障，围绕全力办好"十四运"、毫不放松做好疫情防控、推动十项重点工作实现新突破强化监督检查，确保新时代追赶超越和"十四五"时期重大任务落实见效。

2 月 8 日，市执委会召开"十四运"新闻发布会，央视、中国日报网、西部网等 30 余家媒体推出重要报道。在人民网、新华网、学习强国陕西频道等网络媒体平台推送新春体育大拜年、少儿艺术绘画大赛等活动；在凤凰网推出迎"十四运"——"长安状元挑战赛"，参与人数超 10 万。

2 月 9 日下午，市执委会副主任、竞赛组组长徐明非主持召开"十四运"跳水项目测试赛工作推进会。市执委会各工作组副组长及跳水竞委会有关负责人参加会议。会议宣布了《"十四运"和残运会执委会竞赛工作专班组建方案》，听取了城建组"关于游泳跳水馆体育工艺整改情况"和跳水竞委会"关于测试赛筹备工作"情况的汇报，安排部署了"2021 中国跳水明星邀请赛暨第十四届全国运动会跳水项目测试赛"各项工作。

2 月 11 日，农历腊月三十，王浩到市执委会办公区、浐灞生态区、国际港务区"十四运"建设工地实地督导检查"十四运"重点项目建设工作，看望慰问节日期间坚守岗位、就地过年的工程建设者，并向全市所有坚守一线的建设者致以新春问候和崇高敬意。

2 月 14—15 日，王浩到雁塔区、新城区、碑林区、未央区、浐灞生态区、国际港务区实地检查主要道路改造提升、景观绿化和重点项目建设等工作开展情况，现场研究城市主要道路和奥体中心周边片区道路连接、绿化提升等工作。

2 月 16 日，玉苏甫江·麦麦提两次主持召开专题会议，研究"十四运"和残特奥会市执委会预算编制、经费保障工作实施意见和"十四运"跳水测试赛工作方案。郝生旺、马锐及有关负责人参加会议。

2 月 16 日，马锐召开"双先"观摩点建设工作专题会议，安排部署下一步工作。

制定印发西安市城市无障碍设施建设与改造提升工作考核办法，现场踏勘田径场、游泳馆场地器材室，测量面积，拟定位置，指导残运会田径项目竞委会场地器材工作。指导全运村定点医院构建，完善全运村医疗服务中心指挥体系等相关工作。

2月18日，我市召开高质量发展大会，王浩强调突出抓好举办全运会、毫不放松做好疫情防控、推动十项重点工作实现新突破“三件大事”，确保“十四五”开好局、起好步，以优异成绩庆祝中国共产党成立100周年。李明远主持会议。

2月18日，春节收假第一天，执委会办公室常务副主任郝生旺利用一天时间，主持召开办公室工作安排部署会，为全年的筹办工作发出动员令、吹响冲锋号。办公室全体工作人员参加。会上集体学习习近平总书记在2021年春节团拜会上的讲话，6个处部负责人汇报了2020年度工作情况和存在的问题与不足，对2021年工作提出详细计划。会议对各处部今年工作计划安排进行了进一步梳理，提出具体要求。

2月19日上午，省公安厅特勤局领导对奥体中心开闭幕式场馆核心区布局、出入口、硬质隔离设置再次进行调研。

2月20日下午，徐大彤副省长到西安国际港务区调研“十四运”和残特奥会安保工作并召开专题会议，就下一步做好安保工作提出提高政治站位、筑牢安保圈、细化安保任务、突出党建引领4条要求，肖西亮陪同调研。

2月20日下午，我市召开迎“十四运”城市规划建设管理工作推进调度会，通报全市“三改一通一落地”工程评估验收和疫情防控有关情况，听取相关市级部门和区县、开发区秋冬季绿化和环境整治工作汇报，安排部署城市增绿、重点线路环境整治提升等工作。王浩主持会议并讲话。李明远出席。

2月21日上午，玉苏甫江·麦麦提主持召开第十次执委会常务副主任办公会议。各组副组长、联络员和办公室（综合组）各处（部）负责人参会。会议听取了各工作组2020年工作总结和2021年工作计划安排汇报，审议了《十四运西安市执委会政府采购管理制度》《十四运会和残特奥会西安市经费保障工作实施意见》和奥体中心周边停车场配建方案，研究了火炬塔施工建设方案、成立“十四运”“低慢小”航空器管控工作领导小组、市执委会官方网站、微博微信公众号名称、网页设计和栏目构架等5项具体事宜。

2月22日上午，市执委会副主任、竞赛组组长徐明非在西安奥体中心游泳跳水馆主持召开工作推进会，听取跳水竞委会关于测试赛整体筹备情况汇报，安排部署有关工作，市执委会竞赛工作专班成员、跳水竞委会各职能处室负责人参加。“十四运”首场测试赛——2021年中国跳水明星邀请赛暨“十四运”跳水项目测试赛将于3月12日至14日在西安奥体中心游泳跳水馆举行。

2月22日上午，市执委会副主任、文化宣传组组长张琳主持召开专题会议，加快推进“十四运”文化宣传重点工作。执委会文化宣传组副组长王庆华，现场保障组副组长孙艺民，市委宣传部副部长、市委文明办主任董兆为，西安广播电视台党委书记、台长惠毅及浐灞生态区管委会有关负责人等参加会议。

2月，市执委会在“十四运”筹办方面还进行了如下工作：

为全面推进无障碍设施建设与改造提升工作，助力“十四运”和残特奥会，市执委会办公室印发了《关于进一步加强全市无障碍设施建设与改造提升工作的意见》，各区县、开发区高度重视、行动迅速、多措并举、狠抓落实。

累计完成蓝、红色彩钢屋顶专项整治1330处，完成比例60.654%，面积484.37万平方米。2021年累计整治违法建设901处，完成比例67.44%，面积81.6万平方米，其中涉及全运会保障重点区域664处，面积53.3万平方米。

加快无障碍建设和改造。协调加快推进西安地铁既有线路无障碍设施设备提升改造工作，督促相关区做好西安赛区比赛场馆及周边环境无障碍建设，下发相关通知，进一步加强全市无障碍设施建设与改造提升工作。

推进场馆安保指挥部建设。奥体中心“一场两馆”指挥部建设已近尾声；西安城市运动公园体育馆指挥部正在进行基础建设；亚健高尔夫球场指挥部基础建设预计月底前完成；阎良综合户外运动攀岩、滑板场地指挥部正在加快装备建设；西安体育学院鄠邑比赛场馆三级指挥部建设方案已上报组委会审核。

做好其他相关保障工作。气象保障方面，就智慧气象服务系统应用功能及“十四运”气象台未来三天全运会预报产品的制作流程开展线上培训；电力保障方面，继续督办各场馆责任单位做好场馆安全用电问题整改，共计上报整改电力隐患问题197条，总体整改率61%；场馆运营保障方面，组织相关单位召开“十四运”天然气保障工作会，研究“十四运”和残特奥会期间场馆天然气供应及安全保障工作。

推进“17+25”重点线路环境治理提升。截至月底，全市23个包抓单位通过检查共发现问题2306处，正在有序推进整改工作；85个秋冬季绿化建设提升项目，67个已完成竣工验收。

加快信息化配套设施建设。奥体中心“一场两馆”智慧场馆+5G应用提升项目建设，截至2月20日完成计划75%，馆内达到5G信号全覆盖，室外部分覆盖，已建73个微站；全运村（运动员村、官员村、媒体村）室外5G信号实现全覆盖。

抓好督促检查。跟踪督办第四次省、市工作对接会组委会交办的12项工作任务，3项已完成，9项正在推进。经过反复研讨，形成西安市执委会筹办工作风险及责任分解一览表初稿。节前组织对工作人员在岗履职情况、作风纪律和落实中央八项规定情况进行监督检查。

3月

3月1日下午，市执委会主任王浩主持召开市执委会第7次主任办公会议，听取各工作组、全运村近期工作存在问题和意见建议，以及全国跳水明星邀请赛暨“十四运”跳水测试赛筹备情况汇报，研究部署下阶段工作。市领导玉苏甫江·麦麦提、杨晓东、张琳、徐明非、肖西亮、和文全、陈长春，市执委会各工作组副组长，全运村村委会有关负责人参加会议。

3月2日上午，市执委会主任李明远到西安奥体中心跳水游泳馆检查全国跳水明星邀请赛暨“十四运”跳水测试赛筹备情况。组委会执行副秘书长王山稳、王勇，市领导徐明非一同检查，郝生旺、张峰虎、马锐、王庆华等参加。

3月2日上午，组委会执行副秘书长王山稳、王勇带领组委会办公室、竞赛组织部相关负责人，到西安奥体中心跳水游泳馆调研全国跳水明星邀请赛暨“十四运”跳水测试赛筹备情况。市执委会办公室常务副主任郝生旺、竞赛组副组长马锐及跳水项目竞委会相关负责人分别汇报筹备工作情况。

3月4日下午，组委会与市执委会召开第五次省市工作联络对接会，省政府副秘书长、组委会执行副秘书长王山稳主持会议，省体育局局长、组委会执行副秘书长王勇，组委会各驻会副部长，市执委会郝生旺、王庆华、赵寅科、殷浩、吕哲民、王运动，以及各工作组相关部室负责人参加会议。

3月5日下午，玉苏甫江·麦麦提到西安奥体中心检查全国跳水明星邀请赛暨“十四运”跳水测试赛演练情况。市执委会马锐、马志胜，跳水竞委会苏国峰等参加。玉苏甫江·麦麦提首先到比赛场馆，按照比赛流线对入场、比赛、颁奖等环节详细检查，之后赴接待酒店，对疫情防控、食品卫生、客房条件、安保措施等事项实地查看，详细了解。

3月6日下午，组委会办公室副主任李富生带领组委会测试赛评估工作组和首批选派的23名驻会工作人员，在西安奥体中心召开工作对接会。市执委会办公室常务副主任郝生旺、竞赛组副组长马锐及跳水竞委会有关负责人参加。

3月8日下午，省委常委、市委书记、市执委会主任王浩到西安奥体中心游泳跳水馆，实地检查2021年中国跳水明星邀请赛暨第十四届全运会跳水项目测试赛筹备工作。市领导玉苏甫江·麦麦提、马鲜萍、和文全，执委会各工作组副组长参加。

3月9日，我市举行“护航‘十四运’”誓师大会和出征活动。王浩讲话并下达出征命令。

3月9日下午，市执委会副主任、文化宣传组组长张琳到市广播电视台调研，现场指导迎“十四运”宣传片和西安城市形象宣传片创作。市执委会文化宣传组副组长王庆华、市委宣传部副部长董兆为、西安广播电视台台长惠毅等参加调研。

3 月 9 日、10 日，和文全调研检查西二环、南二环、大兴路沿线环境整治提升和红庙坡断头路打通工作；12 日，督导检查东大街、东关正街、柿园路、互助路及韩森路沿线及周边环境整治提升情况。

3 月 12 日，市执委会副主任、竞赛组组长徐明非实地督导检查“十四运”交通保障筹备工作情况，并召开座谈会，听取交通保障筹备工作情况汇报，就下一步工作提出指导意见。市执委会办公室常务副主任郝生旺、竞赛组副组长马锐参加。

3 月 12 日下午，2021 年中国跳水明星邀请赛暨第十四届全运会跳水项目测试赛在西安奥体中心游泳跳水馆开幕，标志着“十四运”由筹备阶段正式转入测试阶段。

3 月 13 日，我市召开迎“十四运”城市规划建设管理工作推进调度会，通报全市重点线路环境整治提升、绿化建设和铁路沿线、机场周边环境问题排查以及疫情防控工作开展情况，安排部署下一阶段工作。王浩主持会议并讲话。李明远出席。

3 月 14 日晚，随着男子 10 米跳台决赛进行完毕，为期 3 天的 2021 年中国跳水明星邀请赛暨第十四届全运会跳水项目测试赛，在西安奥体中心游泳跳水馆圆满收官。

3 月 15 日，市委召开常委会（扩大）会议，王浩强调，要全力抓好全运会筹办工作，做到决心一次下足、措施一步到位，按时间节点以最高标准最高质量完成各项任务，只留经典、不留遗憾，确保办一届精彩圆满的体育盛会。

3 月 15 日，张琳召开“十四运”文化宣传重点工作推进会，听取开幕式水秀设计、奥体中心和全运村文化氛围布置方案及迎十四运会西安城市形象宣传片创作情况的汇报，就相关工作提出要求。

3 月 17 日，王庆华召开专题会议，研究推进西安市比赛场馆文化布置、西安城市形象宣传片拍摄等工作。

3 月 18 日，肖西亮主持召开安保组第二次工作推进会，传达组委会倒计时 200 天推进会和市誓师大会及徐大彤副省长调研指示精神，通报交通保障工作情况，并就下一步工作提出要求。

3 月 20 日上午，我市召开迎“十四运”城市规划建设管理工作推进调度会。王浩主持会议并讲话。李明远出席。

3 月 20 日，徐明非组长赴临潼区检查“17+25”重点线路及铁路沿线环境整治提升工作；同日，检查碑林区、高新区、曲江新区马拉松赛筹备工作并在曲江新区召开 2021 年西安马拉松赛事筹备会议。

3 月 22 日，我市召开新冠病毒疫苗接种工作电视电话会议，李明远强调，把疫苗接种工作组织好、安排好、推进好、落实好，尽快形成免疫屏障，为“十四运”顺利召开打下坚实基础。

3 月 22 日，张琳召开专题会议，听取奥体中心及全运村文化布置方案的汇报，对氛围营造景观布置提出要求，会后，对奥体中心东广场景观设置点位进行实地调研。

3 月 22 日，肖西亮到西安奥体中心省市安保指挥部、消防指挥部、体育馆指挥部检查建设情况，要求必须在 3 月底前完成建设任务。

3 月 23 日，市委常委、市委组织部部长王晓林到市执委会调研党风建设、机构设置、人员配备、驻会工作人员履职、干部队伍建设及目标考核等筹办工作整体推进情况。

3 月 23 日，郝生旺主持召开第十四次室（组）务会议，研究推荐“西安青年五四奖章”表彰人选、市执委会季度考核，并对近期工作提出要求。

3 月 23 日下午，全国政协常委、省政协副主席李冬玉带领省政协人口资源环境委员会主任、副主任和全省各地市分管人口资源环境工作的政协副主席及政协委员约 70 人，到西安奥体中心实地调研水资源节约利用工作。市政协副主席史晓红，市政协人口资源环境委员会主任张铁，市执委会办公室、市水务局相关负责人陪同调研。

3 月 25 日，徐明非组长主持召开专题会议，听取关于国家体育总局领导和专家一行调研工作情况的汇报，并就调研指出的问题做出安排部署。

3 月 26 日，玉苏甫江・麦麦提召开专题会议研究“17+25”重点线路环境治理提升工作。

3 月 27 日，我市召开迎“十四运”城市规划建设管理工作推进调度会，通报全市重点线路环境整治提升、绿化建设和疫情防控工作开展情况，安排部署下一阶段工作。王浩主持并讲话。李明远出席。

3 月 28 日下午，省委常委、市委书记、市执委会主任王浩调研“十四运”重点项目建设工作，主持召开专题会议研究“十四运”文化宣传工作。市执委会领导玉苏甫江・麦麦提、张琳，以及市执委会有关工作组副组长一并参加调研。

市执委会以春节及全运会倒计时 200 天为重要节点，组织全市宣传文化系统围绕“相约西安　筑梦全运”主题，开展了内容丰富、形式多样的群众文化活动和全方位、立体化的全媒体传播，全力营造全运会浓厚的宣传氛围，为办一届精彩圆满的体育盛会凝心聚力、鼓舞士气。

3 月 29 日，李明远主持召开市政府常务会议，研究审议了《十四运会西安市执委会 2020 年预算执行情况和 2021 年市级预算支出计划》。

3 月 29 日，玉苏甫江・麦麦提出席市执委会首席专家签约仪式并向刘清早教授颁发聘书。

3 月 29 日上午，中华人民共和国第十四届运动会村村委会揭牌交付仪式在西安市国际港务区举行。组委会执行副秘书长、市执委会常务副主任玉苏甫江・麦麦提，组委会办公室副主任吴鹏翔，市执委会办公室常务副主任郝生旺出席活动，市执委会现场保障组副组长、全运村村长孙艺民主持仪式，市级相关部门和全运村村委会有关负责人及村委会“一办十三中心”工作人员共计 300 余人参加。

3 月 31 日，玉苏甫江・麦麦提主持召开市执委会第一次市场开发领导小组会议，明确了市场开发领导小组各成员单位职责任务，研究部署了推动我市企业参与“十四运”品牌合作和赞助征集有关事宜。

4月

4 月 1 日下午，组委会执行副秘书长王山稳、王勇带领组委会各部室负责人一行 30 余人，到“十四运”全运村调研指导工作。组委会实地察看了“三村”及配套建设情况，随后在全运村村委会召开工作对接会。市执委会郝生旺、马锐、孙艺民、马志胜及全运村有关负责人和市执委会各工作组有关工作人员参加调研。

4 月 5 日下午，郝生旺主持召开交通运输观摩汇报会，听取安保组交通保障重点工作任务演示汇报，研究解决交通保障有关工作。

4 月 6 日，王浩在市委理论学习中心组会议上指出，2021 年是中国共产党成立 100 周年，是“十四五”开局之年，是全运年，要突出抓好“三件大事”，全面开启国家中心城市建设新征程，奋力谱写西安新时代追赶超越新篇章。

4 月 10 日，李明远为“一带一路”陕西 2021 西安（三星）城墙国际马拉松赛鸣枪发令。

4 月 10 日下午，玉苏甫江·麦麦提主持召开市执委会常务副主任工作汇报会，听取行政接待、信息化建设、残运会酒店遴选工作汇报，并就相关工作提出要求。

4 月 10 日，徐明非组长为“一带一路”陕西 2021 西安（三星）城墙国际马拉松赛鸣枪发令。

4 月 10 日，“我要上全运”百场马拉松赛城墙国际马拉松赛和高新区城市跑同日进行，5000 名跑友为“十四运”的到来加油助力。与组委会、省社体中心沟通对接群众竞赛组队备战、“双先”观摩、火炬传递、“我要上全运”百场马拉松、百名群众体育“运动达人”评选活动等工作。

4 月 13 日，市执委会办公室常务副主任郝生旺主持召开竞赛组织工作观摩汇报会，会议分为汇报演示、现场提问、工作点评、效果测评四个环节。市执委会各部室负责人及竞赛组织部全体工作人员 50 余人参加会议。

4 月 14 日，玉苏甫江·麦麦提主持召开市执委会临时党委会，专题研究部署党史学习教育活动安排，并提出具体要求。

4 月 15 日，王浩到奥体中心片区实地督导检查重点项目建设、环境提升整治和道路设施配套等工作，现场研究安排相关工作任务。

4 月 17 日，李明远、玉苏甫江・麦麦提、徐明非等出席“我要上全运”百场马拉松暨“一带一路”陕西 2021 西安（融创）马拉松赛起跑仪式。

4 月 17 日，我市召开迎“十四运”城市规划建设管理工作推进调度会，通报全市重点线路环境整治提升、重点项目建设和疫情防控工作开展情况，安排部署下一阶段工作。王浩主持会议并讲话。李明远出席。

4 月 19 日，郝生旺带领各工作组到西安城市运动公园体育馆，实地检查“十四运”篮球项目测试赛暨陕西省篮球邀请赛（西安赛区）筹备情况，与篮球项目竞委会进行赛前最后一次工作对接，并就竞赛组织保障提出具体要求。

4 月 20 日下午，副市长、市执委会副主任、竞赛组组长徐明非调研指导“十四运”篮球项目测试赛情况，主持召开专题会议研究部署测试赛组织运行工作。市执委会有关工作组副组长郝生旺、马锐、殷浩，经开区管委会副主任、“十四运”篮球项目竞委会副主任刘明利参加会议。

4 月 22 日，我市召开一季度重点项目观摩测评暨经济工作重点工作分析调度会。王浩强调，当前全运会重点工作已经由基础设施建设全面转入赛事运行保障阶段，各项工作进入最后冲刺期，要强化使命担当，保持决战状态，确保只留经典、不留遗憾。李明远主持会议。

4 月 23 日，郝生旺主持召开市执委会田径项目测试赛工作推进会，组织集体学习市委主要领导对“十四运”筹办工作有关讲话精神和近期对篮球项目测试赛有关批示要求，听取田径项目竞委会筹备工作总体情况和执委会对应部处下沉指导服务情况汇报，协调解决赛前有关具体问题。

4 月 23 日，张琳召开专题会议，安排部署“服务‘十四运’ 奉献我的城”主题实践活动有关工作；下午，研究部署倒计时 100 天活动及做好组委会媒体运行的对接配合服务等重点工作。

4 月 24 日，我市召开迎“十四运”城市规划建设管理工作推进调度会，通报全市重点线路环境整治提升、绿化验收、重点项目建设和疫情防控、教育强市建设、防汛等工作情况，安排部署下一阶段工作。王浩主持会议并讲话。李明远出席。

4 月 24 日，玉苏甫江·麦麦提实地检查“十四运”田径项目测试赛暨 2021 年田径分区邀请赛（西安赛区）准备情况，对重要工作和关键节点做出具体部署，并就完善标识、加强内场管控、做好各项保障、开展业务培训等方面工作提出要求。

4 月 25 日下午，副市长、竞赛组组长徐明非主持召开残特奥会筹办工作及全市无障碍设施建设与改造提升工作推进会。市执委会各组副组长、相关部室负责人、市级相关部门和各区县、开发区分管领导参加会议。市纪委监委“十四运”监督办有关负责人应邀参会。

4 月 28 日上午，组委会执行副秘书长王山稳、办公室副主任李富生带领组委会有关部室负责人一行 30 余人，检查评估“十四运”田径项目测试赛暨 2021 年田径分区邀请赛（西北赛区）情况。市执委办常务副主任郝生旺、竞赛组副组长马锐、田径项目竞委会苏国峰等一同参加。

4 月 29 日下午，郝生旺带队赴阎良区极限运动中心检查调研“十四运”攀岩、滑板项目测试赛筹备情况。阎良区执委会主任、区委书记王育选，执委会副主任、副区长黄晓民一同检查调研。

4 月 30 日下午，市执委会召开第三次重点筹办工作观摩汇报会，专题研究“十四运”和残特奥会西安辖区食品安全保障工作。市执委会办公室常务副主任郝生旺主持会议，市市场监管局局长陈吉利、市执委会首席专家刘清早受邀出席会议，市执委会有关工作组副组长殷浩、马志胜，以及市执委会副总联络员、各工作组联络员、有关部处负责人共计 50 余人参加会议。

4 月 30 日，李明远出席市委、市政府重点项目集中竣工通车暨“三河一山”绿道贯通开放仪式并宣布通车。本次开通的奥体隧道，是第十四届全国运动会配套项目之一。

5月

5月1日，李明远调研西安市体育训练中心项目，强调要始终坚持“安全第一，质量第一”，加快项目建设，全力打造一所国内一流、世界领先的体育训练基地。

5月3日，王浩实地检查“五一”假期全市安保工作，强调要结合筹办“十四运”做好安全保卫和服务保障演练，分析研判存在的薄弱环节，进一步细化措施、补齐短板，确保办一届精彩圆满的体育盛会。

5月4日上午，玉苏甫江·麦麦提到市执委会驻会办公，研究推进近期重点工作；5月6日下午，到组委会汇报对接“十四运”和残特奥会开闭幕式现场保障、行政接待工作，并参加省、市重点筹办工作座谈会，郝生旺一同参加；7日下午，实地调研十四运会签约接待酒店金花酒店和建国饭店，协调解决有关问题。

5月4日，郝生旺参加组委会通用政策专题会议。

5月6日、7日，张琳两次召开西安市“服务‘十四运’奉献我的城”主题实践活动暨迎“十四运”倒计时100天活动专题会议，研究部署相关工作。王庆华参加并就进一步抓好落实提出具体要求。

5月7日，和文全赴未央区、高新区等地督导检查迎“十四运”重点道路周边环境整治提升工作；8日，调研元朔路沿线和高铁新城片区重点项目建设工作。

5月7日上午，郝生旺主持召开奥体中心开闭幕式文艺展演功能用房准备工作专题会议，就合理分配功能用房、完善功能设施、加快功能用房设施设备改造配置工作进度等进行专题研究；5月7日下午至8日，随组委会评估组赴汉中市对铁人三项项目测试赛进行评估。

5月8日，王浩在市委党史学习教育领导小组会议上指出，要把党史学习教育与办一届精彩圆满的体育盛会工作结合起来，确保党史学习教育取得实效。

5月8日，肖西亮到西安奥体中心体育场检查“十四运”安保指挥中心建设工作，对进一步推进各场馆安保重点工作提出明确要求。

5月10日，李明远主持召开市政府常务会议，研究《关于加快建设体育强市的实施方案》。会议强调，要以承办“十四运”为契机，不断完善体育设施建设，促进体育产业蓬勃发展，不断满足全市人民日益增长的体育健身需求。

5月11日，李明远在调研第五届丝博会开幕式暨丝绸之路经济带国际合作论坛陕西馆西安展区时强调，要充分展示我市聚力“十四运”、推进西安国家中心城市和具有历史文化特色的国际化大都市建设的良好形象。

5月11日，玉苏甫江·麦麦提主持召开第十三次执委会常务副主任办公会议，听取残运会接待酒店遴选和“十四运”开闭幕式筹办任务进展情况汇报，并就相关工作提出要求；5月16日，主持召开第十四次常务副主任办公会议，研究审议火炬传递、全市无障碍标识展现形式提升等14个具体事项。

5月12日，王浩主持召开市委执委会第八次主任办公会议，专题研究“十四运”倒计时100天活动筹备情况。李明远出席会议。

5月12日，我市举办“十四运”西安市执委会品牌推广大会暨赞助企业签约仪式，玉苏甫江·麦麦提出席并致辞，郝生旺主持会议。市执委会与西安银行等10家企业分别签订赞助合作协议，为14家爱心企业颁发捐赠证书。

5月13日，郝生旺参加组委会秘书长办公会议，研究审议《十四运会通用政策》；5月14日，带队到西安中学实地观摩“十四运”排球项目（西安中学赛区）测试赛，参加组委会召开的排球项目竞委会测试赛评估会议。

5月13日，王浩主持召开市委常委会会议，研究我市2021年度目标责任考核、迎“十四运”城市规划建设管理、落实意识形态工作责任制等工作。

5月15日上午，我市召开十项重点工作调度会，王浩主持并讲话。会议强调要高标准开展好“服务‘十四运’ 奉献我的城”主题实践活动，充分展示千年古都风采、市民良好风貌和国家中心城市崭新形象。李明远出席会议。

5月18日，在第十四届全国运动会倒计时120天之际，我市召开“服务‘十四运’奉献我的城”主题实践活动动员大会。王浩讲话。李明远主持。

5月19日，王浩到奥体中心片区督导检查重点项目建设工作，实地查看项目建设进展、周边环境提升和设施配套等工作，听取相关工作汇报，现场研究项目建设具体问题，安排部署下一步工作任务。

5月22日，我市召开迎“十四运”城市规划建设管理工作推进调度会，通报全市环境整治提升、城市精细化管理和疫情防控工作开展情况，安排部署下一阶段工作。王浩主持并讲话。李明远出席。

5月24日、30日，玉苏甫江・麦麦提驻会办公，研究行政接待保障方案，市属场馆水、电、气、热保障方案和城市志愿者装备采购等工作。

5月25日，郝生旺参加“倒计时100天”筹备工作汇报会；5月27日上午，参加组委会主任办公会议，下午参加审计进驻工作对接会。

5月25日，张琳召开“倒计时100天”活动领导小组第二次专题扩大会议，要求各单位要围绕“全景式、全要素、全流程”系统演练，全力以赴做好各项筹备工作。王庆华主持会议。

5月26日上午，国家体育总局副局长高志丹带领国家体育总局有关司局领导到奥体中心实地调研“十四运”筹办工作。组委会执行副秘书长王山稳陪同调研，市执委会徐明非，郝生旺、马锐和有关方面负责人参加调研。

5月26日，徐明非组长主持召开第十二次竞赛组组长办公会议，专题研究游泳项目测试赛筹备工作，并对测试赛前筹备和赛时保障工作做出部署。

5月27日，马锐主持召开4月份“十四运”监督工作情况专题整改会。

5月27日，市执委会召开主任办公会议，听取“十四运”相关活动策划筹备和测试赛准备情况汇报，研究解决具体问题，部署相关任务。王浩主持并讲话。李明远出席。

5月29日，我市召开迎“十四运”城市规划建设管理工作推进调度会。王浩主持并讲话。

5月30日，和文全调研自强东路沿线环境整治提升工作。组织核查西安东北片区330千伏线缆落地经开段管沟建设、朱宏路凤城五路快速路立交桥改造建设进度。

6月

6月1日，李明远主持召开市政府党组会暨理论学习中心组学习会议，强调要集中力量抓好“十四运”筹办，努力实现年度目标任务。

6月3日，玉苏甫江·麦麦提出席西安奥体中心体育馆电力应急演练，就西安奥体中心“一场两馆”在重要赛事活动期间保电工作提出要求。

6月3日，张琳召开“十四运”100天倒计时活动专题会议；6月5日，指导“十四运”100天倒计时活动彩排，对相关工作提出具体要求。王庆华参加相关会议和活动。

6月5日，我市召开迎“十四会”城市规划建设管理工作推进调度会。王浩主持并讲话。

6月5日，西安奥体中心举办“大手小手　共绘全运”百米长卷现场创作活动。莲湖区、长安区、蓝田县、浐灞生态区、航空基地举办迎“十四运”系列主题文体活动，营造全民全运氛围，提升城市文化品位。

6月6日，王浩现场考察指导100天倒计时彩排演练工作。

6月7日，郝生旺全天指挥调度倒计时100天活动协调保障工作；8日，召开第十六次组（室）务会，对倒计时100天活动贵宾、嘉宾接待工作进行总结；12日，召开组（室）务会、联络员联席会，听取倒计时100天工作总结汇报，研究印章管理办法、财务管理有关制度。

6月7日，张琳前往倒计时100天活动现场踏勘，对舞台效果、人流动线、观众组织等工作进行现场指导。

6月7日，“十四运”和残特奥会倒计时100天活动在西安奥体中心体育馆举行。国家体育总局领导、中国残联理事长周长奎、省委书记刘国中、省长赵一德共同启动十四运会和残特奥会火炬、奖杯、奖牌、颁奖礼仪服装发布。刘国中讲话，赵一德为誓师方阵代表授旗，王浩致辞。省、市领导梁桂、王晓、方红卫、方光华、徐大彤、李明远出席活动。

6 月 9 日，王浩主持召开市委常委会议，深入学习贯彻习近平总书记重要讲话精神，确保党中央各项决策部署在西安落实见效。会议强调，要突出抓好十四运会、“七一”期间安保维稳工作，确保社会和谐有序稳定。

6 月 9 日，肖西亮召开全市公安机关信访突出问题攻坚化解专项工作推进会，要求全力推动信访问题化解工作，为“十四运”提供良好的社会治安环境。

6 月 11 日，玉苏甫江・麦麦提主持召开第十五次常务副主任办公会议，传达上级有关重要讲话精神，听取安全管理汇报，研究行政接待、市场开发、网络安全、志愿者装备等具体事宜。

6 月 12 日，玉苏甫江・麦麦提召开现场保障组组务会，安排近期重点工作。孙艺民调研第二国际商事法庭、安保中心、长安云等重点项目建设工作。门轩检查城市环境提升及精细化管理工作。

6 月 15 日，我市召开 2020 年度目标责任考核总结表彰会议，王浩讲话，李明远主持。会议强调，要坚决守住安全发展底线，坚决防范化解重大风险，扎实做好疫情防控、安全生产等工作，确保“十四运”精彩圆满，为经济社会发展营造安全稳定环境。

6 月 15 日，王浩主持召开市委安全生产专题会议，分析研判全市安全生产形势，安排部署近期安全生产重点工作。王浩指出，要切实保障群众生命财产安全，为庆祝中国共产党成立 100 周年、确保“十四运”精彩圆满举办营造安全稳定和谐的社会环境。

6 月 15 日，王庆华召开组务会研究文化宣传项目招标、媒体包装设计、火炬传递仪式氛围营造及对外宣传等工作。

6 月 15 日，肖西亮在市公安局召开信访突出问题攻坚化解专项工作会议，对信访突出问题源头管控、源头化解、风险预警等方面工作进行安排部署。

6月16日，市执委会召开第五次重点工作观摩汇报会，安保组安全保卫部负责人全面汇报演示了“十四运”和残特奥会西安赛区安全保卫工作，郝生旺主持会议，殷浩出席，安保组全体人员参加。

6月17日，马锐赴高尔夫球项目测试赛场地检查指导，同日，在游泳跳水馆现场检查赛事运行，并参加组委会花样游泳项目测试赛评估工作。

6月18日，郝生旺参加全市安全生产工作电视电话会议，并与当天下午召开市执委会专题工作会议，传达学习会议有关精神，安排部署市执委会安全隐患排查整治工作。

6月18日，赵寅科主持召开专题会议，讨论无障碍标识优化提升设计工作。完成我市各单位推荐火炬手信息收集汇总，形成联评联审表。

6月20日，李明远赴高尔夫球项目测试赛调研并参加高尔夫球西安高新精英赛颁奖典礼。

6月20日，和文全督导调研幸福林带、丹凤门广场和凤城八路永淳路下穿隧道等重点项目建设情况，部署安排相关工作。

6月21日，市执委会召开主任办公会议，听取“十四运”倒计时100天活动总结汇报，传达“十四运”和残特奥会开闭幕式指挥部第一次专题会议精神，研究解决具体问题，安排部署相关任务。王浩主持并讲话，李明远出席。

6月21日，张琳主持召开组长办公会议，对文化宣传组安全生产大排查大整治、火炬传递暖场活动组织和氛围营造、“十四运”新闻宣传等工作进行安排部署。王庆华参加会议。

6月21日，肖西亮召开2021年全市公安机关深化执法规范化建设现场推进会，就做好“十四运”期间的安保执勤工作提出要求。

6月23日，王浩、李明远参加省委书记专题会议，就“十四运”和残特奥会筹办工作做交流发言。

6月23日，徐明非组长主持召开西安市火炬传递工作专班会议，研究各工作专班任务清单及经费分配方案，听取火炬手推荐情况汇报。马锐参会并汇报有关情况。

6月24日，和文全赴曲江新区、雁塔区、高新区等地调研自行车专用道绿色通勤示范段建设投用情况；25日，调研北客站枢纽工程（一期）项目开通准备工作。

6月24日，徐明非组长、马锐副组长陪同国家体育总局副局长高志丹检查西安城市运动公园篮球馆、西安中学体育馆，并参加工作会议，汇报我市体育领域安全生产工作情况。

6月25日，玉苏甫江·麦麦提驻会办公，研究西安市开闭幕式指挥机构人员组成方案、开闭幕式现场保障有关工作和聘请第三方公司对市属场馆进行安全评估事宜。

6月26日，我市召开迎“十四运”城市规划建设管理工作推进调度会，通报全市经济运行、安全生产、疫情防控、城市精细化管理和“服务‘十四运’奉献我的城”主题实践活动等工作进展情况，安排下一阶段工作。王浩主持并讲话，李明远出席。

6月29日，市委、市政府举行“十四运”11个重点建设项目集中竣工通车活动，以重点项目建设的实际成效向党的百年华诞献礼。王浩、李明远出席。

7月

7月1日晚，王浩赴奥体中心调研城市夜景亮化工作。

7月1日，玉苏甫江·麦麦提主持召开第十六次常务副主任办公会议，传达省委书记专题会议、全市安全生产会议精神，研究审议对市级场馆聘请第三方安全评估项目、《交通运输保障方案》等7个具体事宜；召开现场保障组组务会，研究重点项目建设；2日，驻会办公研究开闭幕式现场保障工作；4日，主持召开市执委会开闭幕式现场保障工作推进会，研究工作方案及流线和开闭幕式指挥部现场保障组“一办十三专班”责任清单，孙艺民、门轩参加会议。

7月2日，市委理论学习中心组举行会议，会议强调，要全力做好筹办“十四运”、推动十项重点工作实现新突破、毫不放松抓好疫情防控“三件大事”，奋力谱写西安新时代追赶超越新篇章。王浩主持会议，并作交流发言和讲话。李明远做交流发言。

7月3日，王浩主持召开市执委会第十一次主任办公会议，审议“十四运”和残特奥会西安市火炬传递方案、火炬传递点火起跑及收火仪式策划方案及西安市火炬手推荐选拔等工作。李明远出席。

7月3日，王浩主持召开迎“十四运”城市规划建设管理工作推进调度会，通报全市安全生产、疫情防控、城市精细化管理和“服务‘十四运’奉献我的城”主题实践活动等工作进展情况，安排下一阶段工作。李明远出席。

7月5日，我市召开学习贯彻习近平总书记“七一”重要讲话动员大会暨“两优一先”表彰大会，王浩在讲话中强调，要把办一届精彩圆满的体育盛会、推动十项重点工作实现新突破、毫不放松抓好疫情防控“三件大事”办成干好，确保在建党百年之际交出优异答卷。李明远主持会议。

7月5日，徐明非组长召开专题会议，研究西安市火炬传递点火起跑及收火仪式策划方案、火炬传递沿线观众组织和安全保卫工作方案以及西安市火炬手推荐选拔人选名单。

7月6日，郝生旺召开组务会，研究市执委会审计整改有关工作，同日，召开办公室开闭幕式保障工作专题会议；9日，召开组务会研究开闭幕式西安市指挥部综合协调组工作方案，安排跳水U14组比赛观众组织等事宜。

7月7日，郝生旺陪同组委会执行副秘书长王山稳检查开闭幕式现场保障准备工作，并赴高陵区调研食品总仓闭环管理工作；8日，参加驻华大使夫人参观奥体中心欢迎仪式并致辞；9日，参加组委会第四十四次秘书长办公会议；10日，参加组委会开闭幕式第三次专题会议。

7月7日，徐明非组长召开“十四运”西安市承办项目测试赛总结交流暨正式比赛安排部署工作会议，通报测试赛评估工作、各项目竞委会评估考核情况，听取市属各项目竞委会测试赛工作汇报及正赛筹备工作情况。

7月7日，肖西亮召开重点工作推进会，全面总结测试赛和倒计时100天活动安保工作，安排部署近期重点工作，就全力做好“十四运”安保工作提出要求。

7月8日，张琳召开文化宣传重点工作专题会议，研究全运村氛围营造方案，对场馆片区内外氛围营造工作提出具体要求；召开组务会研究“服务‘十四运’奉献我的城”主题实践活动及“塑美创佳争优”评选活动，对近期文化宣传工作进行安排部署；同日，调研主新闻中心文化氛围装饰工作，对相关工作提出要求。王庆华参加会议和调研。

7月9日，马锐陪同国家体育总局、省项目中心相关领导前往西安奥体中心游泳跳水馆，实地检查“十四运”跳水青年组正式比赛前的各项筹备工作。

7月10日，王浩主持召开迎“十四运”城市规划建设管理工作推进调度会，通报城市精细化管理、疫情防控和“服务‘十四运’奉献我的城”主题实践活动等开展情况，听取各区县、西咸新区、各开发区上半年经济运行和重大项目建设情况汇报，安排下一阶段工作。李明远出席。

7月13日，李明远莅临奥体中心实地考察跳水U14组比赛筹办工作，并为获奖运动员颁奖。

7月14日，学习贯彻习近平总书记“七一”重要讲话精神省委宣讲团宣讲报告会在西安举行。王浩主持并讲话。会议强调，要把学习贯彻习近平总书记重要讲话与做好当前工作结合起来，全力做好筹办“十四运”、推动十项重点工作实现新突破、毫不放松抓好疫情防控“三件大事”，真正把学习中激发出来的热情动力转化为攻坚克难、干事创业的实际成效，展现新时代追赶超越新气象新作为。

7月14日，李明远主持召开市政府常务会议，研究“十四五”气象事业发展规划等工作。会议强调，要全方位做好“十四运”保障、农业生产等气象服务，为西安建设国家中心城市和国际化大都市贡献力量。

7月19日，玉苏甫江·麦麦提驻会办公，研究奥体中心微电网建设工作；22日、24日，分别召开专题会议研究开闭幕式观众组织工作。

7月19日，市政府新闻办组织召开“服务‘十四运’ 奉献我的城”主题实践活动进展情况新闻发布会。《人民日报》、西部网等中央、省、市主流媒体推出《服务“十四运”西安有实招》等重点报道。

7月19日，孙艺民检查奥体中心灯光联控工作；20—24日，现场研究微电网线路铺设事宜，调研全运村运转情况，研究开闭幕式筹备工作，安排场馆提升事宜。7月19日，门轩检查观摩路线沿途工程建设及环境保障工作。

7月20日，肖西亮深入西京电子元件产业基地四期项目部和高新区两家渣土清运企业检查调研渣土清运道路安全工作，就做好安全生产工作服务，保障“十四运”提出要求。

7月21日，王浩主持召开市委常委（扩大）会议，会议要求，要以更高标准办一届精彩圆满的体育盛会，全力打造全运会西安经典时刻。

7月22日，张琳召开“十四运”文化宣传重点工作专题会议，听取奥体中心水秀提升工作进展汇报，研究优化提升工作方案；24日、25日，分别召开专题会议，研究西安市全运会倒计时30天冲刺动员大会新闻宣传工作，安排部署大会宣传短片创意策划等工作。王庆华参加会议。

7月23日，市政府召开全体会议，李明远主持并讲话。会议强调，要高标准做好“十四运”服务保障，用心用情用力做好民生工作，牢牢守住安全底线，确保实现“十四五”开好局、起好步。

7月24日，王浩主持召开迎“十四运”城市规划建设管理工作推进调度会，深入学习贯彻习近平总书记关于防汛救灾重要指示精神，通报城市精细化管理、疫情防控开展情况，听取有关市级部门和区县防汛工作汇报，安排下一阶段工作。李明远出席。

7月25日，徐明非组长调研“十四运”和残特奥会火炬传递首站点火起跑仪式现场，审查暖场节目并召开专题会议。市执委会王庆华、马锐、殷浩、马志胜，及市政府相关副秘书长、沿线相关区分管负责人参加。

7 月 26 日，郝生旺赴组委会对接工作，陪同王山稳到奥体中心体育场调研开幕式演职人员排练工作，并召开专题会议研究有关工作；28 日，参加省政府“十四运”开闭幕式现场观众组织工作专题会议。

7 月 27 日，孙艺民调研奥体中央公园项目建设和全运村运营工作，召开光影文化公园项目建设工作推进会；7 月 28 日、8 月 1 日，主持召开全运村工作协调会、竞委会工作调度会。门轩参加浐灞生态区迎“十四运”城市规划管理工作调度会议。

7 月 27 日，马锐陪同国家体育总局群体司领导前往展演项目竞委会检查筹备情况，国家体育总局对我市筹备工作高度肯定。完成组委会督查组对我市群众赛事筹备进展情况进行督查的接待工作。

7 月 28 日，市委召开中国共产党西安市第十三届委员会第十三次全体会议。王浩讲话。李明远部署经济工作。王浩强调，当前“十四运”筹办工作到了最后冲刺阶段，全市上下要牢记习近平总书记关于“办一届精彩圆满的体育盛会”重大要求，进一步提高政治站位，高标准完成各项筹办任务，持续掀起“服务‘十四运’奉献我的城”新热潮，精心做好赛事组织和服务保障，全力以赴确保社会安全稳定，毫不松懈抓好疫情防控，打造全运会西安经典时刻。李明远在部署经济工作时强调，要积极释放消费潜力，持续放大“十四运”和文化旅游的综合带动效应，要牢牢守住安全底线，为经济社会发展和“十四运”精彩圆满举办提供安全保障。

7 月 29 日，王浩主持召开市执委会第十二次主任办公会议，听取火炬传递组织筹备工作和“十四运”倒计时 30 天组织筹备工作汇报，研究开闭幕式观众组织等工作。

7 月 29 日，和文全督导检查文景路（凤城九路—凤城十路）、太华路与红旗路十字、武德路与元朔大道十字等城市积水点整改工作，并对相关工作提出要求。

7 月 28 日、29 日，徐明非组长陪同省体育局局长王勇查看火炬传递仪式直转播设置、氛围营造及暖场节目，并现场召开工作推进会。

7月30日，张琳召开“十四运”倒计时30天活动专题会议，研究《十四运会倒计时30天冲刺演练活动方案》，安排部署活动组织、舞台搭建、专题片制作、新闻宣传等工作。王庆华主持会议。

7月31日，王浩主持召开迎“十四运”城市规划建设管理工作推进调度会，通报“十四运”相关活动筹备、城市防汛、疫情防控、城市精细化管理等工作开展情况，安排下一阶段工作。

8月

8月1日，徐明非组长陪同省体育局局长王勇查看火炬传递仪式直转播设置、氛围营造及暖场节目，并现场召开工作推进会；审查点火起跑仪式及暖场节目，主持召开火炬传递工作第二次专题会议，马锐汇报火炬传递运行专班工作情况。

8月2—5日，玉苏甫江·麦麦提在市执委会驻会办公，研究开闭幕式观众组织、集结点保障、体育场座席划分、接待服务等相关工作。郝生旺全程参加。

8月3日，肖西亮在西安奥体中心就公安部领导来西安检查指导活动进行安排部署，并就做好相关工作提出要求。

8月4日，王浩主持召开疫情防控视频调度会议，强调要以战斗姿态全力投入疫情防控工作中，确保“十四运”圆满顺利、千年古都和谐有序、千万市民幸福安康。李明远在主会场参会。

8月4日，玉苏甫江·麦麦提、郝生旺参加组委会“十四运”和残特奥会接待工作专题会议；5日、8日，参加王浩书记召开的开幕式专题工作会议；6日，参加全运村工作汇报会议、现场保障工作专题会议。

8月4日，张琳召开“十四运”30天倒计时活动筹备工作专题会议、开闭幕式互动观众组织专题会议，对相关工作进行安排部署。王庆华参加会议。

8月4日，徐明非组长赴永宁门检查火炬传递首站点火起跑仪式筹备情况，听取各项工作推进情况汇报，查看仪式现场舞台搭建设计、审查暖场节目。马锐参加。

8 月 5 日，和文全检查机场专用高速、绕城高速、二环路等重点道路沿线及奥体中心等重点片区周边环境整治提升工作情况，并对相关工作提出要求。

8 月 5 日，王浩主持召开“十四运”开闭幕式观众组织工作专题会议，听取观众集结点设置保障、互动观众选定、观众组织安保、交通等工作汇报，安排部署下一阶段重点工作。李明远出席。

8 月 6 日，玉苏甫江・麦麦提召开全运村工作推进会、现场保障工作专题会议。孙艺民研究部署奥体中心灯光联控工作。门轩研究部署火炬传递线路环境整治提升和区域夜景亮化工作。

8 月 7 日，王浩主持召开迎“十四运”城市规划建设管理工作推进调度会，通报全市疫情防控、安全生产大排查大整治、城市精细化管理和“服务‘十四运’奉献我的城”主题实践活动开展情况，安排下一阶段工作。李明远出席。

8 月 9 日，王浩在检查“一场五站”疫情防控工作时强调，从严从细落实各项防控措施，坚决守住外防输入关口，为“十四运”精彩圆满举办和全市经济社会发展营造安全稳定环境。

8 月 9 日，李明远主持召开市政府常务会议，强调，要充分认识国家食品安全示范城市复审验收工作的重要意义，全面统筹疫情防控和“十四运”食品安全保障工作，高质量完成复审各项指标任务，确保复审验收顺利通过。

8 月 9—13 日，玉苏甫江・麦麦提在市执委会驻会办公，研究开闭幕式观众组织、接待服务等相关工作；10 日，主持召开第十八次常务副主任办公会议，研究审议市场开发、现场保障等 15 项具体事宜；11 日，主持召开锁闭期人员管理工作专题会议；12 日，赴铁职院调研开幕式演员服务保障工作，赴全运村检查疫情防控工作。郝生旺全程参加。

8 月 9—14 日，张琳分别召开“塑美创佳争优”评选工作专题会议、开幕式互动观众组织工作领导小组第一次专题会议、开幕式水秀提升工作专题会议，对相关工作进行安排部署。王庆华参加会议。

8月10日，和文全赴经开区、临潼区检查督导重点线路沿线环境整治提升工作情况；13日，督导检查火车站综合交通枢纽工程建设、运行及周边环境整治提升工作情况，调研太华路西铁职工公寓楼征拆工作进展情况和长安书院项目建设及奥体中心周边环境整治提升工作情况。

8月10日、12日、15日，徐明非组长连续3次组织火炬传递首站全流程全要素综合演练，并召开小结会，对演练中存在的问题进行整改，协调相关部门做好保障工作。马锐全程参加。

8月11日，玉苏甫江·麦麦提、郝生旺参加省政府主要领导召开的疫情防控工作专题会议，参加市委主要领导召开的开闭幕式工作专题会议。

8月12日，王浩主持召开十项重点工作调度会，听取7月份十项重点工作进展汇报，部署下一阶段任务，强调要统筹推进疫情防控和经济社会发展工作为“十四运”精彩圆满举办创造良好环境。

8月14日，王浩主持召开迎“十四运”城市规划建设管理工作推进调度会，通报全市疫情防控、“十四运”相关活动筹备、城市精细化管理和“服务‘十四运’奉献我的城”主题实践活动等工作开展情况，安排下一阶段工作。

8月16日，在徐明非组长指挥调度下，火炬传递5个工作专班、组成部门以及属地各区、开发区密切配合，人员车辆集结、暖场节目、点火起跑、收火仪式等各个环节紧密衔接、顺利实施，首站火炬传递活动圆满成功。

8月16日，王浩、李明远出席中华人民共和国第十四届运动会、中华人民共和国第十一届残疾人运动会暨第八届特殊奥林匹克运动会火炬传递点火起跑和收火仪式。

8月16日，西安市召开“十四运”倒计时30天冲刺动员大会，深入贯彻落实习近平总书记来陕考察重要讲话精神，进一步动员全市上下以更加昂扬的精神状态、更加严实的工作作风做好冲刺阶段各项工作，掀起“服务‘十四运’奉献我的城”

新热潮，全力以赴办一届精彩圆满的体育盛会。王浩讲话。李明远主持。

8 月 16 日，郝生旺现场协调组织火炬传递贵宾接待工作；17 日，出席人寿保险类协作企业赞助签约仪式，并为企业授牌；18 日，主持召开市执委会机关工作人员封闭管理工作专题会议；20 日，向市委常委会汇报“十四运”筹办工作进展情况。

8 月 17 日，王浩主持召开第十三次执委会主任办公会议，听取市执委会各工作组关于开幕式筹备工作进展情况汇报。

8 月 17—21 日，玉苏甫江 · 麦麦提在执委会驻会办公，并就开幕式疫情防控点设置、服务保障人员封闭管理、演职人员服务保障等工作分别召开研究部署专题会议。郝生旺全程参加。

8 月 17—21 日，张琳召开组务会议、专题会议，安排部署冲刺期文化宣传、开幕式西安市互动观众组织、9 月 12 日火炬传递仪式组织和媒体报道等重点工作。王庆华参加会议。

8 月 17 日，肖西亮召开安保工作领导小组全体会议，听取市公安局、市国家安全局等 18 家单位工作汇报，对各单位工作情况进行点评，对下一阶段工作做出安排部署并提出要求。

8 月 18 日，王浩到奥体中心区域督导检查重点项目建设工作，实地查看项目建设进展、环境提升和“十四运”赛事保障服务等工作，听取相关工作汇报，现场研究项目建设具体问题，安排部署相关工作任务。

8 月 18 日，门轩召开专题会议落实市委主要领导关于“十四运”的有关指示要求。

8 月 19 日，和文全对东陇海线、包西线西安市域范围内铁路沿线环境问题整治落实情况进行督导检查。

8 月 20 日起对全体市执委会工作人员实行封闭管理。

8 月 20 日，张琳调研奥体中心水秀和周边灯光联控项目进展，对水秀节目音乐音效、动画呈现、色彩效果等方面提出优化提升要求。王庆华一同调研。

8 月 20 日，徐明非组长召开火炬传递工作第五次专题会议，听取火炬传递西安站工作筹备情况汇报；21 日，实地检查火炬传递末站线路、运行、仪式及暖场节目筹备进展情况。马锐参加会议。

8 月 21 日，王浩主持召开迎“十四运”城市规划建设管理工作推进调度会，通报全市疫情防控、防汛救灾、铁路公路沿线环境整治、城市精细化管理等工作开展情况，安排下一阶段工作。

8 月 23 日，王浩调研奥体中心片区夜景亮化工作。

8 月 23—29 日，玉苏甫江·麦麦提在执委会驻会办公，研究部署“8·24”开幕式模拟演练有关工作，加强服务保障人员封闭管理，协调解决演出团队服务保障事宜，现场检查演职人员封闭点管理工作。

8 月 23 日、28 日，张琳分别召开专题会议、组长办公会议，研究观众组织、封闭管理、演练、动员培训及火炬传递、马拉松新闻宣传等工作。王庆华参加会议。

8 月 24 日，和文全督导检查北客站等重点片区及重点线路沿线环境整治提升工作情况。

8 月 24 日，刘顺智带队对 4 个演职人员集中封闭点实地督导检查，针对发现的疫情防控隐患和医疗保障问题，召开专题会议，研究部署整改。

8 月 24 日，肖西亮召开“8·24”演练点评会，对演练中安保工作暴露出的问题收集汇总研判，就下一步安保筹备安排部署。

8 月 25 日，玉苏甫江·麦麦提参加“8·24”开幕式模拟演练总结会；26 日，陪同组委会调研演员休息集结区和武警安保中心；27 日，出席全运村开村仪式暨誓师大会；29 日，陪同省政府主要领导调研“十四运”筹办工作，组织召开办公室周例会。郝生旺全程参加。

8 月 25 日，徐明非组长赴西安体育学院检查“十四运”群众赛事地掷球项目测试赛；27 日，带队检查“十四运”和残特奥会马拉松项目比赛线路和火炬传递仪式现场，并召开筹备工作会议。马锐参加会议。

8月26日，李明远赴西安城市运动公园体育馆检查篮球比赛项目赛事筹备工作，召开专题会议研究具体问题，安排部署有关工作。

8月27日，王浩调研“十四运”重点线路沿线环境整治提升工作。

8月28日，王浩主持召开迎“十四运”城市规划建设管理工作推进调度会，通报全市疫情防控、城市精细化管理、“十四运”活动组织和“服务‘十四运’ 奉献我的城”主题实践活动开展情况，安排下一阶段工作。

8月28日，李明远赴阎良区调研滑板、攀岩两个极限运动比赛项目筹备工作，对赛事组织、疫情防控工作提出要求。

8月29日，郝生旺带队检查全运村食品安全保障工作。督办相关区县落实田径马拉松线路问题整改事宜。对残特奥会西安赛区运动员“一对一”服务袋制作、市执委会封闭期住宿酒店招标等多项工作进行监督。

8月30日，王浩主持召开“十四运”和残特奥会马拉松比赛及西安火炬传递活动筹备工作会议，听取工作汇报，对马拉松比赛及西安火炬传递活动筹备工作提出要求。

8月30日、31日，张琳分别召开组务会、互动观众组织和封闭管理工作动员培训会，研究部署互动观众组织工作，组织39个封闭专班班长签订《封闭管理场所责任书》。王庆华参加。

8月30日，肖西亮深入鄠邑区“十四运”场馆和公安检查站一线，督导检查疫情防控和安全保卫工作。

8月31日，李明远主持召开市政府党组会议，强调要扎实做好疫情防控、“十四运”筹备、防汛救灾等各项工作。

8月31日，李明远在市气象局调研时强调，全力以赴做好“十四运”气象服务保障，为保障城市运行和防灾减灾提供决策依据。

9月

8月30日至9月5日，玉苏甫江·麦麦提在执委会驻会办公，研究部署开幕式全要素合成演练工作；3日，召开第十九次执委会常务副主任办公会议，研究审议封闭管理、市场开发、竞赛组织等14项具体事宜；5日，召开专题会议研究奥体中心片区疫情防控、场地改造等相关事宜。

9月2日，李明远为“十四运”花样游泳集体比赛项目获奖运动员颁发奖牌及吉祥物。

9月2日，王浩主持召开迎“十四运”城市规划建设管理工作推进调度会，通报城市精细化管理、“十四运”活动组织和城市防汛等工作开展情况，安排下一阶段工作。

9月2日，玉苏甫江·麦麦提参加组委会开幕式合成演练工作专题会议；5日，参加组委会开闭幕式指挥部专题会议，同日，陪同省委领导调研检查“十四运”筹办工作。郝生旺参加。

9月3日，肖西亮督导检查远端集结点和奥体中心体育场，对相关工作提出要求。

9月3日，西安市人民政府新闻办公室召开“‘十四运’西安赛区食药安全、疫情防控与医疗保障工作”第十二场新闻发布会。西安市卫健委、西安市市场监管局主要负责人分别介绍了各自的活动进展情况。

9月3日上午，市委常委、常务副市长、市执委会常务副主任玉苏甫江·麦麦提主持召开市执委会第十九次常务副主任办公会议，研究审议《十四运会与残特奥会各工作组转换期方案》等13项具体事宜。

9月7日，西安市执委会组织全市互动观众引导员进场，参加“十四运”开幕式首次现场演练。

9月9日，西安市执委会组织互动观众进场，参加“十四运”开幕式首次全要素全流程演练。

9 月 12 日，中华人民共和国第十四届运动会、中华人民共和国第十一届残疾人运动会暨第八届特殊奥林匹克运动会火炬在西安进行末站传递。

9 月 15 日 20：00，中华人民共和国第十四届运动会在陕西省西安市隆重开幕。中共中央总书记、国家主席、中央军委主席习近平出席开幕式并宣布全运会开幕。

9 月 15 日，中共中央总书记、国家主席、中央军委主席习近平在陕西省西安市亲切会见全国群众体育先进单位、先进个人代表和全国体育系统先进集体、先进工作者代表，东京奥运会中国体育代表团运动员和教练员代表等，并同大家合影留念。

9 月 24 日，市委常委、常务副市长、市执委会常务副主任玉苏甫江・麦麦提主持召开市执委会第二十次常务副主任办公会议，传达学习 9 月 18 日市委常委（扩大）会议有关精神，研究审议《关于为十四运会开闭幕式演练期间互动观众及工作人员提供相关物资保障的请示》等 14 项具体事宜。

9 月 26 日，“十四运”马拉松比赛在西安古城墙永宁门鸣枪起跑。来自全国 21 支代表队的 57 名男女参赛选手为全国观众奉献了一场强强对决，央视 5 套直播。西安通过组织沿线观众、文化加油站、氛围营造、植入解说词和视频素材等方式，向世界展示了古城的独特魅力。

9 月 27 日 20：00，第十四届全运会闭幕式在西安奥体中心体育馆举行。中共中央政治局常委、国务院总理李克强宣布中华人民共和国第十四届运动会闭幕。

10 月

10 月 8 日下午，临潼区召开残特奥会区执委会工作推进会，传达学习残特奥会组委会主任办公会议精神和市执委会《关于进一步做好转换期工作的通知》。

10 月 13 日下午，市执委会副主任、文化宣传组组长张琳主持召开专题会议，安排部署残特奥会开闭幕式互动观众组织和封闭管理工作。市执委会办公室（综合组）、文化宣传组、竞赛组、安保组及市公安局、市文旅局、市残联、雁塔区、长安区、国际港务区、西安铁路职业技术学院有关负责人参加会议。

10月15日，西安市人民政府新闻办公室召开“西安市残疾人事业发展情况”第十三场新闻发布会，西安市残联主要负责人介绍“十三五”以来西安市残疾人事业的发展情况。

10月17日上午，市长、市执委会主任李明远主持召开市执委会第十五次主任办公会议，听取市执委会各工作组和相关区县、开发区、市属高校、西安奥体中心控股有限公司关于残特奥会开闭幕式观众组织、现场保障、安全保卫、交通运输、疫情防控、接待服务工作和竞赛项目组织进展情况的汇报，对进一步做好残特奥会筹办工作进行安排部署。

10月17日上午，副市长仵江主持召开市执委会第二十一次常务副主任办公会议，研究审议《关于为残特奥会开闭幕式演练期间互动观众及工作人员提供相关保障物资的请示》等3项具体事宜。

10月19日，“十四运”和残特奥会西安赛区安保工作领导小组召开残特奥会开幕式及全要素综合演练部署大会。市执委会副主任、安保组组长肖西亮出席会议并讲话，市政府副秘书长肖争光主持会议。市安保领导小组副组长、市级相关部门负责人，公安系统相关部门负责人参加。

10月19日下午，副市长仵江带队赴锦江国际酒店、H酒店、西安铁路职业技术学院以及全运村等残特奥会开幕式封闭点督导检查疫情防控工作。市执委会办公室（综合组）、竞赛组医疗卫生部相关负责人参加督导检查。

10月22日上午，副市长仵江主持召开残特奥会疫情防控工作专题会议。市执委会各工作组副组长、竞赛组医疗卫生部负责人和国际港务区、全运村、西安奥体中心控股有限公司负责人等参加会议。

10月22日，副市长仵江主持召开市执委会第二十二次常务副主任办公会议，会议通报了近期西安市疫情防控形势，对残特奥会开幕式疫情防控工作进行安排部署。

10月22日20：00，中华人民共和国第十一届残疾人运动会暨第八届特殊奥林匹克运动会在陕西西安奥体中心体育馆隆重开幕。中共中央政治局委员、国务院副总理孙春兰，国务委员、国务院残疾人工作委员会主任王勇出席开幕式，孙春兰副总理宣布开幕。

10 月 29 日 20：00，中华人民共和国第十一届残疾人运动会暨第八届特殊奥林匹克运动会闭幕式在西安奥体中心体育馆举行，国务委员王勇宣布闭幕。

后 记

中华人民共和国第十四届运动会于2021年9月15日至27日在西安举办。时光荏苒，精彩圆满的“十四运”已是美好回忆，一个个参与者、见证者、亲历者的故事令人感动、难以忘却。为记录西安相关单位、社会各界人士参与及经历“十四运”的“三亲”史料，西安市政协征编出版《精彩西安·回首“十四运”》一书。

本书分为建设、组织、服务、保障、花絮5个篇章，收录文章60篇、36万余字，从不同角度、以点带面展现我市各条战线、各界人士在筹备和举办“十四运”过程中所付出的艰辛努力、挥洒的辛勤汗水和取得的丰硕成果。

本书由西安市政协文化文史和学习委员会征稿，陕西人民出版社出版。市政协领导对本书征编工作高度重视，及时给予指导，王吉德主席积极撰文并推荐稿件。在征编工作中，我们面向市级有关部门、各区县政协和社会各界人士广泛征稿，在市委党史研究室、市档案馆、市体育局、各区县政协等单位的鼎力协助下，在有关人士的大力支持下，历时半年征稿195篇、56万余字以及部分视频、图片等资料，为编撰本书奠定了基础。陕西人民出版社抽调骨干编校人员，在稿件筛选、框架设计、内容编排、校对审核等方面做了大量艰苦细致的工作。市政协常委、市书法家协会主席石瑞芳题写书名，新城区政协委员、雷氏绣样剪纸第六代传承人雷俊将其“十四运”吉祥物剪纸作品授权给本书作为中隔页插画。在此，我们对精心组织的组稿单位、热心参与的投稿个人和提供作品的艺术家，一并表示衷心地感谢。

本书采用的图片，有的来自陕西日报社、西安报业传媒集团等单位，有的来自当事人，有的由王健、高丽华等摄影者提供，有的选自相关媒体和网站，未能一一注明，在此诚挚感谢，并恳请图片作者予以谅解。

本书采用的文稿、图片，因客观原因未取得联系的著作权人，请及时与西安市政协文化文史和学习委员会联系。

由于编者水平及掌握资料所限，在稿件的收集、选用和编排上难免有疏漏和不妥之处，敬请广大读者批评和指正。

编 者

2023 年 12 月